経営情報要論

岸川善光 [編著]
Kishikawa Zenko

朴 慶心 [著]
Park Kyeong Sim

同文舘出版

◆ は じ め に ◆

　近年，企業を取り巻く環境は，高度情報社会の進展，地球環境問題の深刻化，グローバル化の進展など，歴史上でも稀な激変期に遭遇している。環境の激変に伴って，ビジネスもマネジメントも激変していることはいうまでもない。本書は，このような環境の激変に対応するために企画された「経営学要論シリーズ」の第5巻として刊行される。

　経営情報に関する「要論」を執筆するために，従来の「経営情報論」「経営情報システム論」の内容を丁寧に分析した。具体的には，各大学の「経営情報論」「経営情報システム論」のシラバスを収集し，その内容を一覧化した。また，「経営情報論」「経営情報システム論」の各種教科書の目次を収集し，その内容を一覧化した。さらに，「経営情報論」「経営情報システム論」に関連する参考文献・参考資料を可能な限り読み返した。実は，経済産業省（当時は通商産業省）監修の『情報サービス産業白書』を，白書部会長として2年間とりまとめた時も同様の分析を行ったが，今回，その内容に大きな変化がみられる。

　本書は，大学（経営学部，商学部，経済学部，工学部など）における「経営情報論」，「経営情報システム論」，「情報管理論」，大学院やビジネススクールにおける「経営情報特論」「経営情報システム特論」，「情報管理特論」などの教科書・参考書として活用されることを意図している。また，経営情報や経営情報システムに関連する仕事に従事する実務家が，自らの実務を体系的に整理する際の参考書として活用されることも十分に考慮されている。

　本書は，3つの特徴をもっている。特徴の第一は，経営情報論に関連する内外の先行研究をほぼ網羅して，論点のもれを極力防止したことである。体系的な総論（第1章〜第3章）に基づいて，経営情報論の各論（第4章〜第9章）として，重要なテーマ（ネットワーク社会の進展，情報通信技術の進展，経営情報システムの変遷，経営情報システムの管理，eビジネス，経営と情報との関係性）を6つ選定した。第10章は，まだ独立した章のテーマにはなりにくいものの，それに次ぐ重要なテーマを5つ選択し，経営情報論の今日的課題としてまとめた。

　これらの総論，各論について，「要論シリーズ」の基本コンセプトに基づいて，各章10枚，合計100枚の図表を用いて，視覚イメージを重視しつつ，文章によ

る説明と併せて理解できるように，立体的な記述スタイルを採用した。記述内容は「要論」の特性上，基本項目に絞り込んだため，応用項目・発展項目についてさらに研究したい読者は，巻末の詳細な参考文献を参照して頂きたい。

　特徴の第二は，経営情報論における「理論と実践の融合」を目指したことである。理論については，内外の先端的な研究成果を選択しつつ，「一定の法則性」の導出を目指した。特に，情報社会／ITからネットワーク社会／ICTへの進展について体系的に記述した。理論面では，常に原典に立ち戻り出所のページを明示するなど，可能な限り厳密さを追求した。実践については，経営情報に関する現実的な動向について言及した。また，「理論と実践の融合」を目指して，各論（第4章〜第9章）では，事例やトピックを意識して織り込んだ。

　特徴の第三は，「システムの発展段階」に基づく従来の経営情報論のアプローチに加えて，学際的アプローチを多用したことである。経営情報論において，経営と情報との関係性が最も重要であるので，経営管理論，経営組織論，経営戦略論，イノベーション論，情報通信システム論との関係性を特に重視した。また，マクロ（経済）−セミマクロ（産業）−ミクロ（企業）の融合，グローバリゼーションの進展など，情報社会，ネットワーク社会の新たな動きにも常に目を配りながら考察した。

　これらの3つの特徴は，実は編著者のキャリアに起因する。編著者は日本総合研究所などのシンクタンクにおいて，四半世紀にわたって，経営コンサルティングに従事した。また，日本総合研究所の理事・経営システム研究部長として，さらに経済産業省監修の『情報サービス産業白書』の白書部会長として，経営情報に関する多種多様な実践を経験した。その後，横浜市立大学など大学・大学院に移籍後は，多くの学生・院生と共に生きた経営情報論を探究してきた。まさに，「理論と実践の融合」を目指したキャリアを積んできたといえよう。

　今回も，同文舘出版の市川良之取締役をはじめとする編集スタッフに大変お世話になった。「最初の読者」でもあるプロの編集スタッフのコメントは，執筆者にとって刺激になり，極めて有益であった。記して格段の謝意を表したい。

2016年11月

岸川善光

CONTENTS

――◆ 目 次 ◆――

【第1章】経営情報の意義　　1

1．情報通信システムの発展段階　　2
① 情報社会の進展　2
② 情報社会の特質　3
③ 情報システムの発展段階　5

2．データ，情報，知識　　7
① データ，情報，知識の概念　7
② データ，情報，知識の関係性　9
③ 知識創造　10

3．経営情報の目的　　12
① 意思決定の前提　12
② 知識の素材　14
③ リスクの削減　16

4．経営情報の特質　　19
① 情報の特質　19
② 限界収穫逓増　20
③ 情報の多様性　21

5．経営情報論の位置づけ　　24
① 伝統的な経営情報システム論の限界　24
② 学際的アプローチ　25
③ ユビキタスネット社会の経営情報論　26

【第2章】経営情報論の生成と発展　29

1．経営情報論と経営管理論との関係性 …… 30
① 経営者の職能　30
② コーポレート・ガバナンス　32
③ 企業の社会的責任　34

2．経営情報論と経営組織論との関係性 …… 37
① 経営組織の意義　37
② ネットワーク型組織　38
③ 組織間関係　40

3．経営情報論と経営戦略論との関係性 …… 43
① 経営戦略の意義　43
② 競争戦略　45
③ ビジネスシステム戦略　46

4．経営情報論とイノベーション論との関係性 …… 49
① イノベーションの意義　49
② 技術イノベーション・マネジメント　51
③ 情報通信技術（ICT）とビジネスプロセス・リエンジニアリング　53

5．経営情報論と情報通信システム論との関係性 …… 54
① 情報通信システムの意義　55
② 情報通信システムのインパクト　56
③ インターネット・イントラネット・エクストラネット　58

【第3章】経営情報の体系　61

1．総合情報と機能別情報 …… 62

① 総合経営管理　62
　　② 機能別管理　64
　　③ 総合経営管理と機能別管理の関連性　66
　２．経営管理の階層と経営情報 ……………………………………………… 67
　　① 経営管理の階層　67
　　② 経営管理の階層による職能・スキルの相違　68
　　③ 経営管理の階層による情報要求の相違　70
　３．経営管理プロセスと経営情報 …………………………………………… 72
　　① 経営管理プロセス（management process）　72
　　② 経営管理プロセスにおける機能　73
　　③ 経営管理の階層・経営管理プロセスと経営情報との関連性　76
　４．経営資源としての経営情報 ……………………………………………… 78
　　① 経営資源とは　78
　　② 情報的資源（見えざる資産）　80
　　③ ブランド戦略　81
　５．情報空間の拡大 …………………………………………………………… 83
　　① 情報空間とは　83
　　② 新たな産業組織　84
　　③ グローバリゼーションとグローバル情報通信ネットワーク　87

【第4章】ネットワーク社会の進展　91

　１．ネットワーク社会の到来 ………………………………………………… 92
　　① 情報社会　92
　　② インターネット・ユビキタスネット　94
　　③ ネットワーク社会　96
　２．経済性の概念の変遷 ……………………………………………………… 97

① 経済性の概念とは　　97
② 3つの経済性の概念　　98
③ 「連結の経済」と経営システム　　99

3．関係のマネジメント ………………………………………………… 102
① 企業系列　　102
② 組織間（企業間）関係の構築・再構築　　105
③ 関係性の確立　　109

4．情報通信産業の拡大 ………………………………………………… 111
① 情報通信産業とは　　111
② 情報通信産業の発展史　　113
③ 産業の情報化，情報の産業化　　115

5．国の情報通信政策 …………………………………………………… 116
① 情報スーパーハイウェイ　　117
② e-Japan　　117
③ u-Japan　　119

【第5章】情報通信技術の進展　　121

1．ハードウェアの進展 ………………………………………………… 122
① ハードウェアとは　　122
② ハードウェアの構成　　122
③ コンピュータ技術とネットワーク技術の融合　　125

2．ソフトウェアの進展 ………………………………………………… 127
① ソフトウェアとは　　127
② ソフトウェアの構成　　128
③ ソフトウェアの重要性　　130

3．データベース技術の進展 …………………………………………… 131

① データベースとは　131

② データベースの構成　132

③ データベース技術の活用　135

4．ネットワーク技術の進展 ……………………………………… 136

① ネットワークとは　136

② ネットワークの構成　139

③ ネットワーク技術の進歩がもたらすインパクト　142

5．マルチメディア技術の進展 …………………………………… 143

① マルチメディアとは　143

② マルチメディアの構成　144

③ マルチメディア技術の活用　147

【第6章】経営情報システムの変遷　151

1．EDPS（電子情報処理システム） ……………………………… 152

① EDPSの概念　152

② EDPSの機能と構造　153

③ EDPSの問題点と課題　155

2．MIS（経営情報システム） ……………………………………… 155

① MISの概念　156

② MISの機能と構造　156

③ MISの問題点と課題　159

3．DSS（意思決定支援システム） ………………………………… 160

① DSSの概念　160

② DSSの機能と構造　160

③ DSSの問題点と課題　163

4．SIS（戦略情報システム） ……………………………………… 164

① SISの概念　164

② SISの機能と構造　166

③ SISの問題点と課題　170

5．BPR（ビジネスプロセス・リエンジニアリング） ……………… 171

① BPRの概念　171

② BPRの機能と構造　173

③ BPRの問題点と課題　175

【第7章】経営情報システムの管理　177

1．システムのライフサイクル管理 ………………………………… 178

① ライフサイクルとは　178

② ライフサイクル管理のポイント　179

③ 共通フレーム2013　180

2．システムの企画・要件定義，開発（システム開発，
　　ソフトウェア実装） ……………………………………………… 182

① システムの企画・要件定義　182

② 開発（システム開発，ソフトウェア実装）　183

③ システム開発方法論　186

3．システムの運用・サービス，保守 ……………………………… 188

① システムの運用・サービス，保守　188

② システム監査　190

③ アウトソーシング　192

4．情報化投資 ………………………………………………………… 194

① 情報化投資のマクロ動向　194

② 情報化投資の目的　196

③ 投資対効果測定の困難性　198

5．CIO（最高情報責任者） ……………………………………… 200
- ① CIOとは　200
- ② CIOの役割　201
- ③ ITガバナンス　203

【第8章】eビジネス　207

1．eビジネスの意義 …………………………………………… 208
- ① eビジネスの概念　208
- ② eビジネスの環境　209
- ③ eビジネスの課題　213

2．eコマース（電子商取引） …………………………………… 215
- ① eコマース（電子商取引）の概念　215
- ② eコマース（電子商取引）の利点・欠点　217
- ③ eコマース（電子商取引）の課題　219

3．ビジネスモデル ……………………………………………… 222
- ① ビジネスモデルの概念　222
- ② eマーケットプレイス（電子市場）　225
- ③ ビジネス・アーキテクチャ　226

4．SCM（サプライチェーン・マネジメント） ………………… 228
- ① SCM（サプライチェーン・マネジメント）の概念　228
- ② SCM（サプライチェーン・マネジメント）と競争優位　230
- ③ DCM（ディマンドチェーン・マネジメント）　232

5．情報空間の拡大・複合化 …………………………………… 233
- ① 情報空間の再認識　233
- ② 移動体通信　235
- ③ EDIとCALS　237

【第9章】経営と情報との関係性　241

1．情報パラダイムの変革　242
　① パラダイムの変革　242
　② 情報パラダイムの変遷　243
　③ 知識創造企業　247

2．オープン・ネットワーク経営　250
　① オープン型経営とは　250
　② ビジネス・プラットフォーム　251
　③ 戦略的提携　253

3．組織間（企業間）情報ネットワーク　256
　① 組織間（企業間）関係の進化　256
　② 組織間（企業間）関係と経営戦略　258
　③ 組織間（企業間）情報ネットワークの構築　261

4．経済（マクロ）－産業（セミマクロ）－企業（ミクロ）の一体化　263
　① 国の競争優位　263
　② 多様性との対応　265
　③ 統合ネットワークの形成　267

5．情報セキュリティ　269
　① 情報セキュリティの意義　269
　② 情報セキュリティ・マネジメント　270
　③ ISO27001　272

【第10章】経営情報論の今日的課題　275

1．ネットワーク社会（高度情報社会）の脆弱性　276

- ① 現状　276
- ② 今後の課題　278

2．知的財産権 …………………………………………………… 280
- ① 現状　280
- ② 今後の課題　281

3．情報リテラシー ……………………………………………… 283
- ① 現状　283
- ② 今後の課題　285

4．情報倫理 ……………………………………………………… 288
- ① 現状　288
- ② 今後の課題　289

5．知識社会 ……………………………………………………… 292
- ① 現状　292
- ② 今後の課題　294

参考文献 ……………………………………………………………… 299
索　引 ……………………………………………………………… 323

◆ 図表目次 ◆

図表1-1　情報社会の進展
図表1-2　情報システムの発展段階
図表1-3　データ，情報，知識の関係性
図表1-4　SECIモデル
図表1-5　意思決定のプロセス
図表1-6　リスク・マネジメントの変遷
図表1-7　限界収穫逓減と限界収穫逓増
図表1-8　形式知と暗黙知の対比
図表1-9　経営情報システムの全体像
図表1-10　学際的アプローチ

図表2-1　意思決定の種類
図表2-2　利害関係者と社会的責任の階層構造
図表2-3　ネットワークシステムの基本構造
図表2-4　組織間（企業間）関係論のパースペクティブ
図表2-5　経営戦略の構成要素
図表2-6　垂直統合型バリューチェーンと水平統合型バリューチェーン
図表2-7　シュンペーター理論の構図
図表2-8　3つの障壁（溝）の克服手段
図表2-9　ICTのインパクト
図表2-10　インターネット・イントラネット・エクストラネット

図表3-1　経営システムの基本構造
図表3-2　総合経営管理と機能別管理のマトリックス
図表3-3　経営管理の階層と職能
図表3-4　経営管理システムにおける情報要求の違い
図表3-5　経営管理プロセスの内容
図表3-6　経営管理の階層別にみた経営管理プロセスの重要度
図表3-7　経営資源の分類
図表3-8　ブランド・エクイティ
図表3-9　新しい産業組織の概念図
図表3-10　バートレット=ゴシャールの組織モデル

図表4-1　社会変化の一般的図式（Bell,D.）
図表4-2　インターネットの発展過程

CONTENTS

図表4−3　経済性の概念の変遷
図表4−4　連結の経済
図表4−5　トヨタのネットワーク構造
図表4−6　売り手企業・買い手企業間リレーションシップの発展
図表4−7　主な産業の市場規模（名目国内生産額）（内訳）（平成25年）
図表4−8　通信業界の再編の経緯
図表4−9　日本のIT戦略の歩み
図表4−10　u-Japan（ユビキタスネット・ジャパン）の理念

図表5−1　コンピュータの構成
図表5−2　90年代半ばの総合アーキテクチャ（大企業）
図表5−3　ソフトウェアの体系
図表5−4　OSの構成
図表5−5　データベースの構成
図表5−6　リレーショナルデータベースの結合
図表5−7　スタンドアローンからネットワークシステムへ
図表5−8　インターネットへの接続に必要な機器
図表5−9　マルチメディア対応ネットワーク
図表5−10　無線LANの規格とシステム構成

図表6−1　経営情報システムの変遷
図表6−2　パンチカードによる情報検索
図表6−3　MIS（経営情報システム）の構造
図表6−4　組織階層とデータベース
図表6−5　DSS（意思決定支援システム）の構成要素
図表6−6　エキスパート・システムの構造
図表6−7　従来型情報システムから戦略情報システム（SIS）へ
図表6−8　ポーターの競争戦略
図表6−9　先進企業におけるビジネスプロセス
図表6−10　BPRの対象領域

図表7−1　経営情報システムのライフサイクル
図表7−2　ISO/IEC12207に基づく共通フレーム2013
図表7−3　システム関連のプロセスとソフトウェア関連のプロセス
図表7−4　システム開発方法論
図表7−5　情報システムの品質指標例
図表7−6　システム部門の5つの壁とITアウトソーシング
図表7−7　日本の情報化投資の推移

図表7-8　情報化投資の目的
図表7-9　CIOの機能
図表7-10　ITガバナンス

図表8-1　eビジネスの対象範囲
図表8-2　eビジネスの環境
図表8-3　eコマースの枠組み
図表8-4　eコマースによる企業および消費者にとっての利点
図表8-5　ミスミのビジネスモデル
図表8-6　ビジネス・アーキテクチャの視点
図表8-7　SCM（サプライチェーン・マネジメント）の発展過程
図表8-8　eマーケットプレイスによる流通の変化
図表8-9　ユビキタスネットワーク社会の概念
図表8-10　CALSの概念

図表9-1　情報パラダイムの変遷
図表9-2　情報創造プロセスのダイナミクス
図表9-3　クローズド型経営とオープン型経営
図表9-4　戦略的提携の主な目的とリスク
図表9-5　価値システム
図表9-6　eマーケットプレイス（電子市場）
図表9-7　国の競争優位の決定要因
図表9-8　統合ネットワーク
図表9-9　情報セキュリティ
図表9-10　BS7799からISO27001の誕生まで

図表10-1　ネットワーク社会（高度情報社会）における脆弱性
図表10-2　リスク分析のアプローチと調査技法
図表10-3　多国籍企業における知的財産権の種類
図表10-4　知的財産の分類
図表10-5　企業社会で必要な情報リテラシー
図表10-6　学習・教育が行われる時間・空間とeラーニングの関わり
図表10-7　倫理的問題におけるフレームワーク
図表10-8　情報倫理問題
図表10-9　知識経営のフレームワーク
図表10-10　多国籍企業の組織モデル

第1章 経営情報の意義

本章では、経営情報の意義について考察する。マネジメント（経営管理）の中核概念は、意思決定といわれるが、経営情報は、意思決定におけるリスクの削減のために必要不可欠である。

第一に、情報通信システムの発展段階について考察する。まず、情報社会の進展について考察するために、狩猟採集社会⇒農業社会⇒工業社会⇒情報社会⇒ネットワーク社会の概要について理解する。次に、情報社会の特質に言及する。さらに、情報システムの発展段階について理解を深める。

第二に、データ、情報、知識について考察する。まず、データ、情報、知識の概念を理解する。次に、データ、情報、知識の関係性に言及する。さらに、知識創造について理解を深める。

第三に、経営情報の目的について考察する。まず、経営情報を意思決定の前提として理解する。次に、経営情報を知識の素材として理解を深める。さらに、意思決定、知識創造との関連を踏まえてリスクについて言及する。

第四に、経営情報の特質について考察する。まず、情報そのものの特質を理解する。次に、情報の特質の内、限界収穫逓増について言及する。さらに、情報・経営情報の多様性について理解を深める。

第五に、経営情報論の位置づけについて考察する。まず、伝統的な経営情報システム論の限界について理解する。次に、学際的アプローチの必要性について理解を深める。さらに、ユビキタスネット社会の経営情報論に対する取組みについて言及する。

1 情報通信システムの発展段階

❶ 情報社会の進展

　1960年代以降，工業社会から情報社会への進展について，梅棹忠夫［1963］の「情報産業論」，増田米二［1968］の『情報社会入門』，林雄二郎［1969］の『情報化社会』，ベル（Bell, D.）［1973］の『脱工業社会の到来』，トフラー（Toffler, A.）［1980］の『第三の波』，堺屋太一［1985］の『知価革命』，ドラッカー（Drucker, P.F.）［1993］の『ポスト資本主義社会』など，多くの先達が情報社会（information society）を「偉大なる大転換」（Boulding, K.E.の用語）として捉えている。

　情報社会の進展，さらにネットワーク社会（高度情報社会）の進展については，第4章で詳しく考察することにして，ここでは図表1-1に示されるように[1]，狩猟採集社会⇒農業社会⇒工業社会⇒情報社会⇒ネットワーク社会の発展段階の文脈の中で，情報社会の進展について概観する。

　図表1-1で明らかなように，今から約7000年から1万年前に，第一の波（大転換）の農業革命によって，狩猟採集社会から農業社会に転換しはじめた。狩猟採集社会は，野生の動物の狩猟や植物の採集を生活の基盤とする社会のことである。農耕が開始された新石器時代まで，すべての人類は極めて長期間にわたって狩猟採集社会で生活を営んできた。

　農業社会は，穀物の栽培，家畜の飼育などを生活の基盤とする社会のことである。農業社会では，狩猟採集社会とは異なり，自然に対して人為的に働きかけて土地の価値を高め，農具を駆使して農耕の生産性を高めたので，人口が急激に増加した。日本では，弥生時代以降が農業社会に該当するといえよう。

　第二の波（大転換）は，18世紀中頃から19世紀にかけて，機械制工場と蒸気機関の利用を中心とした産業革命（工業革命）によってもたらされた。この産業革命（工業革命）によって，各種の産業が生まれ，生産性が向上して，農業社会から工業社会に転換した。

第1章 経営情報の意義

図表1-1　情報社会の進展

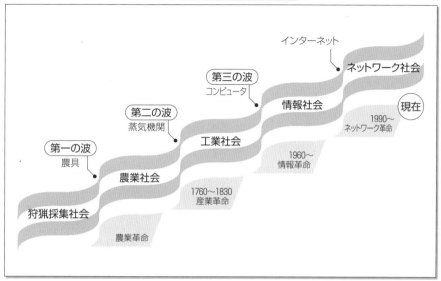

（出所）筆者作成。

　第三の波（大転換）は，今から約半世紀前の1960年代以降，コンピュータをはじめとする情報技術（IT：Information Technology）の進展・革新による情報革命によってもたらされた。情報革命によってもたらされた情報社会は，その後，情報技術（IT）が，インターネット・ユビキタスネットなど情報通信技術（ICT：Information and Communication Technology）へとさらに進展するに伴って，現在ではネットワーク社会（高度情報社会）といえる状況にある。

❷ 情報社会の特質

　情報社会は，情報や知識が，工業社会における物質やエネルギーに匹敵する価値を持つ資源となり，情報や知識の価値を中心に社会・経済が発展していく社会のことである。

　しかし，狩猟採集時代，農業時代，工業時代において，情報や知識が不必要であったかといえばそうではない。狩猟採集時代において，獲物の多寡に関する予測情報は，彼らの生活の基盤そのものであった。例えば，クジラやイルカ

の発見を，狼煙（のろし）で関係者に知らせた痕跡は多く発見されている。狩猟採集社会において，狼煙（のろし）にみられるような迅速で効果的なコミュニケーションが，獲物の多寡を決定づけたであろう。農業社会において，台風や災害は，彼らの生活を脅かすリスクであった。そのため，卜占術（主として太占＝ふとまに）にみられる占いなど，非科学的な情報や知識が併存はするものの，台風の予測，天候の予測などに関する情報や知識は，古代の天文学・気象学と侮れないほど水準が高かったことが判明している。工業社会における情報や知識の重要性については，すでに万人がその重要性を十分に認識している。

　情報社会の特質について，『情報通信白書 for Kids』の説明が興味深いので簡潔にみてみよう[2]。『情報通信白書 for Kids』は，農業社会について，人の力が社会を動かす重要な要素と説明した上で，農業社会では人手や家畜に頼っていたが，工業社会では，トラクターなどの機械に頼るようになったので，機械の力が社会を動かす重要な要素になったと説明している。そして，情報社会では，バイオテクノロジーや気象情報などを駆使した農業になったと説明している。最後に，モノをつくったり，日々の生活をおくることは，昔も今も同じであるが，情報を積極的に活用することによって，人々の働き方，暮らし方が大きく変わったと結論づけている。

　『情報通信白書 for Kids』では，狩猟採集社会⇒農業社会⇒工業社会⇒情報社会⇒ネットワーク社会の発展段階を，いわば二者択一的な発展段階ではなく，重層的な発展段階ととらえている。確かに，情報それ自体は，食べられないし，衣服にもならないし，住居にもならない。情報社会について考察する場合，農業社会か工業社会か，工業社会か情報社会かといった二者択一的な発展段階ではなく，重層的な発展段階として捉えることが必要不可欠であるといえよう。

　また，情報社会について考察する場合，技術決定論（技術が社会を規定するという考え方）への偏重，情報革命論の実証的検証の不足，情報そのものの概念の曖昧さ，高度工業社会と情報社会との異同点分析の不足，情報産業の広告・宣伝に対する意識的・無意識的な肩入れ，国や地方公共団体の情報政策に対する意識的・無意識的な片棒担ぎ，など多くの批判に対して積極的かつ誠実に対応しなければならない。

❸ 情報システムの発展段階

　経営情報論の主たる研究対象の1つとされている情報システムの発展段階について、従来、ノーラン（Nolan, R.N.）[1979]の発展6段階説がよく知られている[3]。
① ステージ1　　初期（創始）：職能別コスト削減
② ステージ2　　普及（波及）：増殖
③ ステージ3　　統制：既存適用業務の整理統合
④ ステージ4　　統合：オンラインDB（データベース）
⑤ ステージ5　　データ管理：適用業務の組織統合
⑥ ステージ6　　成熟：情報フローを投影した適用業務統合

　ステージ1〜ステージ3は、DP（データ処理）の時代、ステージ4〜ステージ6は、IT（情報技術）の時代と規定し、ステージ3〜ステージ4は、技術的に不連続性を有すると述べている。このノーラン[1979]の発展6段階説は、情報システムの概念を体系化したとして当時高く評価された。今も経営情報システム論の教科書には、必ず多くのページをさいて紹介されている。しかし、ノーラン[1979]の発展6段階説には多くの批判が存在する。ノーラン[1979]が重視しているS字型予算カーブが実証的に裏付けられていないという致命的な批判をはじめとして、各ステージにおけるベンチマークが曖昧といった様々な批判があり、近年では評価が大きく低下しているといえよう。

　時代の制約があるので、すべてをノーラン[1979]に対する批判とするには酷ではあるが、ノーラン[1979]の発展6段階説には、汎用機の時代とPC（パソコン）の時代まではカバーしているものの、インターネットやユビキタスネットについて全く言及できていない。すなわち、情報システムをコンピュータシステムとしかとらえておらず、情報通信システム、ユビキタスネットといった現代の主流といえるネットワークの時代について全くカバーできていない。

　このような従来の問題点を踏まえて、図表1-2(A)に示されるように[4]、コンピュータシステムだけでなく、コンピュータ・インターネットシステムの発展段階についてみてみよう。このモデルでは、コンピュータ・インターネットシステムの発展段階を、①汎用機の時代、②PC（パソコン）の時代、③インタ

図表1-2　情報システムの発展段階

(A) コンピュータ・インターネットシステムの発展段階

	汎用機の時代	PC（パソコン）の時代	インターネットの時代	ユビキタスネットの時代
時期	1950年代後半～	1970年代後半～	1990年代後半～	2010年代前半～
処理タイプ	集中	分散	集中・分散	集中・分散
組織空間	組織内	組織内	組織間・個人間	組織・個人・物質間
システム構成要素	・ホストコンピュータ ・専用端末 ・専用回路	・サーバー ・クライアント ・LAN，WAN	・Webサーバー ・Webブラウザ ・インターネット	・各種端末 ・各種サーバー ・各種ネットワーク
コンピュータの世代	第1～第3世代	第3.5世代	第4世代	第4世代
素子	真空管・トランジスタ	LSI	VLSI	VLSI
コンピュータの特徴	・小型化 ・高速化	・高速化 ・高信頼化 ・通信制御の高度化 ・オンライン化の飛躍	・小型軽量化 ・高速化 ・高性能化 ・大容量化 ・低価格化	・小型軽量化 ・高速化 ・高性能化 ・大容量化 ・低価格化
使用特徴	1台の汎用機を複数の人が使う	1台のPCを1人が使う	複数のコンピュータを1人が使う	複数のコンピュータを1人が使う
目的	省力化	顧客満足度	協働	共生

（出所）　島田達巳=高原康彦［1993］15-19頁に基づいて，筆者が一部加筆修正。

(B) 情報システムの発展と重層化

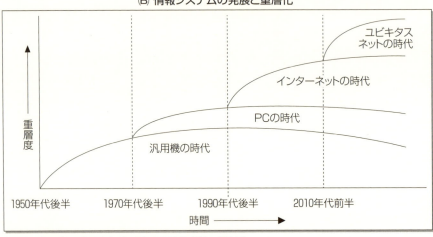

（出所）　島田達巳=高原康彦［2007］20頁を筆者が一部修正。

ーネットの時代,④ユビキタスネットの時代,の４つの段階に区分している。

さらに,４つの段階ごとに,①時期,②処理タイプ,③組織空間,④システム構成要素,⑤コンピュータの世代,⑥素子,⑦コンピュータの特徴,⑧使用特徴,⑨目的,の９つの分析項目を設定し,それぞれを一覧化している。上述したノーラン［1979］の発展６段階説と,例えば,図表1-2(A)のユビキタスネットの項目を比較すると,その違いは歴然としているといえよう。

図表1-2(B)は,図表1-2(A)の枠組みに基づいて,情報システムの発展と重層化について,イメージ化してそれを図示したものである[5]。本書の冒頭で,情報社会とネットワーク社会を区別したことと趣旨は一致している。すなわち,本書における経営情報論の主たる研究対象の１つである情報システムは,単にコンピュータシステムではなく,インターネットやユビキタスネットなどのネットワークこそがその主たる対象となる。

2 データ,情報,知識

❶ データ,情報,知識の概念

上で,情報や情報社会など,経営情報論において最も重要な専門用語について,その概念を定義せずに用いてきた。さらに,情報には,データや知識などの類似用語・類似概念も数多い。そこで,データ,情報,知識の３つの専門用語について,その概念について簡潔にみておこう。

〈データ〉

遠山暁＝村田潔＝岸眞理子［2003］によれば,データとは,「いずれ情報になる生の事実・材料」であって,「それらの個々の事実や材料の間に何ら関係づけがなされていないもの」と定義している。事実データという観点を強調している[6]。

大阪市立大学商学部編［2003］は,データについて,「出来事や存在など認識可能なあらゆる事象についての客観的事実であり,多くの場合,数量化できるものである」と定義している。客観的事実という観点を重視している[7]。

白石弘幸［2003］によれば，事実を客観的現象，現実に起こった事柄と定義した上で，これを数値などで表したものをデータと定義している。客観的現象という観点を強調している[8]。

　上述した3つの先行研究をみても，データは「客観的事実」と定義することができる。客観的事実を表現するメディアとしては，数値・文字・音声・記号など多種多様なメディアが考えられる。

〈情報〉

　遠山暁=村田潔=岸眞理子［2003］は，情報とは，「適合性と目的を付与されたメッセージ」であると定義している。また，「文脈的意味をもって解釈・評価されたメッセージであり，判断や行為に影響を与えるもの」と述べている。適合性と目的適合性を重視しているので，受信者自身の判断や思考能力によって，情報であるかどうかが決まるのであって，発信者が情報であるかどうかを決めるのではない，と念押しをしている[9]。

　大阪市立大学商学部編［2003］によれば，情報とは，ずばり「メッセージ」であり，通常，文書や映像あるいは音声といったメディアに乗せて伝達される，と述べている。具体的には，情報の受け手のものの見方や判断や洞察，さらには行動に違いを生じさせるのが情報であると強調している。その情報の原材料はデータであり，データに意味を与えることで情報になる。メッセージの送り手と受け手の内，受け手に対する影響を重視している[10]。

　白石弘幸［2003］は，情報とは，「客観的事実の内，価値のあるもの」と定義している。事実の内，それを知ることによって価値が生じるもの，事実に何らかの知的処理が加えられて価値が生じたものも含む，とも述べており，価値の重要性を強調している[11]。

　上述した先行研究をみても，情報とは，「関連性と合目的性を付与されたメッセージ」であると定義することができよう。メッセージの受け手による関連性・適合性・目的合理性の判断が情報であるかどうかを規定する。関連性・適合性・目的合理性があれば，情報の価値も自ずと生じるといえよう。

〈知識〉

　遠山暁=村田潔=岸眞理子［2003］によれば，知識とは，「情報の中から一般性・

普遍性があるものと評価されて，貯蔵されたもの」と定義している。そして，一般性・普遍性があるかどうかは，体験や学習，価値観，そして専門的な洞察力によって判断される。知識は，貯蔵されてもさらなる体験や学習によって，更新されたり，新たな経験や情報を評価する枠組みとして機能する，と述べている[12]。

大阪市立大学商学部編［2003］は，知識とは「ある状況における普遍的な事実」と定義している。そして，情報の原材料がデータであったように，知識は情報からつくられると述べている。そうであれば，情報から知識への変換はすべて人間が行わなければならないとして，知識創造活動の重要性を指摘している[13]。

白石弘幸［2003］によれば，知識とは，「自己および自己の置かれている環境に関して知っていることの蓄積。正当化された真なる信念」と定義している。また，知識を通常の知識と，メタ知識（知識に関する知識，すなわち，知識を創出し，知識を利用するための知識）に区分している[14]。

上述した先行研究をみても，知識とは，「ある特定の状況における普遍的な事実」と定義することができよう。ある特定の状況をどのように認知するか，知識を利用するための知識をどのように獲得するか，これらは知識創造の分野における大きな研究課題といえよう。特に，知識を利用するための知識（知恵という概念に近い）は，一朝一夕には獲得できない。

❷ データ，情報，知識の関係性

上で，経営情報論において重要な専門用語であるデータ，情報，知識について，先行研究を参照しつつ，本書における定義を次のように付与した。この定義に基づいて，今後の議論を進めることにする。不具合が生じた場合，理由を明確化して定義を変更する。

① データ：客観的事実
② 情報：関連性と合目的性を付与されたメッセージ
③ 知識：ある特定の状況における普遍的な事実

すでに先行研究で考察したように，データ，情報，知識の間には，相互に密接な関係性がある。遠山曉=村田潔=岸眞理子［2003］は，図表1-3に示される

図表1-3 データ，情報，知識の関係性

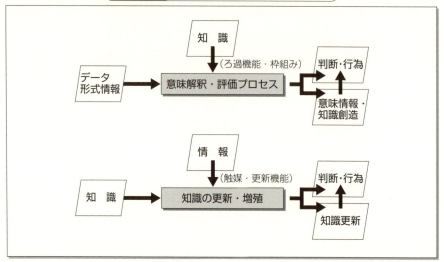

（出所）　遠山暁=村田潔=岸眞理子［2003］14頁。

ように[15]，データ，情報，知識の関係性について構造化を試みている。

　遠山暁=村田潔=岸眞理子［2003］の構造を用いて，データと情報の関係性からみてみよう。客観的事実であるデータは，意味解釈・評価プロセスというフィルターをろ過することによって，関連性と合目的性を付与された情報に変換される。その情報によって情報の受け手は，判断や行為を行うという図式である。次に，情報と知識の関係性についてみてみよう。関連性と合目的性を付与されたメッセージである情報を触媒として，ある特定の状況における普遍的な事実である既存の知識は，常に更新されかつ増殖する。知識更新・増殖に伴って，新たな状況に対して新たな判断が行われ，新たな判断に基づいて新たな行為が生まれるという図式である。

　上で，データと情報の関係性，情報と知識の関係性について，その構造について概観したが，とりたてて不具合はみられないと思われる。

❸ 知識創造

　データ，情報，知識の関係性において，近年，知識とりわけ知識創造につい

ての関心が高まりつつある。なぜならば，知識創造は，イノベーションを発生させ，競争優位を生み出すことができるからである。知識創造の特性として，組織的に行われるということがあげられる。野中郁次郎=紺野登［1999］によれば，組織的知識創造とは，「組織が個人・集団・組織全体の各レベルで，企業の環境から知りうる以上の知識を，新たに創造（生産）することである[16]」。

野中郁次郎=紺野登［1999］は，図表1-4に示されるように，知識創造のプロセスであるSECIプロセスを提示し，「暗黙知が形式化され，それが他者の行動を促進し，その暗黙知が豊かになる。さらに，それがフィードバックされ，新たな発見や概念につながる。暗黙知と形式知の組合せによって，4つの知識変換パターンが想定できる[17]」と述べている。

① 共同化（Socialization）：個人の中にある目に見えない暗黙知を，多数の個々人の目に見えない暗黙知へ転換するプロセスである。それは，個人の暗黙知を組織内の文化に転換させるプロセスともいえる。

② 表出化（Externalization）：個人の暗黙知を会話や聞き込みなどにより表面化させ，それを文章化，マニュアル化することによって，組織内のメンバーが共有可能な形式知に転換するプロセスである。

③ 連結化（Combination）：すでに文章化，マニュアル化されて形式知として共有されている組織のいくつかを結合したり，整理したり，または体系化することによって，新たな形式知を生み出すプロセスである。

④ 内面化（Internalization）：共有されている形式知が，深く理解されることによって，個人の経験や主観と相まって，新たな暗黙知が個人の中に形成されるプロセスである。

個人の持つ暗黙知が組織的知識創造の基礎であり，新しい知識の豊かな未開拓の源泉であるから，それに焦点を当てることによって知識創造プロセスが始まる[18]。すなわち，知識創造は共同化から始まるといえる。知識創造は，暗黙知の共有，暗黙知から形式知への転換，形式知から形式知への転換（異なった形式知を組み合わせて新たな形式知を創造する），形式知から暗黙知への転換，のプロセスを通じて実現できる。このように，知識は，形式知と暗黙知の相互作用によって創造され，拡大される。組織において，上述した4つの変換プロ

図表1-4　SECIモデル

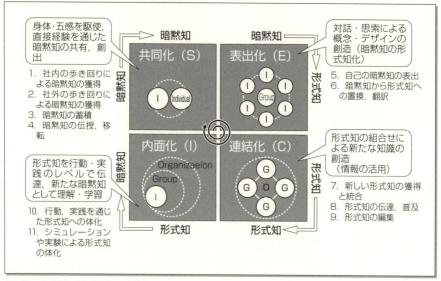

(出所) 野中郁次郎=紺野登 [1999] 111頁。

セスを通じて，個人の暗黙知を組織的に増幅させることは重要な課題である。

3　経営情報の目的

❶ 意思決定の前提

　従来，経営者の職能を意思決定とみる見方は多い。例えば，ノーベル経済学賞受賞者サイモン（Simon, H.A.）は，意思決定（decision making）をマネジメント（経営管理）の中核概念として位置づけた。ここで意思決定とは，「行動に先立って，いくつかある代替案（alternatives）の中から１つを選択する一連のプロセス」のことである。

　サイモン [1977] によれば，意思決定のプロセスは，図表1-5に示されるように[19]，①情報活動，②設計活動，③選択活動，④検討活動，の４つの活動に

第1章 経営情報の意義

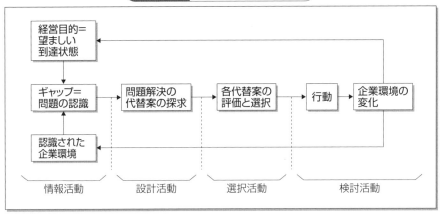

図表1-5 意思決定のプロセス

(出所) Simon, H.A.［1977］訳書55-56頁に基づいて筆者が作成。

よって構成される。

① 情報活動：意思決定の対象となる問題を明確にする活動である。いわば問題を発見する活動といえよう。問題を発見しようとする場合，現状を肯定すると問題が見えなくなる。問題とは「望ましい状態と現実の環境認識のギャップ」のことであるので，問題を発見するには，一方で望ましい状態を想定し，他方で現実の環境を認識するという情報活動が欠かせない。

② 設計活動：問題を解決するために，実行可能と考えられる複数の代替的な問題解決策を探索する活動である。代替的な問題解決策には，通常，2つの種類の問題解決策が含まれる。1つは日常反復的（ルーチン）な問題に対する解決策で，もう1つは新規の問題に対する解決策である。前者に対する問題解決策は，あらかじめ複数の代替案が準備されていることが多いが，後者に対する問題解決策の策定には，より創造的で革新的な取組みを必要とする。

③ 選択活動：実行可能と思われる複数の代替的な問題解決策の中から，最適と思われる案を選択する活動である。選択活動で最も重要なことは，複数の代替的な問題解決策を実行に移した場合のそれぞれの効果を客観的に予測することである。効果を客観的に予測するには，経済性，技術性などを測定・評価するための評価基準をあらかじめ設定しておかなければならない。この

評価基準の選択次第で，選択活動の良否が規定されることが多いので，評価基準の選択には十分に留意すべきである。
④　検討活動：最適な問題解決策を実行に移した結果について，様々な観点から批判的に検討する活動である。もしも望ましい成果が得られないと判断されたならば，ただちに第一段階の情報活動に戻り，再び意思決定のプロセスが繰り返される。

上述した意思決定のプロセスにおいて，経営情報は，各プロセス（①情報活動，②設計活動，③選択活動，④検討活動）の前提となる。換言すれば，意思決定のプロセスにおいて，経営情報が欠落したり不足したりすると，意思決定が成り立たない。意思決定が成り立たないということは，経営者（CEO・CIOなど）の職能が果たせないということと同義語なので，意思決定における経営情報の役割は極めて重要である。

❷ 知識の素材

先述したように，本書では，知識とは，「ある特定の状況における普遍的な事実」であると定義した。そして，ある特定の状況をどのように認知するか，「知識を利用するための知識」（メタ知識，知恵）をどのように獲得するか，が極めて重要な課題であることを指摘した。

また，情報と知識の関係性について，「関連性と合目的性を付与されたメッセージ」である「情報」を触媒として，「ある特定の状況における普遍的な事実」である既存の「知識」は常に更新されかつ増殖する，と述べた。そして，知識更新・増殖に伴って，新たな状況に対して新たな行為が生まれるという関係性を構造化して提示した。

コンビニのPOS情報の事例を用いて，情報と知識の関係性，特に，情報は知識の素材であるという関係性について簡潔にみてみよう。コンビニにおけるPOS情報は，単品ごとの売上データなど，コンビニ経営の生命線である多種多様な情報によって構成される。しかし，POS情報がいかに多種多様な情報によって構成されていても，「仮説」との関連性と合目的性がなければ，それはコンビニ経営にとって有益とはいえない。例えば，セブンイレブンのPOS情報の

中で，気温とおでん（単品ごと）の売上との相関分析の事例は有名であるが，気温という「仮説」に対して，どのおでんが，どの時間帯に，どの顧客層に売れたかという情報がなければ，相関分析はそもそも成り立たない。気温という「仮説」によって，単なるPOS情報（正確にはPOSデータ）は，「関連性と合目的性を付与されたメッセージ」である「情報」に変換される。すなわち，単なるPOS情報が，関連性と合目的性をもつ「仮説検証情報」として生まれ変わるのである。

この気温とおでん（単品ごと）の売上データの相関分析によって生み出された「仮説検証情報」は，「ある特定の状況における普遍的な事実」である既存の「知識」を常に更新する。そして，おでんの売上に関する知識更新・増殖に伴って，おでんに関する新たな状況に対して新たな行為が生まれる。情報と知識の関係性，特に，情報は知識の素材であるという関係性は，セブンイレブンのおでんの事例の場合，妥当性を有するといえよう。

次に，仕出し弁当屋のドメインの事例について簡潔にみてみよう。亡父の仕出し弁当屋を引き継いだ素人の娘は，仕出し弁当屋の経営に大きな悩みを抱えていた。そこで，公的機関の経営管理セミナーに参加し，ドメインの授業を受けた。ドメインの授業は，娘にとって青天の霹靂であった。「あなたは何なの，何やりたいの」という問いを繰り返すことの重要性を指摘されたからである。

ドメインの専門知識でいえば，事業対象＋事業形態を再構築する試みである。まず，仕出し弁当が，いつ，誰に売れているのか，「関連性と合目的性を付与されたメッセージ」である仕出し弁当に関する「情報」が次第に蓄積した。様々な冠婚葬祭（結婚式，葬式，法事など）の行事のときに，仕出し弁当が最も売れていることが判明した。

娘は，冠婚葬祭の各種組織（結婚式場，葬儀場，公民館など）と提携し，冠婚葬祭情報を入手することにした。仕出し弁当は，アウトソーシングによって生産し販売することにした。従来の事業対象＋事業形態（仕出し弁当＋製造販売業）から，新たな事業対象＋事業形態（冠婚葬祭＋プロジューサー）へとドメインが大きく変わったのである。ちなみに，売上・利益ともに約10倍になった。

この事例も,「関連性と合目的性を付与されたメッセージ」である仕出し弁当に関する各種「情報」を触媒として,「ある特定の状況における普遍的な事実」である既存の「知識」(この場合は,ドメインに関する知識) は,常に更新されかつ新たに創造されたのである。情報と知識の関係性,特に,情報は知識の素材であるという関係性は,この仕出し弁当の事例の場合,妥当性を有するといえよう。

　セブンイレブンのおでんの事例,仕出し弁当屋のドメインの事例をみても,情報は知識の素材であるという関係性は妥当性を有するといえる。新たな知識を創造するためには,「関連性と合目的性を付与されたメッセージ」である「情報」の質量が必要不可欠である。無から有は生まれないのである。

❸ リスクの削減

　上で,経営情報の主な目的として,①意思決定の前提,②知識の素材,の2点に絞って考察した。次に,本書における経営情報の目的を深耕するために,意思決定におけるリスク,知識創造におけるリスクについて考察する。意思決定も知識創造も,ある意味でリスクとの戦いである。

　リスク (risk) とは本来,企業活動の正常な遂行を妨げ,そのために企業に損害をもたらす現象の内,次の3つの特性を有しているものをいう[20]。
① 不確実性：発生原因が不明確で,そのため発生頻度・発生時期・発生場所などが確定できない。
② 主観性：発生原因が不明確なため,主観的な基準に基づく対策しかたてられない。
③ 危険：発生する現象によって損害を被る。

　従来,リスクと不確実性を同一視する向きもあるが,厳密にいえば,「不確実性」はリスクの構成要素の1つにすぎない。「生き物」としての企業にとって,リスクは企業発展の「機会」であるという側面と,リスクは企業存続にとって「脅威」という二面性をもっている。経営情報について考察する場合,リスクがもっているこの「機会」と「脅威」という二面性が,極めて重要な鍵概念 (キーコンセプト) になる。

近年，企業活動を取り巻く環境は激変している。企業システムの環境変化はいうまでもなく，企業システムの上位システムである産業システム，さらに産業システムの上位システムである経済システム，また，各国の経済システムの上位システムであるグローバルシステムの環境変化が加速しており，従来にも増して企業活動のリスクは増大し，かつ多様化している。具体的には，次のようなリスクが存在する[21]。

① 経済的リスク：金利，為替レート，経済圏，外資政策，インフラストラクチャ，資本市場，消費性向，購買力，経済成長率，投資など，経済環境に関わるリスク。

② 政治的リスク：暴動，テロ，革命，戦争，人権，人種差別，地域主義，ブロック化，官僚支配，民族，領土など，政治環境に関わるリスク。

③ 社会的リスク：人口動態，少子・高齢化，文化（国の文化，組織文化），宗教，習慣，消費者の価値観，消費者の行動様式・ライフスタイルなど，社会環境に関わるリスク。

④ 自然的リスク：天然資源，気温・湿気・日射量・日照時間・緯度・経度などの気候地理的要因，公害問題，地球環境問題など，自然環境に関わるリスク。

⑤ 市場的リスク：顧客ニーズ，市場規模，市場成長率，市場特性，市場購買力など，市場環境に関わるリスク。

⑥ 競争的リスク：競合製品，競合企業（顕在的，潜在的），競争メカニズム，業界の収益力，参入（進出）・撤退障壁，信用，レピュテーションなど，競争環境に関わるリスク。

⑦ 技術的リスク：製品固有技術，基礎技術，製造技術，管理技術，情報技術，情報セキュリティ，科学技術水準，技術者など，技術環境に関わるリスク。

マネジメント（経営管理）において，これらのリスクを分析し，リスクへの対応策を策定するための経営情報は必要不可欠である。先述したように，経営情報は，リスクとの戦い，すなわち企業の存続・発展のためになくてはならない。

リスク・マネジメント（risk management）は，JIS Q 31000によれば，上述した各種リスクに対して，「リスクを組織的に管理（マネジメント）し，損失

などの回避または低減をはかるプロセスのことである」と定義している。リスク・マネジメントは，主にリスク・アセスメントとリスク対応によって構成される。

　従来の伝統的リスク・マネジメントは，リスクを単なるコスト要因として捉えていた。そのため，リスク・マネジメントの目的は，損失のみを生じさせる純粋リスクを最小化させることが目的であった。しかし，グローバル化や企業間競争の激化など，企業環境の劇的な変化によって，リスクの概念やリスク・マネジメントの目的が徐々に変化してきた。新たなリスク・マネジメントでは，リスクを損失とチャンスの双方の可能性を秘めたものとして捉えるため，リスク・マネジメントの目的も「企業価値に関する不確実性がリスクであり，企業の利害関係者の価値最大化のため，リスクによって生じるロスの最小化と同時に，リスクに潜むチャンス，利益の最大化を図ること[22]」と，リスクをより広

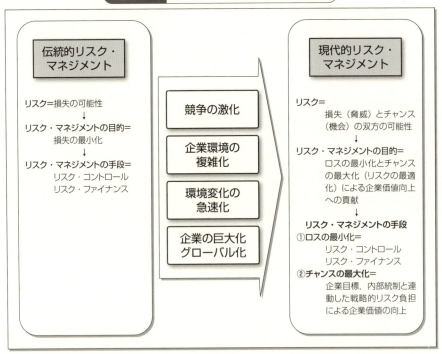

図表1-6　リスク・マネジメントの変遷

（出所）上田和勇［2007］35頁，アンダーセン＝朝日監査法人［2001］51頁を参照して筆者作成。

い視野で，かつ能動的に捉えるようになった。図表1-6に示されるように[23]伝統的リスク・マネジメントから現代的リスク・マネジメントへの変遷は，リスク概念の変化が根底に存在する。

意思決定の前提としての経営情報，知識創造の素材としての経営情報は，常にリスクを考慮しなければならない。リスクの削減，不確実性の削減の度合いは，意思決定，知識創造のレベルを規定するといっても過言ではあるまい。

4 経営情報の特質

❶ 情報の特質

従来，企業の経営活動の基盤となる経営資源は，ヒト(Man)，モノ(Material)，カネ(Money)の3Mとされてきた。ところが近年では，「情報」がそれらに続くあるいはそれらを凌ぐ第4の経営資源として捉えられている。経営情報の特質を考察する前提として，まず「情報」とはどのような特質をもつのであろうか。

小池澄男［1995］によれば，情報の特質として，以下の7つがあげられる[24]。

① 非消耗性：情報は，何度使用してもあるいは複製しても消耗することがなく，元の価値を保ち元のままで残る性質がある。
② 非移転性：情報は，他人に情報を伝達しても（売っても），その持ち主の所有に変わりはないという性質がある。
③ 累積効果：情報は，情報の質量が増えると，価値が上昇する性質がある。
④ 相対性：情報は，受け手によって価値がある場合とない場合があるという性質がある。
⑤ 伝達性：情報は，人に伝達されてはじめて存在が可能になるという性質がある。
⑥ 循環性：情報は，情報に基づいた人間の行動（Plan→Do→See→Plan）のサイクルのインプットになるという性質がある。
⑦ 財産性：情報は，財産的な価値を持ち，商品として売買される性質がある。

次に，大阪市立大学商学部編［2003］によれば，情報の特質として，以下の6つがあげられる[25]。
① 複写可能性：情報は，複写が容易で，オリジナルが1つあれば，大量に複製できるという性質をもっている。複写可能性の根底には，情報は，何度使っても消耗しないという非消耗性があるからである。
② 不移転性：情報は，他人に情報を伝達しても（売っても），その持ち主の所有に変わりはないという性質がある。すなわち，所有そのものは他人に移動していないのである。
③ 価値の相対性：情報は，モノ（有形財）と比較して，その受け手によって価値があるかないかの差が大きいという性質がある。
④ 累積性：情報は，情報量が増えれば増えるほど，価値が上がるという性質がある。
⑤ 無体性：情報は，モノのような実体が存在しないという性質がある。
⑥ 循環性：情報は，1回だけの使い切りではなく，繰り返し利用されるという性質がある。

上で，小池澄男［1995］と大阪市立大学商学部編［2003］に基づいて，情報の特質を考察したが，これらの特質の中でも，とりわけ，①情報の非消耗性，②情報の非移転性，③情報の累積効果は，従来の経営資源とは本質的に異なる特質である。この3つの特質によって，情報には，後述する「限界収穫逓増」の法則が成立する。

❷ 限界収穫逓増

限界収穫とは，図表1-7に示されるように[26]，限界産出量／限界投入量のことである。具体的には，生産要素の単位当たり投入量（限界投入量）を増大したとき，単位当たり産出量（限界産出量）が減少する場合，「限界収穫逓減」という。逆に，生産要素の単位当たり投入量（限界投入量）を増大したとき，単位当たり産出量（限界産出量）が増大する場合，「限界収穫逓増」という。

従来，多くの企業が支配されてきたのは「限界収穫逓減」の法則である。
① ヒト（人的資源）：疲労などの理由によって，限界収穫は逓減する。

第1章 経営情報の意義

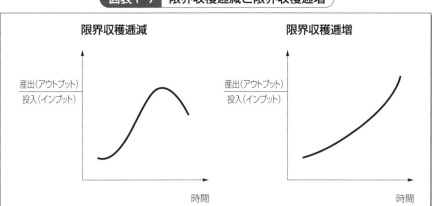

図表1-7 限界収穫逓減と限界収穫逓増

(出所) 寺本義也=岩崎尚人 [2000] 212頁。

② モノ（物的資源）：故障などの理由によって，限界収穫は逓減する。
③ カネ（資金的資源）：模倣などの理由によって，限界収穫は低減する。

しかし，情報(情報的資源)の場合，資源としての特質が，ヒト（人的資源），モノ(物的資源)，カネ(資金的資源)とは異なるので，疲労，故障，模倣などの理由で，一義的に限界収穫が低減するとは限らない。むしろ，「限界収穫逓増」の事例が，情報通信産業をはじめとして多くの産業において観察されている。

技術，スキル，ノウハウ，ブランド，企業イメージ，暖簾などの情報（情報的資源），その中でも特に，組織文化，ブランド，企業イメージ，顧客の信用などの固定的情報資源は，経営情報を考察する上で極めて重要な要素である。経営資源としての情報については，第3章でさらに詳しく考察する。

❸ 情報の多様性

情報の特質を考察する「切り口」として，①定量的―定性的，②定型的―非定型的，③デジタル型―アナログ型，④オペレーション的―戦略的，⑤形式知―暗黙知，⑥国内―グローバル，⑦内部―外部，⑧機能別―総合，など多種多様な「切り口」が存在する。多種多様な「切り口」が存在することは，情報の特質そのものが極めて多様性を有していることを意味する。この情報の多様性

21

は，経営情報の多様性にもそのままあてはまる。

① 定量的―定性的：定量的情報とは，売上高やシェア（市場占有率）などの数値・数量として把握できる情報を指す。一方，定性的情報とは，数値・数量で表せない質的な情報を指す。マーケティング調査などでは，近年，定量的・定性的な情報の双方が必要とされている。

② 定型的―非定型的：定型的情報とは，通常，定型的意思決定（programmed decision）において用いられる情報のことである。定型的意思決定とは，常時反復して発生するような問題を対象とする意思決定であるので，問題の構造はすでに明確になっており，問題解決のルールと問題解決策があらかじめ準備されていることが多い。これに対して，非定型的情報は，通常，非定型的意思決定（non-programmed decision）において用いられる情報のことである。非定型的意思決定とは，新たにその都度発生する問題を対象とする意思決定のことである。したがって，意思決定の対象自体が新しく，問題の構造や意思決定のルールはまだ定まっていない。例えば，新産業分野への進出，新事業の創出，戦略的業務提携の締結，非採算分野からの撤退などを対象とする意思決定が非定型的意思決定の例である。非定型的意思決定において用いられる非定型的情報は，情報が少なく，しかも1回限りということが多い。

③ デジタル型―アナログ型：デジタル（digital）型情報は，整数値（digit）で表現される情報のことである。デジタルコンピュータのほとんどが，物理的な表現正式として二進法（0と1）を用いるので，デジタルは0と1から成るという説明がよくなされるが，デジタルは必ずしも二進法である必要はない。一方，アナログ（analog）型情報は，類似・相似（analogy）の語源からも明らかなように，時計や温度計の例を用いると，連続した量（例えば時間）を他の連続した量（例えば角度）で表示した情報のことである。直感的・時代遅れ・ローテクなど様々な評価が存在するが，本来は情報量が高いとされている。

④ オペレーション的―戦略的：オペレーション的―戦略的という情報の分類は，アンソニー（Anthony, R.N.）［1965］やゴーリー＝スコット・モートン（Gorry, G.A＝Scott Morton, M.S.）［1971］など多くの先達によって提示されてきた。オペレーション情報は，主としてオペレーショナル・コントロールにおいて

図表1-8　形式知と暗黙知の対比

形成知	暗黙知
客観的な知（組織知）	主観的な知（個人知）
理性知（精神）	経験知（身体）
順序的な知（過去の知）	同時的な知（今ここにある知）
デジタル的な知（理論）	アナログ的な知（実務）

（出所）　Nonaka, I.=Takeuchi, H. [1995] 訳書89頁を筆者が一部修正。

用いられる。一方，戦略的情報は，主として戦略的計画において用いられる。

⑤　形式知―暗黙知：ポランニー（Polanyi, M.）[1966] の暗黙知を援用した野中郁次郎によって，形式知と暗黙知は，ナレッジ・マネジメントの分野で中核的な概念の１つとされている。図表1-8に示されるように[27]，形式知とは，言語化・視角化・数式化・マニュアル化された知識のことである。暗黙知とは，主観的で言語化することができない知識のことである。形式知と暗黙知は一対の概念として用いられている。

⑥　国内―グローバル：企業活動が国内だけの場合，国内情報だけでほとんど間に合うが，企業活動の範囲がグローバルに拡大すると，国内情報だけでは経営は不可能になる。このように，国内―グローバルという情報の分類基準は，企業活動の範囲に着眼した分類基準である。国内情報とグローバル情報を比較すると，情報は質量ともに大きな差異がある。グローバル経営において用いられるグローバル情報は，多種多様な情報が含まれる。

⑦　内部―外部：内部情報は，組織（企業）内部で作成・利用される情報のことである。一方，外部情報は，組織（企業）外部で作成された情報のことである。

⑧　機能別―総合：機能別情報とは，管理機能（人的資源管理，財務管理など）・業務機能（研究開発，生産，マーケティング，ロジスティクスなど）など，機能別に作成・利用する情報のことである。総合情報とは，機能別情報を全社的な観点から統合した情報のことである。機能別情報と総合情報の関係について，第３章において再度考察する。

5 経営情報論の位置づけ

❶ 伝統的な経営情報システム論の限界

　「経営情報論」「経営情報システム論」を有する各大学のシラバスや，伝統的な「経営情報論」「経営情報システム論」の教科書の目次を収集し，一覧化して比較分析を行うと，伝統的な「経営情報論」「経営情報システム論」には，2つの大きな特徴がある。

　第一に，伝統的な「経営情報論」「経営情報システム論」では，コンピュータを中心とする情報システムを客体（研究対象）として，情報システムの目的・機能・構造などを客観的に説明し，加えて，情報システム構築方法論や情報シ

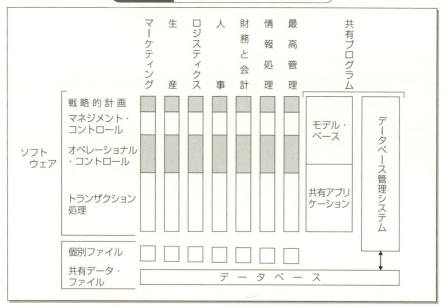

図表1-9　経営情報システムの全体像

（出所）Davis, G.B. [1974] p.221.

ステムの管理方法などを記述する，という研究スタイルが多く見られる。

伝統的な教科書の具体的な事例をみてみよう。図表1-9に示されるように[28]，デイビス（Davis, G.B.）［1974］は，当時勃興期にあったMIS（経営情報システム）について，縦軸に組織階層（戦略的計画，マネジメント・コントロール，オペレーショナル・コントロール，トランザクション処理）をとり，横軸に機能別管理・総合管理（マーケティング，生産，ロジスティクス，人事，財務・会計，最高管理など）の機能をとって，ソフトウェアやデータベースについて説明している。

伝統的な「主客二元論」を用いているので，理論的に精緻化しやすいという利点があるものの，「経営と情報の関係性」を体系的に説明することが「経営情報論」の主要な目的だとすると，デイビス［1974］の場合，知識が現実から遊離して「自己完結的」になっており，「事典的」な知識体系といえよう。

第二に，ターバン=リー=キング=チャング（Turban, E.=Lee, J.=King, D.=Chung, H.M.）［2000］の例に見られるように[29]，理論的な精緻化をむしろ抑制しつつ，インターネットやeビジネスの実践的側面に焦点をおく研究スタイルが，近年，急激に増加している。伝統的な「主客二元論」ではないので，どのような仮説をどのように実証するのか，といった疑問が残ることがある。「即物的」「ハウツー的」な知識体系といえよう。

伝統的な経営情報システム論の事例として取り上げたデイビス［1974］の「事典的」な知識体系も，ターバン=リー=キング=チャング［2000］の「即物的」「ハウツー的」な知識体系も，それだけでは「経営と情報の関係性」を体系的に説明することはできない。すなわち，伝統的な経営情報システム論には大きな限界があるといえよう。

❷ 学際的アプローチ

「経営と情報の関係性」を体系的に説明するためには，図表1-10に示されるように[30]，経営を研究対象としている経営管理論（意思決定，コーポレート・ガバナンス，企業の社会的責任など），経営組織論（協働システム，組織の3要素，組織間関係など），経営戦略論（経営戦略の構成要素，競争戦略，ビジ

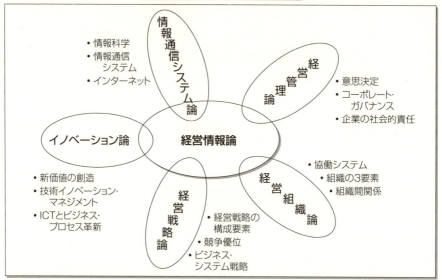

図表1-10 学際的アプローチ

(出所) 筆者作成。

ネス・システム戦略など),イノベーション論(新価値の創造,技術イノベーション・マネジメント,ICTとビジネス・プロセス革新など)の知見を体系的に取り込むことが必須条件になる。経営を研究対象とする学問分野の知見が不足すると,「経営と情報の関係性」を説明することはできない。

加えて,情報を研究対象とした情報通信システム論(情報科学,情報通信システム,インターネットなど)の知見を取り込むことも必須条件となる。仮に,経営管理論,経営組織論,経営戦略論,イノベーション論など経営を研究対象とした知見が十分であっても,情報を研究対象とした情報通信システム論の知見が乏しいと,「経営と情報の関係性」を体系的に説明することはできない。経営と情報に関する学問分野の学際的アプローチが必要不可欠である。

❸ ユビキタスネット社会の経営情報論

現在,米国や日本などの先進国や韓国などのICT先進国では,ユビキタスネット社会に突入している。ユビキタス(ubiquitous)という言葉は,ラテン語で

「いたるところに在る。遍在する（あらゆるところに存在する）」ということを意味する。実際に，ユビキタスという言葉が最初に用いられたのは，1988年に，米国のゼロックス・パロアルト研究所のワイザー（Weiser, M.）が，ユビキタス・コンピューティングという概念を提示したときといわれている。

現在考えられているユビキタスネット社会は，ワイザーのユビキタス・コンピューティングだけでなく，情報通信ネットワーク，各種プラットフォーム，高度な情報通信サービスなどを含む，より上位の概念である。わが国では，u-Japanを「ユビキタスネットワークが実現した社会」と規定し，「いつでも，どこでも，何でも，誰でも」がコンピュータ・ネットワークをはじめとするネットワークにつながることにより，様々なサービスが提供され，人々の生活をより豊かにする社会」ととらえている。ユビキタスネット社会は，わが国独自の社会パラダイムといえるかもしれない。総務省の『情報通信白書』などで，2004年頃から盛んに取り上げられている[31]。

ユビキタスネット社会では，「いつでも，どこでも，何でも，誰でも」ネットワークにつながる社会ととらえているが，少しだけ具体的なイメージにブレイクダウンをすると次のようになる。

① いつでも：仕事中，外出中，移動中など。
② どこでも：オフィス，自宅，屋内，屋外，移動体など。
③ 何でも：自動車，飛行機，船舶，家電製品など。
④ 誰でも：ヒトとヒト，ヒトとモノ，ヒトと動物など。

ユビキタスネット社会では，情報端末の増加（カーナビゲーション，住居設備，家電など），情報端末の移動（インターネット接続可能な携帯電話，ウェアラブル端末，車載デバイスなど），ネットワーク容量の増大（FTTH=fiber-to-the-home，ブロードバンドなど），情報のデジタル化（電子タグ，位置情報など），などがインフラストラクチャーの整備として，同時併行的に進展している。

ユビキタスネット社会に突入した現在，従来のコンピュータを中心とした情報システムを対象とした「経営情報論」「経営情報システム論」では，いかにも時代遅れといわざるを得ない。本書では，ユビキタスネット社会など「ネッ

トワーク社会」を強く意識しつつ，経営情報論の要論をまとめてみたい。

1) Toffler, A.［1980］, Bell, D.［1973］, 堺屋太一［1985］, 遠山暁＝村田潔＝岸眞理子［2003］などを参考にして筆者作成。なお，図表1-1における農業社会の用語法について，歴史学では一般的に，産業革命期の農業の発展のことをいうが，ここではToffler, A.［1980］の用語法に従う。また，農業社会は農耕社会ともいわれるが，同じくToffler, A.［1980］の用語法に従う。
2) 総務省［2015］『情報通信白書 for Kids』「情報社会とわたしたち」〈http://www.soumu.go.jp/joho_tsusin/kids/society/life-1.html〉
3) Nolan, R.N.［1979］pp.115-126.
4) 島田達巳＝高原康彦［1993］15-19頁に基づいて，筆者が一部加筆修正。
5) 島田達巳＝高原康彦［2007］20頁を筆者が一部修正。
6) 遠山暁＝村田潔＝岸眞理子［2003］11-12頁。
7) 大阪市立大学商学部編［2003］27-28頁。
8) 白石弘幸［2003］23-24頁。
9) 遠山暁＝村田潔＝岸眞理子［2003］12頁。
10) 大阪市立大学商学部編［2003］28-29頁。
11) 白石弘幸［2003］24頁。
12) 遠山暁＝村田潔＝岸眞理子［2003］13頁。
13) 大阪市立大学商学部編［2003］29-30頁。
14) 白石弘幸［2003］24頁。
15) 遠山暁＝村田潔＝岸眞理子［2003］14頁。
16) 野中郁次郎＝紺野登［1999］110頁。
17) 同上書111-114頁。
18) 野中郁次郎＝竹内弘高［1996］126頁。
19) Simon, H.A.［1977］訳書55-56頁に基づいて，筆者が図表化した。
20) リスクの定義については，武井勲［1987］，武井勲［1998］，石名坂邦昭［1994］の定義を参考にした。
21) 岸川善光［1999］231頁に筆者が一部加筆修正。
22) 上田和勇［2007］34頁。
23) 上田和勇［2007］35頁，アンダーセン＝朝日監査法人［2001］51頁を参考にして筆者作成。
24) 小池澄男［1995］57-60頁に基づいて，筆者が一部加筆修正。
25) 大阪市立大学商学部編［2003］19-21頁に基づいて，筆者が一部加筆修正。
26) 寺本義也＝岩崎尚人［2000］212頁。
27) Nonaka, I.＝Takeuchi, H.［1995］訳書89頁を筆者が一部修正。
28) Davis, G.B.［1974］p.221.
29) Turban, E.＝Lee, J.＝King, D.＝Chung, H.M.［2000］はeビジネスの専門書であるので，経営情報論の教科書として取り扱うのは公平さに欠けるかもしれない。
30) 筆者作成。
31) 総務省［2004］では，『平成16年版情報通信白書』において，「ユビキタスネットワーク社会の姿」と題して特集を行った。

第2章 経営情報論の生成と発展

　本章では，経営情報論の生成と発展について考察する。学説史を考察する場合，「発展段階」を基軸として各学説の特徴について「一定の法則性」を導き出すアプローチがとられることが多いが，ここでは学際的アプローチを採用する。

　第一に，経営情報論と経営管理論との関係性について考察する。まず，経営者の職能が意思決定であることを理解する。次いで，コーポレート・ガバナンスにおける情報の役割について理解を深める。さらに，企業の社会的責任における情報の役割に言及する。

　第二に，経営情報論と経営組織論との関係性について考察する。まず，経営組織の意義について理解する。次に，ネットワーク型組織とICTの関係に言及する。さらに，組織間関係における情報通信ネットワークの役割に言及する。

　第三に，経営情報論と経営戦略論との関係性について考察する。まず，経営戦略の意義について理解する。次いで，競争戦略と情報の関係に言及する。さらに，ビジネスシステム戦略と情報通信システムの関係について理解を深める。

　第四に，経営情報とイノベーション論との関係性について考察する。まず，イノベーションの意義について理解する。次に，技術イノベーション・マネジメントと情報の関係に言及する。さらに，ICTとビジネス・プロセス・リエンジニアリングの関係について理解する。

　第五に，経営情報論と情報通信システム論との関係性について考察する。まず，情報通信システムの意義について理解する。次いで，情報通信システムのインパクトに言及する。さらに，インターネット・イントラネット・エクストラネットの重要性について理解を深める。

1 経営情報論と経営管理論との関係性

❶ 経営者の職能

　第1章において,経営者の職能を意思決定とみる見方が多いことを述べた。例えば,ノーベル経済学賞受賞者サイモン（Simon, H.A.）［1977］は,意思決定（decision making）をマネジメント（経営管理）の中核概念として位置づけた。「意思決定とは,行動に先立って,いくつかある代替案（alternatives）の中から1つを選択する一連のプロセス」のことである。

　サイモン［1977］の意思決定のプロセスは,①情報活動,②設計活動,③選択活動,④検討活動,の4つの活動によって構成される。この意思決定のプロセスにおいて,経営情報は,各プロセス（①情報活動,②設計活動,③選択活動,④検討活動）の前提となる。経営情報が欠落したり不足したりすると,意思決定が成り立たないので,経営者の職能を果たすことができない。

　企業では,経営活動において実に多種多様な意思決定が行われている。一口に意思決定といっても,組織の階層によって,部門によって,取り扱う製品によって,対象とする市場によって,その内容は大きく異なっているのが現状である。したがって,意思決定の種類を分類する観点も多種多様である。

　アンゾフ（Ansoff, H.I.）［1965］は,上述した企業の意思決定を,経営資源の変換プロセスに対する意思決定の関与の違いによって,①戦略的意思決定,②管理的意思決定,③業務的意思決定,の3つに分類している[1]。そして,図表2-1に示されるように[2],問題,問題の性質,主たる決定事項,主たる特徴について要約している。まず,それぞれの内容についてみてみよう。

① 戦略的意思決定：主として企業と企業外部（環境）との関係にかかわる意思決定のことで,その中心は製品・市場の選択に関するものである。それに付随して,目標,多角化戦略,成長戦略などが決定される。
② 管理的意思決定：経営諸資源の組織化に関する意思決定のことで,その中

図表2-1 意思決定の種類

	戦略的意思決定	管理的意思決定	業務的意思決定
問題	企業の投資利益率を最適化するような製品・市場ミックスの選択	最適の業績をあげるために企業諸資源を組織化すること	潜在的投資利益率の最適な実現
問題の性質	製品・市場の機会に諸資源を配分すること	諸資源の組織、調達および開発	主要職能領域への予算を通じた資源の配分 資源の利用と変換の日程計画化、監視とコントロール
主たる決定事項	各種の目的および目標 多角化戦略 拡大化戦略 管理戦略 財務戦略 成長方法 成長のタイミング	組織機構：情報、権限、責任の関係の構造化 資源変換の構造化：仕事の流れ、流通システム、諸施設の立地 資源の調達と開発：資金、施設および設備、人材、原材料	業務上の諸目的および目標 価格設定および生産量 業務活動の諸水準：生産の日程計画、在庫水準など マーケティングの方針と戦略 研究開発の方針と戦略 コントロール
主たる特徴	集権的意思決定 部分的無知 非反覆的意思決定 自己再生的ではない意思決定	戦略と業務活動との矛盾対立、個人目的と組織目的との矛盾対立 経済的変数と社会的諸変数との強い結合戦略的あるいは業務的諸問題に端を発する意思決定	分権的意思決定 リスクおよび不確実性 反覆的意思決定 意思決定の多量性 複雑性に起因する最適化の犠牲 自己再生的意思決定

（出所）　Ansoff, H.I.［1988］訳書10頁。

心は，組織機構，業務プロセス，資源調達などに関するものである。

③　業務的意思決定：経営諸資源の変換プロセスの効率化に関する意思決定のことで，その中心は，マーケティング，財務などの各機能別の業務活動目標

や予算などである。

　意思決定は，取り扱う問題の構造によって，①定型的意思決定（programmed decision），②非定型的意思決定（non-programmed decision），の2つに分けられる。すなわち，意思決定の特性が大きく異なるのである。

　定型的意思決定は，第1章でも述べたように，常時反復して発生するような問題を対象とする意思決定であるので，問題の構造はすでに明確になっており，問題解決のルールと問題解決策があらかじめ準備されていることが多い。

　これに対して，非定型的意思決定は，新たにその都度発生する問題を対象とする意思決定のことである。したがって，意思決定の対象である問題自体が新しく，問題の構造や意思決定のルールはまだ定まっていない。非定型的意思決定を行う場合，情報が少なく，参考にすべき事例にも限度があり，しかも1回限りということが多い。

　このように，定型的意思決定と非定型的意思決定は特性が大きく異なるので，定型的意思決定と非定型的意思決定を行う際には，それぞれ異なった意思決定の技法が用いられる。

　上で，意思決定のプロセス，意思決定の種類，意思決定の特性，意思決定の技法について概観した。経営情報は，意思決定の前提であり，経営情報と意思決定は，相互に密接な関係性を有することが明確に理解できるであろう。

❷ コーポレート・ガバナンス

　近年，不正や不法などの企業犯罪をはじめとする企業不祥事が，一流企業を含めて多発している。経営者に直接起因するこのような企業不祥事の原因を調査すると，コーポレート・ガバナンス（corporate governance）に関する構造的な要因によるものが多い。

　コーポレート・ガバナンスは，従来，長谷川俊明［2005］が指摘したように，「主権者である株主が，その利益をはかるための経営が行われているかどうかを監視する仕組み・体制」であると理解されてきた[3]。

　近年では，もう少し視野を拡大して，①利害関係者（株主か，株主・従業員か，すべての利害関係者か），②事業の存続・発展（株主利益の最大化か，株主・

従業員の利益の最大化か,すべての利害関係者の利益の調和か),の2軸を用いたマトリックスを作成すると,その意義を体系的に把握することができる。

本書では,企業の社会的責任(CSR)の遂行が企業経営には不可欠であるという観点から,「コーポレート・ガバナンスとは,企業経営が利害関係者によって監視され,望ましい発展を実現するための仕組み」と定義して議論を進める。

日本企業のガバナンス機構は,会社法が施行される前まで,三権分立の思想のもと,①意思決定機関としての株主総会,②執行機関としての取締役会および代表取締役,③監督機関としての監査役(会),の3つの機関によって構成されてきた。

しかし,株主総会,取締役会,監査役(会)の形骸化が指摘されてすでに久しい。形骸化の原因として,経営学や法学の分野において多くの研究が蓄積されつつあるが,マネジメント(経営管理)の良否をチェックするコーポレート・ガバナンスは,極めて重要であると認識され始めている。

米国企業のガバナンス機構は,株主総会および取締役会によって構成される。日本やドイツと異なり,監査役(会)をもたない米国企業では,業務執行に関するコントロール権限を取締役会に委ねており,法的にみると,取締役会による一元的なコーポレート・ガバナンスの構造となっている。

米国企業の株主は,日本企業の株主と同様に,取締役の任免権を有するという意味で,コーポレート・ガバナンスの主権者として位置づけられている。また,日本の企業と同様に,取締役会に業務執行の権限が与えられている。しかし,特に大企業では,すべての日常業務を取締役会が執行することは困難である。このため取締役会は,その専決事項を留保した上で,取締役会の内部に下部機関として,①業務執行委員会,②監査委員会,③取締役候補指名委員会,④役員報酬委員会,などの委員会組織を設置して,各委員会に取締役会の権限を委譲するのが一般的である。これらの委員会は,取締役会において人員構成上多数を占める社外取締役を中心に編成される。

ドイツ企業のガバナンス機構は,株主総会,監査役会,取締役会によって構成される。この中で,監督機関である監査役会と業務執行機関である取締役会がガバナンス機構として位置づけられる。

ドイツ企業の株主総会は，監査役や会計監査人の選任，定款の変更，会社の解散などの権限を有するものの，日本企業や米国企業の株主総会と異なり，株式会社の最高機関として位置づけられていない。

　ドイツ企業で最高機関として位置づけられているのは監査役会であり，監査役は，取締役の任免，取締役会に対する監督，年次決算書の確定など，様々な権限を有しており，取締役をコントロールする機能が期待されている。ドイツの監査役会には，「共同決定法」によって，労働者の経営参加が定められている。したがって，監査役会は，株主総会で選出される株主（資本）の代表および労働者によって選出される労働者の代表によって構成される。このように，法的には取締役会は監査役会の下に位置づけられているものの，現実には，監査役会の業務執行に関する監査は，年2回程度しか実施されないために，監査役会のモニタリング機能が作動しないことが多い。近年，モニタリング機能の欠如による企業不祥事が増加しつつある。

　上で概観したように，日本，米国，ドイツにおけるコーポレート・ガバナンス機構は，どの国も大きな問題点・課題を抱えている。これらの問題点・課題を踏まえて，わが国におけるコーポレート・ガバナンスの今後の課題として，内部統制システムの定着があげられる。

　わが国の会社法は，大会社に対して，内部統制システムの整備義務を課した。内部統制システムの目的は，1)コンプライアンス（法令遵守），2)財務報告の信頼性，3)業務の効率化，の3つとされている。内部統制システムは，リスク管理体制を確立するという意味でも必要不可欠のシステムといえよう。大会社以外でも，効果的かつ効率的な内部統制システムの導入が望まれる。1)コンプライアンス（法令遵守），2)財務報告の信頼性，3)業務の効率化，の3つの目的は，経営情報の整備義務でもある。

❸ 企業の社会的責任

　企業には，様々な利害関係者（stake-holder）が存在する。株式会社を例にとると，図表2-2(A)に示されるように[4]，①株主，②従業員，③消費者，④取引業者，⑤金融機関，⑥政府，⑦地域住民などが，企業の主な利害関係者として

図表2-2 利害関係者と社会的責任の階層構造

(A) 企業と利害関係者との関係

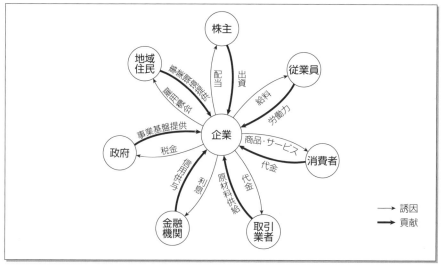

（出所）岸川善光［1999］16頁を筆者が一部修正。

(B) 社会的責任の階層構造

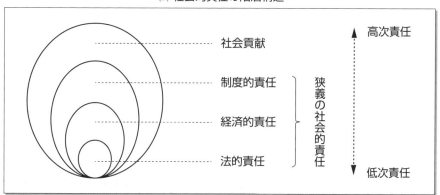

（出所）森本三男［1994］318頁。

あげられる。企業と利害関係者との間には，法律，契約，規則，商習慣などに基づく相互関係が成立しており，これらの相互関係が利害の源泉となる。各種利害関係者の主な利害の源泉は，次のとおりである。企業と各種利害関係者と

の間には，貢献と誘因が相互に期待されている。
① 株主：出資の対価としての配当など。
② 従業員：労働の対価としての給料など。
③ 消費者：代金の対価としての商品・サービスの効用など。
④ 取引業者：原材料供給の対価としての代金など。
⑤ 金融機関：信用供与の対価としての利息など。
⑥ 政府：事業基盤提供の対価としての税金など。
⑦ 地域住民：事業環境提供の対価としての雇用機会など。

　上述した各種利害関係者に対する義務のことを企業の社会的責任（corporate social responsibility：CSR）という。企業と各種利害関係者との間で成立している法律，契約，規則，商習慣などに基づく義務を遵守することは当然のこととして，企業にはそれぞれの利害関係者に対して次のような義務，すなわち社会的責任がある。
① 株主：適正な配当，株価の維持など。
② 従業員：適正な給与，雇用の安定，安全で快適な職務環境の維持など。
③ 消費者：適正な価格かつ高品質の製品・サービスの提供など。
④ 取引業者：対等な立場にたった業務機能に関する互恵的取引など。
⑤ 金融機関：対等な立場にたった金融に関する互恵的取引など。
⑥ 政府：適正な納税など。
⑦ 地域住民：生活環境の維持など。

　今日では，図表2-2(B)に示されるように[5]，狭義の社会的責任（法的責任，経済的責任，制度的責任）だけでなく，地球環境保護への協力，社会的弱者に対する配慮，製造物責任の遂行など，広く一般社会からの要請に応えることも社会的責任に含まれるようになった。さらに，文化支援活動（メセナ）や慈善事業（フィランソロピー）など，社会貢献といわれる活動も社会的責任の一部とみなされるようになりつつある。

　今日では，企業を取り巻く利害関係者の利害は多様化し，場合によっては相互に矛盾する。従来の「企業⇒社会」という観点だけでなく，「社会⇒企業」という観点を付加して，各種利害関係者の利害を調整することは，マネジメン

ト（経営管理）に課せられた重要な機能であり，この機能なくして「生き物」として存在することは難しい。すなわち，企業の社会的責任は果たせない。「企業⇒社会」「社会⇒企業」の双方向性の関係性の構築は，オープンで透明な経営情報の質量に大きく依存する。

2 経営情報論と経営組織論との関係性

❶ 経営組織の意義

　近代的組織論を確立したバーナード（Barnard, C.I.）［1938］によれば，組織とは，「2人またはそれ以上の人々の意識的に調整された活動や諸力のシステムである[6]」。この場合，組織は，極めて抽象的な概念であり，より包括的な「協働システム」におけるサブシステムとして位置づけられている。

　バーナード［1938］は，「協働システム（cooperative system）とは，少なくとも1つの明確な目的のために，2人以上の人々が協働することによって，特殊の体系的関係にある物的，生物的，個人的，社会的構成要素の複合体である」と定義した[7]。

　協働システムは，具体的な協働情況を包括的にとらえるための概念的工夫であり，個人がその能力の限界を克服するために形成する協働を1つのシステムとみなすと，その協働システムには，物的システム，社会的システム，人的システム，公式組織というサブシステムがある[8]。

　組織の概念を考察する場合，組織論の各学派について理解する必要がある。すなわち，岸川善光編［2015b］は，各学派について，①古典的組織論，②新古典的組織論，③近代的組織論，④適応的組織論，⑤戦略的組織論，⑥社会的組織論，の6つに分けて，組織の概念の変遷について考察している[9]。

　また，経営組織の概念を考察する上で，サイモン［1947, 1976, 1997］およびマーチ=サイモン［1958］が提唱した誘因（inducements, incentives）と貢献（contributions）に関するいわゆる「組織均衡」の概念は，個人と組織をつなぐ重要な

鍵概念（キーコンセプト）である。「組織均衡」とは，組織が組織構成員に提供する「誘因」と，組織構成員が組織に対する「貢献」との均衡のことである。

組織の成立・存続・発展のためには，組織が組織構成員に提供する「誘因」の質量が，組織構成員が組織に対する「貢献」の質量を，効用関数において上回らなければならない。すなわち，誘因≧貢献のときに組織は成立・存続・発展することができる。

さらに，バーナード［1938］によれば，すべての組織において，組織成立の基本的要素として，①共通目的（a common purpose），②協働意欲（willingness to cooperate）[10]，③コミュニケーション（communication），の3つの要素が不可欠であるとされる。この組織の3要素は，相互に密接な関連性を有している。

コミュニケーションは，共通目的と協働意欲を結合・統合する機能として期待されている。コミュニケーションがなければ，共通目的の形成も，協働意欲の顕在化もできない。つまり，コミュニケーションの能力が不十分であれば，必要な情報が手に入らず，合理的な意思決定を行うことができない。コミュニケーション技術は，まさに，あらゆる組織にとって重要な要素である。

飯野春樹編［1979］によれば[11]，バーナード［1938］は，組織の構造，広さ，範囲は，ほとんどコミュニケーション能力に依存するので，組織理論をつきつめていくと，コミュニケーションが中心的位置を占めると述べている。コミュニケーションは，情報，知識を媒介としてなされることはいうまでもない。

❷ ネットワーク型組織

ネットワークとは，本来，構成要素間の網状の連結様態をさす抽象概念である。ネットワーク社会といわれる今日では，このネットワークという用語が組織を考察する上で，鍵概念（キーコンセプト）の1つになりつつある。特に，経営組織の動態化とネットワーク型組織との近接性は高い。

今日では，単独の経済主体で事業に必要なすべての経営資源や情報を保有することは不可能であり，各企業が相互に資源依存および情報依存を前提として事業を展開せざるをえない。このことが，ネットワーク型組織が増加している背景となっている[12]。

第2章 経営情報論の生成と発展

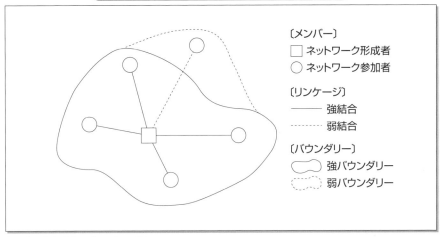

図表2-3 ネットワークシステムの基本構造

〔メンバー〕
□ ネットワーク形成者
○ ネットワーク参加者

〔リンケージ〕
―― 強結合
‐‐‐‐ 弱結合

〔バウンダリー〕
⬭ 強バウンダリー
⬭ 弱バウンダリー

(出所) 海老澤栄一［1992］108頁。

　ネットワーク型組織について考察する前提として，まず，ネットワークの基本構造と組織間ネットワークの2点について概観する。

　ネットワークの基本構造は，図表2-3に示されるように[13]，①メンバー（ネットワーク形成者，ネットワーク参加者），②リンケージ（強結合，弱結合），③バウンダリー（強バウンダリー，弱バウンダリー），の3つの要素を中心に構成される。

　組織間ネットワークは，図表2-3のネットワークの基本構造に新たなリンケージが発生し，それに伴ってバウンダリーも拡大する。このリンケージのあり方が，①組織間の資源・情報交換，②組織間のパワー関係，③組織間の調整メカニズム，④組織間の構造，⑤組織間の文化，のあり方に決定的な影響を及ぼす。これらの組織間関係については，次の項において考察する。

　ネットワーク型組織は，緩やかに結合した「ルース・カップリング（loosely coupled system）」と，経営環境の変化に対して柔軟に自己の構造変革を行う「自己組織化（self-organizing）」という2つの性質を持っている[14]。

① ルース・カップリング（loosely coupled system）とは，環境と組織を緩やかに結合することによって，組織の環境変化に対応し適合する水準を向上させ

ることである。換言すれば、組織行動の多様性吸収能力が増大することによって、組織生存可能性も増大していく。
② 自己組織化は、他律的能力によって設計されたり運営されたりすることではなく、自分自身の自律的能力によって自己を創造したり、形成したり、変化させたりすることである。すなわち、新しい自己が形成される自己組織化は、いわば相互独立から相互依存への進化の道でもある。

ネットワーク型組織は、組織のフラット化、オープン・ネットワーク経営、戦略的提携などのテーマと密接な関係性があり、ICT（情報通信技術）を活用して物理的に離れたメンバーと共通目標を達成するために業務を遂行する。ICTは、ネットワーク型組織の前提条件ともいえよう。

❸ 組織間関係

組織間関係（inter-organizational relations）とは、相互に自律的であり、組織間における直接的かつ間接的な依存関係をもつ組織の結びつきのことを指す。現代社会において、組織はほぼ例外なくクローズド・システムではなく、オープン・システムであり、他の組織との相互依存性を前提として成立している。具体的には、組織が存続・発展するためには、企業と企業、企業と銀行、企業と地域社会など、多種多様な利害関係者（ステークホルダー）と、ヒト・モノ・カネ・情報の相互依存関係を効果的に継続する必要がある。

山倉健嗣［1993］によれば、組織間関係は、図表2-4に示されるように[15]、①資源依存パースペクティブ（resource dependence perspective）、②組織セット・パースペクティブ（organization set perspective）、③協同戦略パースペクティブ（collective strategy perspective）、④制度化パースペクティブ（institutional perspective）、⑤取引コスト・パースペクティブ（transaction cost perspective）、の5つの視座（パースペクティブ）に基づいて分析が行われる。図表2-4は、5つのパースペクティブごとに、①主な研究者、②前提、③主な論点、④特色、を一覧化したものである。

山倉健嗣［1993］は、組織間関係に関する主要な研究課題として、①組織間の資源・情報交換、②組織間のパワー関係、③組織間の調整メカニズム、④組

第2章 経営情報論の生成と発展

図表2-4 組織間（企業間）関係論のパースペクティブ

	研究者	前提	論点	特色
資源依存パースペクティブ	トンプソン(Thompson, J.D.) フェファー=サランシック(Pfeffer, J.=Salancik, G.R.)	組織を基本的分析単位 組織存続のために経営諸資源を獲得・処分 他組織からの依存回避と自律性	なぜ組織間関係が形成されるのか 組織間の非対象関係 (パワー不均衡) 組織間調整メカニズム オープン・システム	依存の操作 資源の集合 情報の集合
組織セット・パースペクティブ	エヴァン(Evan, W.H.)	他組織と投入・産出の交換を行うオープン・システム インプット・アウトプットのアプローチと組織セットの発想の組み合わせ	組織セットを規定する変数（規模, 多様性, ネットワークの構造, 資源の集中度, メンバーシップの重複性, 目標・価値の重複性, 対境担当者）	対境関係者に対する注目 包括的な対象領域
協同戦略パースペクティブ	アストレイ=フォムブラン(Astley, W.G.=Fombrun, G.J.)	組織の集合体あるいはグループを基本的分析単位 資源依存パースペクティブに対するオールタナティブ	共有された目標・戦略 相互依存, 交渉, 妥協, 共生 協力, 共生を重視 共同戦略の分類（同盟型・集積型・有機型）	組織間システム・レベルを研究対象 資源依存パースペクティブと相互補完関係
制度化パースペクティブ	スコット(Scott, W.R.) パウエル=ディマジオ(Powell, W.W.=Dimaggio, P. J.)	組織は制度化された環境に内在する存在 他組織との同調や協調に努める	環境からの制約を受け入れる（規範, 神話, 価値など） 正当性	現象学, 社会学の影響 環境決定論に立脚した組織間関係論
取引コスト・パースペクティブ	コース(Coase, R.H.) ウィリアムソン(Williamson, O.E.)	取引を分析単位 取引コスト 組織と市場	市場・中間形態・組織の取引様式の選択 境界問題（市場, 中間組織, 組織）に焦点	取引コストの最小化に焦点を当てて組織間関係を分析

（出所）山倉健嗣［1993］33-62頁に基づいて筆者作成。

織間構造,⑤組織間文化,の5つをあげている[16]。

① 組織間の資源・情報交換(資源依存とコミュニケーション):組織は,他組織(環境)との相互関係の中で存続・発展をしなければならない。そこで,「なぜ,いかに,組織間関係が形成・展開されるのか」という問いに答えることは,理論面でも実践面でも,極めて重要な課題である。

② 組織間のパワー関係(非対称関係):パワーとは,他の抵抗を排しても,自らの意思を貫き通す能力であり,また,自らの欲しないことを他からは課せられない能力のことである。パワーは,上述した資源依存と表裏の関係にある。組織間関係において,パワーを獲得・拡大するための方策を理論的に解明する必要がある。

③ 組織間の調整メカニズム(2つ以上の組織間の協力の仕組み):組織間調整メカニズムとして,1)合弁,2)業務提携,3)役員の派遣・受入れ,4)企業間情報ネットワーク,5)ロビイング,6)合併,など様々な施策があげられる。組織間の調整メカニズムは,組織間関係の協力の仕組みであるとともに,組織と組織の協力関係をつくりあげていくメカニズムである。

④ 組織間構造(組織間の分化と統合の枠組み):組織間構造とは,組織間の協働の枠組みのことである。組織間構造は,「組織と組織との関係において,パターン化した安定した側面であり緩慢に変化する側面」である。すなわち,組織間の分化と統合の仕組みである。組織間構造は,「組織の組織」である組織の集合体そのものを研究対象とする。

⑤ 組織間文化(組織間で暗黙のうちに了解されているものの考え方や見方):組織間文化とは「組織間システムにおいて,メンバーである組織によって共有されている価値・行動様式」のことである。ちなみに,組織論における組織文化は「組織構成員に共有されている価値・規範・信念」であるので,組織間文化の定義と密接な関連がある。組織間文化は,組織と組織との相互作用を通じて,組織間システムにおいて共通の価値や行動様式が形成されるので,組織間文化の形成・維持・変革の解明が重要な課題となる。

　上で,組織間関係論の主要な研究課題(①組織間の資源・情報交換,②組織間のパワー関係,③組織間の調整メカニズム,④組織間構造,⑤組織間文化)

について概観したが，組織間関係論が今後のマクロ組織論（組織論）の最重要課題になるとの見方は的を射ていると思われる。

経営情報論における企業間情報通信ネットワークと，上述した経営組織論における組織間関係とは，表裏一体の関係性を有する。すなわち，企業間情報通信ネットワークは，組織間関係のインフラストラクチャそのものである。

3 経営情報論と経営戦略論との関係性

❶ 経営戦略の意義

もともと軍事用語である戦略（strategy）の語源は，ギリシャ語のstrategosからきたもので，本来の意味は，将軍の術（the general's art）であるという。

アンゾフ（Ansoff, H.I.）［1965］，ホッファー＝シェンデル（Hofer, C.W.＝Shendel, D.E.）［1978］，石井淳蔵＝奥村昭博＝加護野忠男＝野中郁次郎［1996］，大滝精一＝金井一頼＝山田英夫＝岩田智［1997］などの先行研究をレビューすると，経営戦略の定義には多種多様な概念が混在している。しかし，それらを整理すると，いくつかの共通項に集約することができる。

これらの共通項を整理して，本書では，「経営戦略とは，企業と環境とのかかわり方を将来志向的に示す構想であり，組織構成員の意思決定の指針となるもの」と定義して議論を進めることにする[17]。

経営戦略の構成要素については，すでに様々な研究成果が蓄積されている。ここでは，アンゾフ［1965］，ホッファー＝シェンデル［1978］，石井淳蔵＝奥村昭博＝加護野忠男＝野中郁次郎［1996］，大滝精一＝金井一頼＝山田英夫＝岩田智［1997］，の4つの先行研究を取り上げ，そのアウトプットを概括的にレビューする。レビューの結果，図表2-5に示されるように[18]，いくつかの異同点が存在する。

これらの異同点に関する考察を踏まえて，本書では，経営戦略の構成要素として，下記の5つの構成要素を選択する。
① ドメイン：自社の戦略空間は何か，自社の事業は何か，自社の事業の再構

図表2-5　経営戦略の構成要素

	アンゾフ [1965]	ホッファー＝ シェンデル [1978]	石井淳蔵他 [1996]	大滝精一他 [1997]	岸川善光 [2006]
①ドメイン	—	○	○	○	○
②製品・市場戦略	○	—	—	—	○
③資源展開	—	○	○	○	○
④競争戦略	○	○	○	○	○
⑤ビジネス・ システム	—	—	○	—	○
⑥その他				創造性 社会性	創造性 革新性 社会性

(出所)　岸川善光［2006］69頁。

築をいかに行うか，など。
② 製品・市場戦略：どのような製品・市場分野を選択するか，具体的には，どのようなセグメンテーションを選択するか，どのような製品差別化と市場細分化を行うか，いかに新製品開発，新市場開拓を行うか，など。
③ 経営資源の蓄積・配分：必要な経営資源をどのように蓄積するか，限られた経営資源を何にどのように配分するか，独自の資源展開によってどのようなコア・コンピタンスを形成するか，など。
④ 競争戦略：誰を競合企業（競争相手）とするか，何を競争力の源泉として戦うか，競争力をどのように利用するか，競争力をいかに効率的につくるか，など。
⑤ ビジネスシステム戦略：ビジネスシステムをいかに構築するか，企業間関係をどのように変革するか，など。

「経営戦略とは，企業と環境とのかかわり方を将来志向的に示す構想であり，組織構成員の意思決定の指針となるもの」であるので，経営戦略の5つの構成

要素のすべてについて，企業と環境とのかかわり方，将来志向的に示す構想，組織構成員の意思決定の指針，を策定するための経営情報を収集し，いかに活用するかが課題となる。

❷ 競争戦略

　競争戦略（competitive strategy）とは，「特定の事業分野，製品・市場分野において，競合企業（競争相手）に対して，持続可能な競争優位（sustainable competitive advantage）を獲得するために，環境対応のパターンを将来志向的に示す構想であり，組織構成員の意思決定の指針となるもの[19]」である。

　競争戦略では，「競合企業（競争相手）に対して，いかに持続可能な競争優位を獲得するか」ということが最も重要である。そのためには，下記の4点が課題となる。

① 競合企業（競争相手）：競争戦略では，まず「誰を競合企業（競争相手）とするか」を選択しなければならない。近年では，競合企業（競争相手）は，同一製品・類似製品の生産者だけでなく，代替品の生産者，潜在的代替品の生産者など，その範囲が拡大しつつある。競合企業（競争相手）を明確化することは，それらの競合企業（競争相手）が存在している市場セグメントを事業分野として選択することでもある。

② 競争力の源泉：競争戦略において，「何を競争力の源泉として戦うか」ということは，極めて重要な課題である。競争力の源泉は，企業が顧客のためにつくり出すことのできる価値である。価値は顧客が喜んで払ってくれる対価であり，基本的には，同等の便益を競合企業（競争相手）よりも安い価格で提供するか，あるいは競争企業（競争相手）の製品・サービスと比べて顧客にとって魅力のある特異性をもった便益を提供するか，の2つに大別される。

③ 競争力の活用：競争戦略において，「競争力をどのように活用するか」ということも重要である。競争の方法，場，タイミングを考慮しつつ，競争力を活用することによって，競争優位の獲得という所期の目的を実現することができる。

④ 競争力の構築：競争戦略において，「競争力をいかに効率的につくるか」

ということは，競争戦略の根源的な課題である．競争力の源泉である価値は，製品，価格，ブランドなど製品に直接的に関連するもののみならず，近年では，ビジネスシステム，企業文化など，多くの要素が考えられる．競争力の源泉である価値をいかに効率的につくるか，ということは企業力（能力）の向上策でもある．

ポーター［1980］は，競争優位のタイプおよび顧客ターゲットの範囲という2つの観点を組み合わせて，競争の基本戦略として，①コスト・リーダーシップ戦略，②差別化戦略，③集中戦略，の3つをあげている[20]．

① コスト・リーダーシップ戦略：コスト・リーダーシップ戦略（cost leadership strategy）とは，同一製品・サービスを，競争企業と比較して低コストで生産し，コスト面で優位性を確保するという戦略である．

② 差別化戦略：差別化戦略（differentiation strategy）とは，自社の製品・サービスに何らかの独自性を出し，顧客の「ニーズの束」に対して競合企業（競争相手）との差をつけることによって，相対的かつ持続的な優位性を保つための戦略である．

③ 集中戦略：コスト・リーダーシップ戦略と差別化戦略が業界全体を対象としているのに対して，集中戦略（focus strategy）は市場を細分化して，特定のセグメントに対して経営資源を集中する戦略である．集中戦略は，コスト集中戦略と差別化集中戦略に分けられる．

上で，競争戦略の4つの課題（①競争企業=競争相手，②競争力の源泉，③競争力の活用，④競争力の構築），競争の基本戦略（①コスト・リーダーシップ戦略，②差別化戦略，③集中戦略）について概観した．競争戦略においても，経営情報は重要かつ必須の要件である．己を知り，敵を知るための情報・知識がなければ，百戦どころか一戦さえ勝つことは無理であろう．

❸ ビジネスシステム戦略

従来，「どのような顧客に，どのような製品（サービスを含む）を提供するか」という製品・市場戦略が経営戦略の中核とされてきた．ところが近年では，顧客に価値を届けるための仕組み（ビジネスシステム）が，経営戦略において急

激に重要性を増大しつつある。

　ビジネスシステム（business system）とは，どのようなものであろうか。ビジネスシステムという概念は，比較的新しいので，まだ統一的な見解は存在しないといえよう。例えば，①ビジネスシステム，②ビジネスモデル，③ビジネスプロセス，④バリューチェーン（価値連鎖），⑤サプライチェーン（供給連鎖），⑥ディマンドチェーン（需要連鎖），⑦ロジスティクスなど，多くの類似概念が存在し，概念間に相互に重複が見られ，混乱さえ生じている。

　本書では，「ビジネスシステムとは，顧客に価値を届けるための機能，経営資源を組織化し，それを調整・制御するシステムのことである[21]」と定義して議論を進める。ちなみに，ビジネスシステム戦略は，このビジネスシステムを競争優位の源泉とする戦略のことである。

　ビジネスシステムの優劣を評価する場合，どのような基準が考えられるであろうか。加護野忠男＝井上達彦［2004］は，ビジネスシステムの客観的な評価基準として，①有効性，②効率性，③模倣困難性，④持続可能性，⑤発展可能性，の5つを指摘している[22]。ビジネスシステムの優劣は，この5つの評価基準によって評価することができるが，5つの評価基準のすべてを満たすビジネスシステムは，まだ現実的にはほとんど存在しない。

　次に，サプライチェーン（供給連鎖）を基軸として，ビジネスシステムの形態について考察する。ビジネスシステムの革新は，①垂直的統合（vertical integration），②水平的統合（horizontal integration），の2つの方法によってなされることが多い。

① 垂直的統合：垂直的統合とは，原材料の調達から製品の販売，顧客サービスに至る機能（業務，活動）を垂直的な流れとみて，2つ以上の機能（業務，活動）を1つの企業内にまとめることをいう。すなわち，ある機能（業務，活動）を市場取引から企業内取引へと取り込んで，今まで外部に任せていた機能（業務，活動）を企業自らが行うようになることである。

② 水平的統合：同種の事業分野，製品・市場分野に進出し，事業範囲を拡大することを水平的統合という。企業同士を結合することによって達成されることが多く，同種の事業分野における企業の合併を意味する場合が多い。

図表2-6　垂直統合型バリューチェーンと水平統合型バリューチェーン

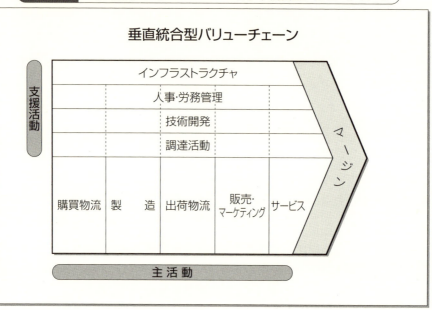

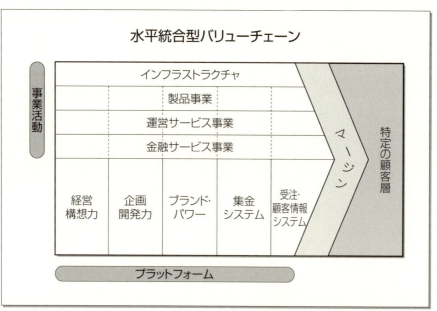

（出所）森本博行［1998b］8頁（ダイヤモンド・ハーバードビジネス編集部編［1998b］，所収）。

第2章 経営情報論の生成と発展

森本博行［1998b］は，図表2-6に示されるように[23]，垂直統合型バリューチェーンと水平統合型バリューチェーンの概念を分かり易く図示している。森本博行［1998b］の水平統合型バリューチェーンのことを，ポーター［1985］は，「相互支援戦略（cross-unit collaboration）と呼び，垂直統合型バリューチェーンと区別している[24]。

上で考察したビジネスシステム戦略は，例えば，生産者起点のサプライチェーン（供給連鎖）であれ，より進んだ消費者起点のディマンドチェーン（需要連鎖）であれ，情報通信システムがなければ実現できない。ビジネスシステム戦略と情報通信システムは，コインの裏表の関係にあり，密接な関係性を有している。

4 経営情報論とイノベーション論との関係性

❶ イノベーションの意義

企業は，真空状態ではなく，環境の中に生きる生き物・生命体である。企業は，オープン・システムであるので，環境の変化に対応することによってのみ，その存続・発展が可能になる。

経営システムの目的として，①価値の創出・提供と対価の獲得，②社会的責任の遂行，③経営システムの存続と発展，の3つがあげられるが，この3つの目的を実現するために，イノベーションは必要不可欠である。

すなわち，価値の創出・提供においても，社会的責任の遂行においても，企業の存続・発展においても，企業がイノベーションを実現することができなければ，経営システムの3つの目的は達成できない。その意味で，イノベーションは，経営機能の中で，極めて重要な位置を占めるといえよう。

経済学者のシュンペーター（Schumpeter, J.A.）［1926］は，「イノベーションは，内部から自発的に発生する経済の非連続的発展および創造的破壊につながるものである[25]」と述べた。シュンペーターのイノベーションでは，「生産諸

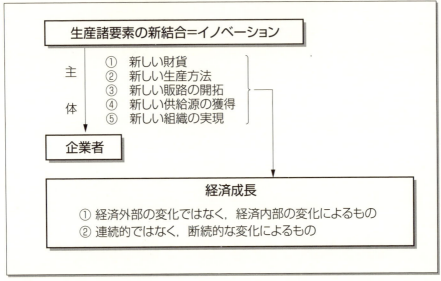

(出所) 岸川善光編 [2004a] 33頁。

要素の新結合」が鍵概念である。「生産諸要素の新結合」として，①新しい財貨，②新しい生産方法，③新しい販路の開拓，④原料あるいは半製品の新しい供給源の獲得，⑤新しい組織の実現，の5つを例示列挙している[26]。

経営学者のドラッカー（Drucker, P.F.）[1974] は，「イノベーションは，常に市場に焦点を合わせなければならない[27]」と述べた。「顧客の創造」がドラッカーのイノベーションの鍵概念である。

社会学者のロジャーズ（Rogers, E.M.）[1982] は，「イノベーションとは，個人もしくは他の採用単位（企業などの組織）によって新しいものと知覚されたアイディア，行動様式，物である[28]」と指摘した。ロジャーズのイノベーションでは，「普及」が鍵概念である。

情報学者の野中郁次郎=寺本義也編 [1987] は，「企業の自己革新（イノベーション）とは，意味のある新しい情報を獲得し，創造し，その結果，次元の異なる思考や行動様式を形成することである[29]」と述べた。野中郁次郎 [1986] のイノベーションでは，組織的な情報創造プロセスにおける「情報創造」と「自

己組織化」が鍵概念である[30]。

本書では，"知識創造による新価値の創出"をイノベーションの本質であると認識し，「イノベーションとは，知識創造によって達成される技術革新や経営革新によって新価値を創出する機能（活動）[31]」と定義して議論を進める。

第1章において，データ，情報，知識の概念を整理したとき，情報創造，知識創造の重要性について強調した。"知識創造による新価値の創出"がうまくいかないと，①価値の創出・提供と対価の獲得，②社会的責任の遂行，③経営システムの存続と発展，の企業経営の3つの目的が実現できないので，イノベーションにおける経営情報の質量は決定的に重要である。

❷ 技術イノベーション・マネジメント

イノベーションにおいて，技術イノベーション・マネジメントは，極めて重要な課題である。しかし，紙幅の制約もあるので，①プロダクト・イノベーションとプロセス・イノベーションの融合，②イノベーションの3つの障壁（溝）の克服手段，の2つに絞って考察する。

出川通［2004］が主張するように[32]，プロダクト・イノベーションが，今後の日本の製造業におけるイノベーションのポイントになると思われる。しかし，プロダクト・イノベーションとプロセス・イノベーションを分けて考えるのではなく，生産技術や製造プロセスを踏まえた新商品，新技術の提案を行い，プロダクト・イノベーションとプロセス・イノベーションの融合を図りつつ，プロダクト・イノベーションの強化を図ることが何よりも求められる。

次に，イノベーションの3つの障壁（溝）の克服手段について考察する。技術イノベーション・マネジメントのプロセスは，図表2-8に示されるように[33]，一般的に，時系列的な観点から，研究，開発，事業化，産業化，という4つのステージに分類することができる。そして，出川通［2009］によれば，この4つのステージの間に，「魔の川」，「死の谷」，「ダーウィンの海」という3つの障壁（溝）が存在する。

第一に，「魔の川」についてみてみよう。研究開発（R&D）という用語にみられるように，研究と開発は，一般的に，一体化した概念とされている。し

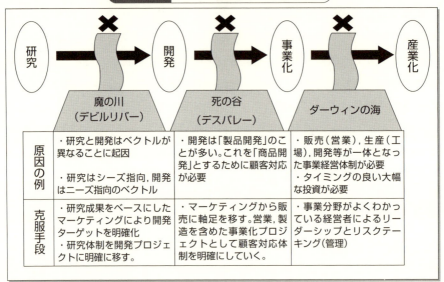

(出所) 出川通［2009］58頁。

かし，研究と開発は，もともとは違う概念であり，別のステージとして存在している。出川通［2009］は，この研究・開発間の障壁を「魔の川」と名づけた[34]。

「魔の川」に陥る原因として，研究と開発のベクトルの相違があげられる。つまり，シーズ志向の研究と，ニーズ志向の開発を混同してしまうことが「魔の川」に陥る原因となる。研究から開発に進む場合，シーズ志向からニーズ志向に発想を変えて製品開発を行わねばならない。「魔の川」を克服するためには，研究成果に基づきつつも，マーケティングにより開発ターゲットを明確にして，開発プロジェクトとして推進する必要がある。

第二に，「死の谷」についてみてみよう。近年，開発の成果をいかに事業活動に有効に活用するかという事業化のマネジメントが大きな鍵となっている[35]。この事業化のマネジメントにおいて，「死の谷」をいかに克服するか，ということがしばしば問題視される。「死の谷」とは，米国の下院科学委員会の報告書（Unlocking Our Future）の中で，同委員会副議長が，連邦政府の資金供給の対象である基礎研究と民間企業が行う応用研究開発のギャップが，ま

ます拡大していく現象を表現するために用いた比喩である[36]。

　事業化のマネジメントにおいて，営業や製造を含めた事業化プロジェクトを編成し，明確な事業化ビジョンを共有して取り組むことが必要である。また財務面での負担を軽減することも，死の谷を超える方策として，必要不可欠であるといえよう。

　第三に，「ダーウィンの海」についてみてみよう。事業化から産業化のステージに移行すると，もはや技術経営の役割はほぼ完了しており，経営そのものの問題であることが多い。比喩的にいえば，MOTからMBAへの移管である。

　事業化と産業化の間にある障壁（溝）を「ダーウィンの海」という。「ダーウィンの海」は，それまでのステージとは異なり，他社との激しい競争が常態である。まさに弱肉強食の世界である[37]。「ダーウィンの海」に陥る原因としては，産業化に不可欠な販売（営業），生産（工場），開発などが一体となった事業推進体制の不備，タイミングの良い大型投資の欠落などがあげられる。

　上述したように，技術イノベーション・マネジメントは，研究，開発，事業化，産業化，という4つのステージに分類することができる。4つのステージにおける成功・失敗の分岐点は，いつ，どの分野に投資を行うかなど，情報，知識の質量であることは間違いない。

❸ 情報通信技術（ICT）とビジネスプロセス・リエンジニアリング

　先に，イノベーションは，プロダクト・イノベーション，プロセス・イノベーション，の2つに大別され，日本の製造業において，技術革新の観点から，プロダクト・イノベーションの重要性について述べた。ここでは，プロセス・イノベーションについて考察する。具体的には，BPR（ビジネスプロセス・リエンジニアリング）を対象として取り上げる。BPRについては，第6章において節を独立して考察するので，ここでは概念の説明だけにとどめる。

　ハマー=チャンピー（Hammer, M.= Champy, J.）［1993］によれば，「BPR（ビジネスプロセス・リエンジニアリング）とは，コスト，品質，サービス，スピードのような，重大で現代的なパフォーマンス基準を改善するために，ビジネスプロセスを根本的に考え直し，抜本的にそれをデザインし直すこと[38]」である。

もう少し具体的にみてみよう。従来，職能別組織（機能別組織）や事業部制組織において，各機能（活動）の効率化を目的として，業務改善が各社において行われてきた。特に，日本の企業においては，TQC（全社的品質管理）などの名称で，業務改善に積極的に取り組んできた。ところが，部分的な業務では効率性は向上しても，全社的な効果性の向上までには至らなかった。

　高度に専門化され，ビジネスプロセスが機能（活動）ごとに分断された分業型の組織を改革するには，従来の業務改善では限界がある。ビジネスプロセスを基軸として，業務フロー，職務，組織，管理機構，情報システムなどを根本的に見直し，抜本的に再設計しない限り，「顧客満足」を獲得することはできない。

　ダベンポート（Davenport, T.H.）［1993］によれば，「ビジネスプロセスとは，特定の顧客あるいは市場に対して，特定のアウトプットを作り出すために，デザインされ構造化された評価可能な一連の活動のこと[39]」である。また，「プロセスとは，組織が顧客に対して価値を創造するために必要なことを実行する構造のこと」である。さらに，「プロセスとは，時間と場所を横断し，始めと終わり，および明確に識別されるインプットとアウトプットを持つ，仕事の活動の特定の順序のことである」とも述べている。

　BPRは，個々の機能（活動）ではなく，機能（活動）を連結したビジネスプロセスを対象とするので，機能・情報・資源を連結するために情報通信技術（ICT）を必要とすることが多い。ほぼ必須といっても過言ではない。

　BPRについては，第6章において，節を独立させて考察するので，ここでは，経営情報とイノベーションとの関係性に絞って，それも概念についてのみ考察しているが，①部門内BPR，②部門間BPR，③企業内BPR，④企業間BPR，⑤産業間BPR，⑥官民間BPR，の6つの対象領域すべてにおいて，情報，知識はBPRの前提であり土台である。イノベーションの本質は，"知識創造による新価値の創造"であることを再確認しておきたい。

5　経営情報論と情報通信システム論との関係性

❶ 情報通信システムの意義

　1980年代に入って，コンピュータと通信システムを結合した情報ネットワークが普及するにつれ，社会，経済，産業，企業のあらゆる分野において，従来とはその様相が一変しつつある。わが国では，1985年（昭和60年）に電電公社が民営化され，通信市場が自由化されてからこの動きが加速しつつある。この動きがネットワーク社会（高度情報社会）の到来といわれる現象に他ならない。ネットワーク社会（高度情報社会）は，情報通信ネットワークがその基盤となる。

　わが国において，しばしばIT（Information Technology：情報技術）と，ICT（Information and Communication Technology：情報通信技術）という2つの用語が混在して使用されている。ITとICTの大きな相違点として，Communicationを含んでいるかどうかがあげられる。ちなみに，Communicationの訳語は「伝達，報道，通信，交信」などである。したがって，ICTとは，ITと比較して，コンピュータ技術に通信技術が追加された形態と考えられる。本書では，情報通信技術（ICT）を，「ネットワークによって情報（Information）を相互に伝達し活用するための技術[40]」と定義して議論を進める。

　ICTは，情報の伝達・活用において，①時間的制約の克服，②空間的制約の克服，③新たな場の形成，という3つの特性を持っている[41]。
① 時間的制約の克服：伝達手段の発達に伴って，情報の伝達に要する時間が短縮され，情報の発信者と受信者の間のタイムラグが限りなく解消された。また，情報移動の低コスト化により，情報が常時更新されるようになった。
② 空間的制約の克服：伝達対象の範囲が拡大したことにより，世界中に情報を発信することが可能になった。また，情報通信インフラの安定に伴い，情報移動時における情報内容の欠落・変質などのリスクが減少した。
③ 新たな場の形成：上述した時間の短縮，空間の拡大によって，Web上に現実と同質の新たな場が創出された。その結果，双方向的な情報発信が可能となり，新たな取引の場，新規市場，協創（協働創出）の場が登場した。

　ITからICTへの進化は，情報社会から高度情報社会への進化と同期化しているといえよう。第1章で概観したコンピュータ・インターネットシステムの発

展段階（①汎用機の時代，②PC（パソコン）の時代，③インターネットの時代，④ユビキタスネットの時代）に基づけば，近年（③インターネットの時代，④ユビキタスネットの時代）の経営情報論は，それ以前の経営情報論と比較して様相が大きく異なっている。すなわち，企業経営と経営情報論との関係性は，ITからICTへの進化と同期化して大きく変化しつつある。

❷ 情報通信システムのインパクト

　従来の情報社会では，「情報を制するものがビジネスを制する」といわれてきた。ネットワーク社会（高度情報社会）に入り，「ネットワークを制するものがビジネスを制する」といわれるようになった。この「ビジネスを制する力」の源泉は，①情報のコンテンツ（内容），②情報通信技術（ICT），の2つに大別されるが，ここではICTに焦点を絞って考察する。

　図表2-9に示されるように[42]，ICTは，①経営戦略（新製品開発，新市場開拓，産業フロンティアの拡大など），②意思決定（的確性，迅速性など），③組織（グループ化，新たな組織間関係など），④業務分担（リストラクチャリング，アウトソーシングなど）のそれぞれの局面においてインパクトを及ぼしている。このことは，経営戦略，意思決定，組織，業務分担などの善し悪しが，すべてとはいえないものの，ICTによって規定されるということを意味している。

　次に，ICTが各産業構造にもたらすインパクトについて考察する。

① 製造・流通分野：製造・流通分野に対するインパクトは，1)市場ニーズ直結型の生産・供給体制の確立，2)新たなグループ化の進展，3)新たな流通システムの創造，4)新たな事業分野の創造，5)流通経路の簡素化，などICTのインパクトは多大なものがある。

② 金融分野：金融分野に対するインパクトは，1)参入企業の増加，2)金融機関の情報通信サービス産業化，3)店舗機能の変化，などのインパクトを与えている。近年，世界各国で進展している金融ビッグバンの原動力の1つとして，情報通信システムが作用していることはいうまでもない。

③ サービス分野：サービス分野に対するインパクトは，1)新たなサービス産

第2章 経営情報論の生成と発展

図表2-9　ICTのインパクト

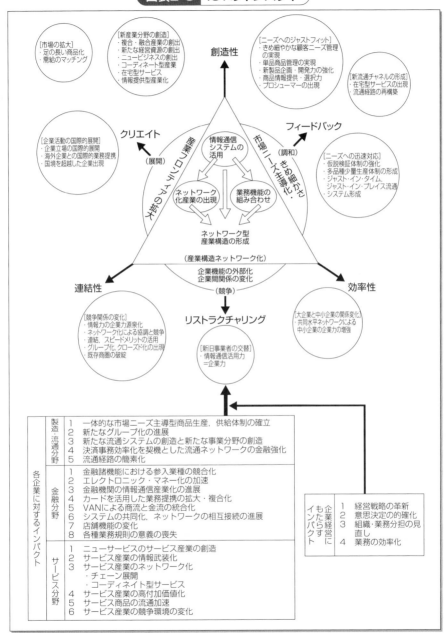

(出所)　岸川善光［1999］155頁。

業の創造，2)サービス産業のネットワーク化，3)サービス産業の高付加価値化など，これもICTがもたらすインパクトは極めて大きい。

今後，ユビキタスネットの時代がさらに進展すれば，1)新たな産業フロンティアの拡大，2)新たな「組織間関係」の創出，3)新たな市場ニーズへの対応など，ICTの役割およびインパクトはますます増大するものと思われる。また，情報空間の拡大に伴って，わが国政府のu-JAPAN政策のように，社会全体のネットワーク化が急速に進展すると思われる。

❸ インターネット・イントラネット・エクストラネット

インターネット時代の経営情報，さらにユビキタス時代の経営情報を考える上で，インターネット・イントラネット・エクストラネットについて，それらの概念を正確に把握しておく必要がある。

インターネットは，第4章において節を独立して考察するが，TCP/IP（Transaction Control Protocol/Internet Protocol）などのインターネット・プロトコル（通信規約）を用いて，世界中の膨大な数のコンピュータや通信機器を相互に繋いだ巨大なコンピュータ・ネットワークのことである。インターネットを利用した代表的なサービスとして，電子メール，映像・音楽の配信，ホームページ，情報探索システム，オンライン・ショッピング，インターネット電話，などがあげられる。

イントラネットは，インターネットの標準技術を用いて構築された企業内ネットワークのことである。イントラネットは，企業などの組織内でのみ構築されたネットワーク環境にある。

エクストラネットは，複数のイントラネットを相互に接続したネットワークのことである。電子商取引，電子データ交換など，異なる企業間での情報通信ネットワークのことである。

ターバン=リー=キング=チャング（Turban, E.=Lee, J.=King, D.=Chung, H.M.）[2000]は，図表2-10に示されるように[43]，eビジネスのインフラストラクチャとして，インターネット・イントラネット・エクストラネットの概念図を提示している。これらのネットワークは，従来のコンピュータの単体利用（スタン

第2章 経営情報論の生成と発展

図表2-10 インターネット・イントラネット・エクストラネット

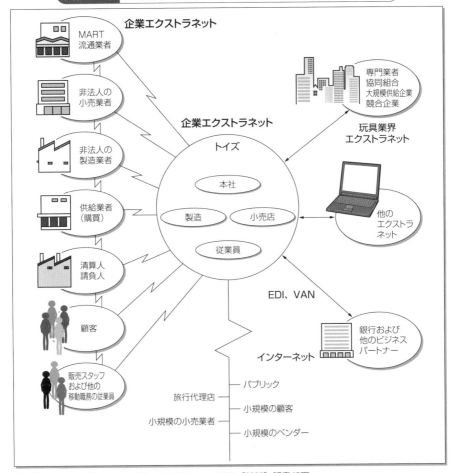

(出所) Turban, E.=Lee, J.=King, D.=Chung, H.M. [2000] 訳書43頁。

ド・アローン)のときの経営情報とは全く異なり,①時間的制約の克服,②空間的制約の克服,③新たな場の形成,の3つの課題を可能にする。

---

1) Ansoff, H.I. [1965] 訳書6頁,または,Ansoff, H.I. [1988] 訳書4-8頁。
2) Ansoff, H.I. [1988] 訳書10頁。
3) 長谷川俊明 [2005] 29頁。
4) 岸川善光 [1999] 16頁に筆者が一部加筆修正。

5）森本三男［1994］318頁。
6）Barnard, C.I.［1938］訳書76頁。ただし，体系をシステムに変更した。
7）同上書67頁。
8）飯野春樹編［1979］30頁。
9）岸川善光編［2015b］29-64頁。
10）Barnard, C.I.［1938］pp.82-91.原書では，willingness to cooperateとwillingness to serveを互換的に用いているが，本書では，willingness to cooperateに統一する。
11）飯野春樹編［1979］59頁。
12）岸川善光［1999］133頁。
13）海老澤栄一［1992］108頁。
14）若林直樹［2009］68頁。
15）山倉健嗣［1993］33-62頁に基づいて筆者作成。
16）同上書63-158頁を筆者が要約した。
17）岸川善光編［2015a］96頁。
18）岸川善光［2006］69頁。
19）同上書164頁。
20）Porter, M.E.［1980］訳書61頁。
21）岸川善光［2006］193頁。
22）加護野忠男=井上達彦［2004］43-44頁。
23）森本博行［1998b］8頁（ダイヤモンド・ハーバード・ビジネス編集部編［1998b］，所収）。
24）Porter, M.E.［1985］訳書526-532頁。
25）Schumpeter, J.A.［1926］訳書182-183頁。
26）岸川善光編［2004a］33頁。
27）Drucker, P.F.［1974］訳書266-267頁。
28）Rogers, E.M.［1982］訳書18頁。
29）野中郁次郎=寺本義也編［1987］14頁。
30）野中郁次郎［1986］171頁（今井賢一編［1986］，所収）。
31）岸川善光編［2016］85頁。
32）出川通［2004］24頁。
33）出川通［2009］58頁。
34）同上書57頁。
35）植之原道行［2004］135頁。
36）児玉文雄［2007］63頁。
37）出川通［2009］55-56頁。
38）Hammer, M.=Champy, J.［1993］訳書57頁。
39）Davenport, T.H.［1993］訳書14-15頁。
40）岸川善光編［2015a］230頁。
41）同上書191頁。
42）岸川善光［1999］155頁。
43）Turban, E.=Lee, J.=King, D.=Chung, H.M.［2000］訳書43頁。

第3章 経営情報の体系

　本章では，総論のまとめとして，経営情報について体系的に理解するために，5つの観点を設定し，それぞれの観点から経営情報について立体的に考察する。

　第一の観点として，総合情報と機能別情報について考察する。まず，総合経営管理について理解する。次に，機能別管理について理解を深める。さらに，総合経営管理と機能別管理の関連性について言及する。総合情報と機能別情報は，極めて密接な関連性がある。

　第二の観点として，経営管理の階層と経営情報について考察する。まず，経営管理の階層について理解する。次いで，経営管理の階層による職能・スキルの相違に言及する。さらに，経営管理の階層による情報要求の違いについて理解を深める。

　第三の観点として，経営管理プロセスと経営情報について考察する。まず，経営管理プロセスについて理解する。次に，経営管理プロセスの機能について理解を深める。さらに，経営管理の階層・経営管理プロセスと経営情報との関連性について言及する。

　第四の観点として，経営資源としての経営情報について考察する。まず，経営資源の概念について理解する。次いで，情報的資源（見えざる資産）について理解を深める。見えざる資産の本質は，情報・知識の価値である。さらに，ブランド戦略について言及する。

　第五の観点として，情報空間の拡大について考察する。まず，情報空間の概念について理解する。次に，新たな産業組織について言及する。さらに，グローバリゼーションとグローバル情報ネットワークについて理解を深める。

1 総合情報と機能別情報

❶ 総合経営管理

　経営情報について体系的に考察する第一の観点として，経営システムの対象範囲があげられる。すなわち，経営システムの全体を対象範囲とした経営情報か，経営システムの部分を対象とした経営情報か，という観点である。

　経営システムという概念は，協働システム（cooperative system）において，システムに関する要件や構造を援用したものである[1]。従来，システムの訳語としては，系，体系，組織，制度などがあてられてきた。システムの要件としては，①2つ以上の複数の構成要素による集合体であること，②複数の構成要素が何らかの相互関連性を有していること，③複数の構成要素は共通の目的を持ち，この目的のために機能すること，の3つがあげられる[2]。

　ちなみに，協働システムを研究対象とする場合，機能（行動）に主眼を置くと経営管理論（マネジメント論）になり，構造（経営体，組織）に主眼を置くと経営組織論になる。情報に主眼を置くと経営情報論になる。

　本書では，「経営システムとは，環境主体との対境関係，すなわち環境とのかかわり方を重視する経営体・組織であり，かつ経営体・組織の機能（行動）を含む概念である[3]」と定義し，議論を進めることにする。

　「広義の経営システム」は，図表3-1に示されるように[4]，①環境主体との対境関係，すなわち環境とのかかわり方を保持する「狭義の経営システム」，②狭義の経営システムおよび業務システムのフィードバック・コントロールを行う「経営管理システム」，③価値の創出・提供のために直接必要な「業務システム」，の3つのサブシステムによって構成される。

　経営システムは，主として，「機能の連鎖」「経営資源の連鎖」「情報の連鎖」によって構成される。上述した経営管理システムの機能として，①人的資源管理，②財務管理，③情報管理，④法務管理，の4つの機能があげられる。また，

第3章 経営情報の体系

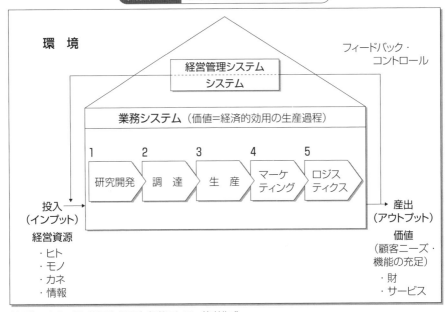

図表3-1 経営システムの基本構造

(出所) 森本三男[1995]36頁を参考にして，筆者作成。

業務システムの機能として，①研究開発，②調達，③生産，④マーケティング，⑤ロジスティクス，の5つの機能があげられる。

経営システムにおける経営資源とは，企業活動を行う上で必要な資源や能力のことである。経営資源は，一般的に，①ヒト，②モノ，③カネ，④情報，の4つに区分される。

経営システムにおける情報とは，経営管理システム（人的資源管理，財務管理，情報管理，法務管理）に必要な情報，業務システム（研究開発，調達，生産，マーケティング，ロジスティクス）に必要な情報，の9つに区分される。

企業活動は，人的資源管理，財務管理，情報管理，法務管理，研究開発，調達，生産，マーケティング，ロジスティクスなど，様々な活動によって営まれている。これらの活動は機能の遂行に他ならない。例えば，研究開発活動とは，研究開発の機能を遂行することである。

企業活動（機能）の全体を対象範囲としたものを総合経営管理といい，個別

の機能を経営管理の対象としたものを機能別管理という。この両者は，全体と個の関係にあるので，全体管理と個別管理，または全般管理と部門管理という分類がなされることもある。

　総合経営管理は，上でみたように機能別管理の総和である。しかし，総合経営管理は，ただ単に個別の機能別管理を積み上げたものではない。総合経営管理では，個別の機能別管理を全体的な観点から整合性をもったものにすることが何よりも重要である。全体的な観点から整合性をもったものにするためには，「総合経営管理」のための「総合情報」が欠かせない。

❷ 機能別管理

　従来，企業活動に必要な機能について，経営コンサルティング機関を中心として様々な実証研究がなされてきた。例えば，米国の経営コンサルタント協議会（ACME）[1976]による詳細な機能の研究はその集大成ともいえよう[5]。

　本書では，ACME[1976]などの先行研究を参考にして，経営管理システムとして，①人的資源管理，②財務管理，③情報管理，④法務管理，の4つの機能を選択した。また，業務システムとして，①研究開発，②調達，③生産，④マーケティング，⑤ロジスティクス，の5つの機能を選択した。

〈経営管理システム〉
① 　人的資源管理：経営資源の内，ヒトを対象とした経営管理である。ヒトは，他の経営資源を動かす主体であり，他の経営資源と異なり，思考・学習・成長ができる。人的資源管理では，いかにして人的資源のもつ潜在的な能力を余すことなく引き出し，企業活動に貢献させることができるかが重要な課題となる。人的資源管理の内容としては，職務設計，人的資源フロー・マネジメント，報酬マネジメント，労働条件，労使関係，などがあげられる。
② 　財務管理：経営資源の内，カネを対象とした経営管理である。倒産の原因の内，約4割が財務管理の失敗（資金ショートなど）という現実をみると，カネを対象とする財務管理は極めて重要である。財務管理の内容としては，資金調達，資金運用，財務計画，経営分析，財務諸表，などがあげられる。
③ 　情報管理：経営資源の内，情報を対象とする経営管理である。経営資源と

しての情報には，データ，知識，技術，スキル，ノウハウ，ブランド，企業イメージ，暖簾などが含まれる。情報管理の内容としては，情報戦略，情報資源管理，情報システム開発，情報システム運用，などがあげられる。

④ 法務管理：企業活動を正当に行うことを目的とした経営管理である。不正や不法などの企業犯罪をはじめとする企業不祥事が多発しており，近年，その重要性が多くの企業において認識されつつある。法務管理の内容としては，M＆A，内部統制システム，知的財産権，会社法，コーポレート・ガバナンス，などがあげられる。

〈業務システム〉

① 研究開発：業務システムの起点に位置し，研究（基礎研究，応用研究），開発（製品開発，技術開発），製品化（設計，試作，生産技術支援），などの機能によって構成される。研究開発管理の内容としては，研究開発計画，各機能間の連携・調整，などがあげられる。

② 調達：業務システムの内，原材料などの調達を対象としている。調達管理の内容としては，調達コスト管理，資材管理，在庫管理，購買管理，外注管理，倉庫管理，などがあげられる。

③ 生産：業務システムの内，有形財や無形財を産出することである。生産管理の内容としては，生産計画，生産方式，製造管理，品質管理，自動化，生産情報システム，などがあげられる。

④ マーケティング：業務システムの内，対市場活動のことである。マーケティング管理の内容としては，マーケティング・システム，戦略的マーケティング，マーケティング・ミックス，ソシオ・エコロジカル・マーケティング，などがあげられる。

⑤ ロジスティクス：業務システムの内，顧客に価値を届ける機能である。ロジスティクス管理の内容としては，ロジスティクス・システム，ロジスティクス・ネットワーク，物流センター，物流，ロジスティクス・コスト，在庫管理，などがあげられる。

これらの機能別管理の前提となる情報が機能別情報である。伝統的な経営情報システム論において，機能別情報についてはすでに多くの蓄積がある。換言

すれば，伝統的な経営情報システム論は，企業を「機能の束」とみていたのかもしれない。これはACME［1976］などの機能研究にも通じることである。

❸ 総合経営管理と機能別管理の関連性

上述したように，経営管理の範囲によって，総合経営管理と機能別管理に分類することができるが，実際の経営管理（マネジメント）の局面では，この両者は密接な関連性を有する。

総合経営管理では，①外部環境の変化と各機能別管理との関連づけ，②個別の機能別管理の基盤づくり，③個別の機能別管理の全体的な統合，の3点が極めて重要である。それぞれについて簡潔にみてみよう。

① 外部環境の変化と各機能別管理との関連づけ：環境変化に対応（環境適応，環境創造）するために，経営方針・経営目標・経営計画・経営戦略を策定し，それらの計画（planning）と各機能別管理を，整合性を保持しつつ関連づける。
② 個別の機能別管理の基盤づくり：企業経営の遂行のために，経営方針・経営目標・経営計画・経営戦略を策定し，個別の機能別管理の基盤を提供する。
③ 個別の機能別管理の全体的な統合：利益管理，予算管理など総合管理のシステムを通じて，各機能別管理を全体的に統合する。

換言すれば，この3点を充足していない総合経営管理は，その存在意義がないといっても過言ではない。

他方，この総合経営管理のレベルは，機能別管理のレベルによって規定される。例えば，総合経営管理の一環として，環境変化に対応（環境適応，環境創造）するための経営戦略を策定したとしても，経営戦略を実行するための機能が効果的に遂行されなければ，経営戦略は「絵に描いた餅」にすぎない。このように，総合経営管理と機能別管理は，全体と個の関係であると同時に，相互に密接な補完性をもっている。

経営情報についても，総合情報と機能別情報の両者は密接な関連性があり，経営管理と全く同様のことがいえる。例えば，デイビス＝オルソン（Davis, G.B.＝Olson, M.H.）［1985］は，図表3-2に示されるように[6]，総合経営管理と機能別管理のマトリックスを用いて，総合情報と機能別情報の関連性を示している。図

第3章 経営情報の体系

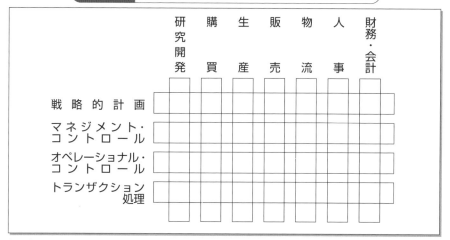

図表3-2 総合経営管理と機能別管理のマトリックス

(出所) Davis, G.B.=Olson, M.H. [1985] p.41.を筆者が一部修正。

表3-2に示されている縦軸の戦略的計画，マネジメント・コントロール，オペレーショナル・コントロール，トランザクション処理については，次の経営管理の階層と経営情報の節で考察する。

2 経営管理の階層と経営情報

❶ 経営管理の階層

経営情報について体系的に考察する第二の観点として，経営管理の階層があげられる。これは経営管理の階層分化に着目し，経営管理の階層と経営情報との関連性について考察するものである。

経営管理の階層は，通常，次の3つの階層に区分される。

① トップ・マネジメント（top management）
② ミドル・マネジメント（middle management）
③ ロワー・マネジメント（lower management）

トップ・マネジメントは，代表取締役社長や専務取締役をはじめとする最高経営管理者のことをいう。この最高経営管理者のことを単に経営者ということがある。

　ミドル・マネジメントは，事業部長，部長，課長などの中間経営管理者を指す。この中間経営管理者のことを単に管理者ということがある。

　ロワー・マネジメントは，係長，職長など下級経営管理者のことである。この下級経営管理者は，通常，監督者といわれることが多い。現実に，この下級経営管理者は，大半の企業において管理職ではない場合が多い。

❷ 経営管理の階層による職能・スキルの相違

　次に，上述した経営管理の3つの階層と，彼らが果たすべき職能・スキルとの関連性についてみてみよう。

　トップ・マネジメントの職能は総合経営管理である。経営管理の対象領域は全社に及び，期間的には中長期的な課題を取り扱うことが多い。内容的には，環境変化に対応（環境適応，環境創造）するための経営方針・経営目標・経営計画・経営戦略の策定が主な職能になる。技法的には，計数を用いることが多い。

　ミドル・マネジメントの職能は部門管理である。経営管理の対象領域は各部門であり，期間的には中短期的な課題を取り扱うことが多い。内容的には，各部門の活動を計画・統制し，総合経営管理との整合性を保持することが重要な役割となる。技法的には，計数を用いる場合と直接的な指導の双方がある。

　ロワー・マネジメントの職能は現場管理である。対象領域は現場であり，期間的には短期的な課題を取り扱うことが多い。内容的には，日常的な現場の作業を直接的に指示監督する。技法的には，計数よりもむしろ対面的な指導など直接的なことが多い。

　アンソニー（Anthony, R.N.）［1965］の体系をみてみよう。アンソニー［1965］は，図表3-3に示されるように[7]，(A)経営管理活動と経営管理の階層，(B)経営管理システムにおける活動の例，を例示列挙している。トップ・マネジメントは戦略的計画，ミドル・マネジメントはマネジメント・コントロール，ロワー・

第3章 経営情報の体系

図表3-3 経営管理の階層と職能

(A) 経営管理活動と経営管理の階層

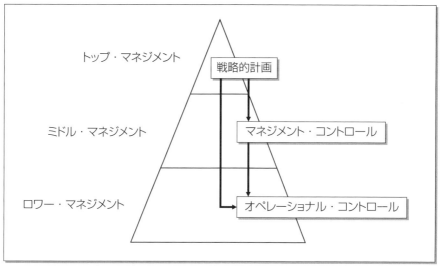

(出所) Anthony, R.N.［1965］訳書27頁。

(B) 経営管理システムにおける活動の例

戦略的計画	マネジメント・コントロール	オペレーショナル・コントロール
会社目的の選択	予算の設定	
組織計画	スタッフ人事の計画	雇用のコントロール
人事方針の設定	人事手続の制定	各方針の実態
財務方針の設定	運転資金計画	信用拡張のコントロール
マーケティング方針の決定	広告計画の作成	広告配分のコントロール
研究方針の設定	研究計画の作成	
新製品品種の選択	製品改善の選択	
新工場の取得	工場配置替えの決定	生産スケジュールの作成
臨時資本支出の設定	経常的資本支出の決定	
	オペレーショナル・コントロールに対する決定規則の作成	
	経常実績の測定，評価および改善	

(出所) Anthony, R.N.［1965］訳書24頁。

マネジメントはオペレーショナル・コントロールという体系である。

上で，経営管理の階層によって職能が異なることを確認した。果たすべき職能が異なれば，経営管理の階層ごとに必要とされるスキル（技能）は当然のことながら異なる。

カッツ（Katz, R.L.）[1955] やテリー=フランクリン（Terry, G.R.=Franclin, S.G.）[1982] によれば，経営管理者に共通して必要なスキルとして，①コンセプチュアル・スキル（conceptual skill），②ヒューマン・スキル（human skill），③テクニカル・スキル（technical skill），の3つがあげられる[8]。

① コンセプチュアル・スキルとは，構想化技能のことで，組織における個別の活動（機能）の相互関係を理解して，企業活動を全体的視点から包括的にとらえる総合化の能力（経営ビジョンの策定など）のことである。

② ヒューマン・スキルとは，対人技能のことで，他人の心情を理解し，共感をもち，他人の権利を尊重する能力のことである。これは顧客との折衝や部下の指導などあらゆる人間関係において必要とされるスキルである。

③ テクニカル・スキルとは，技術的技能のことで，職務の遂行過程で必要な手法，装置，技術などを適切に利用する能力のことである。

ところで，①コンセプチュアル・スキル，②ヒューマン・スキル，③テクニカル・スキルの3つのスキルは，すべての経営管理者にとって不可欠であるものの，経営管理の階層によってその重要度が異なる[9]。具体的には，②ヒューマン・スキルは，経営管理のすべての階層において必要とされるが，①コンセプチュアル・スキルはトップ・マネジメントに，③テクニカル・スキルはロワー・マネジメントに，より多く必要とされる。

❸ 経営管理の階層による情報要求の相違

上で，経営管理の階層・職能・スキルの関連性について概観した。経営管理の階層・職能・スキルには，明確な「一定の法則性」がみられる。これらの関連性を踏まえて，次に，経営管理の階層による情報要求の違いについてみてみよう。

ゴーリー=スコット・モートン（Gorry, G.A.= Scott Morton, M.S.）[1971] は，上

第3章 経営情報の体系

図表3-4 経営管理システムにおける情報要求の違い

情報特性	オペレーショナル・コントロール	マネジメント・コントロール	戦略的計画
情報源	ほとんど内部	→	外部
範囲	明確に定義されるが狭い	→	かなり広い
抽象の度合い	具体的	→	抽象的
時間の広がり	歴史的	→	将来的
現在性	非常に現在的	→	全く過去的
正確性の必要性	高い	→	低い
使用頻度	きわめて頻繁	→	稀

(出所) Gorry, G.A.=Scott Morton, M.S. [1971] p.57.

で考察したアンソニー［1965］と同様に，経営管理の階層を3つの階層に区分して，階層ごとの職能を，①戦略的計画，②マネジメント・コントロール，③オペレーショナル・コントロール，とした。そして，図表3-4に示されるように[10]，3つの経営管理の階層ごとに，その職能を果たすための情報要求の特性を，1)情報源，2)範囲，3)抽象の度合い，4)時間の広がり，5)現在性，6)正確性の必要性，7)使用頻度，の7つの「切り口」を用いて分類している。

ゴーリー=スコット・モートン［1971］によれば，例えば，戦略的計画を職能とするトップ・マネジメントが必要とする情報の特性として，1)情報源は外部，2)要求する情報の範囲は非常に広い，3)情報統合の度合いは抽象的，4)時間の広がりは将来的，5)現在性は全く過去的，6)正確性の必要性は低い，7)使用頻度はまれ，と分析している。

ゴーリー=スコット・モートン［1971］の概念モデルは，当時の情報通信システムの水準を前提としており，インターネットの時代，ユビキタスネットの時代の情報要求とはかなり異なるといえよう。インターネットの時代，ユビキタスネットの時代の現在では，例えば，戦略的計画に必要な情報特性として，情報源は外部だけでなく外部・内部の双方，時間の広がりは将来的だけでなく過去・現在・将来のすべて，現在性は全く過去的ではなく大いに現在的・全く過去的の双方，正確性の必要性は低いではなく高い，などゴーリー=スコット・モート

ン［1971］の頃とは，情報要求の様相が大きく異なっている。すなわち，各階層の情報要求は，情報通信システムの水準によって規定されることがよく分かる。

3 経営管理プロセスと経営情報

❶ 経営管理プロセス（management process）

　経営情報について体系的に考察する第三の観点として，経営管理プロセスがあげられる。この経営管理プロセスは，管理過程とも呼ばれる。
　経営管理プロセスとは，経営管理活動の遂行順序（開始から完了まで）のことである。ファヨール（Fayol, H.）［1916］以来，図表3-5に示されるように[11]，すでに多くの研究者が経営管理プロセスの内容について自説を提唱しているが，まだ定説までには至っていない。
　なお，図表3-5の用語について，「計画」には，計画（planning），予測（forecast）などが含まれる。また，「指令」には，監督（supervising），指揮（directing），命令（command），指導（instruction）などが含まれる。さらに，「動機づけ」には，動機づけ（motivating），活性化（actuating），影響化（influencing）などが含まれる。
　ちなみに，中国において，社会主義市場経済を理論的に主導する中国国務院発展研究センター編［1993］では，経営管理プロセスとして次の7つの機能を選択している[12]。
① 意思決定：市場環境分析，戦略的意思決定など。
② 計画：長期・短期計画，科学的な予測など。
③ 組織：機構，機能，人員，責任・権限の明確化など。
④ 指揮：情報，生産経営指揮システムなど。
⑤ 統制：目標・計画・基準と現状との比較，偏差の防止など。
⑥ 協調：対話，会議，計画図表，情報システムなど。
⑦ 奨励：賞罰手段，物質的奨励と精神的奨励など。

第3章 経営情報の体系

図表3-5　経営管理プロセスの内容

年代	人名	計画	組織化	指令	動機づけ	統制	調整	要員化	結合	伝達	決定	創造・革新	批判
1916	ファヨール	○	○	○		○	○						
1928	デイビス	○	○			○							
1943	アーウィック	○	○	○		○	○						
1947	ブラウン	○	○			○			○				
1951	ニューマン	○	○			○			○				
1955	クーンツ＝オドンネル	○	○			○		○					
1958	アレン	○	○			○							
1961	山本安次郎	○				○							○
1963	フォックス	○	○			○							
1963	ミー	○	○		○	○						○	
1964	マッシー	○	○	○		○		○		○	○		
1967	ヒックス	○	○		○	○				○	○		
1970	降旗武彦	○	○			○							
1972	アルバース	○	○			○							
1977	テリー	○	○		○	○							
1987	藤芳誠一	○	○	○	○	○					○		

「計画」には計画（planning），予測（forecast）を含む。「指令」には監督（supervising），指揮（directing），命令（command），指導（instruction）を含む。
「動機づけ」には動機づけ（motivating），活性化（actuating），影響化（influencing）を含む。
（出所）　藤芳明人［1989］88頁（藤芳誠一編［1989］，所収）。

❷ 経営管理プロセスにおける機能

　上述したように，経営管理プロセスには様々な学説があるものの，本書では，テリー=フランクリン［1982］の学説に準拠して，経営管理プロセスを，①計画設定（planning），②組織編成（organizing），③動機づけ（motivating），④統制（controlling），の4つに区分して考察することにする[13]。

① **計画設定**

　計画設定とは，「企業がその環境に適合して存続・発展しうる方向を定め，

それを実現していくためのコースを選択する活動である」。計画設定には，1)経営方針（基本方針，経営理念など），2)経営目標（売上目標，利益目標など），3)経営計画（総合計画，個別計画など），4)経営戦略（製品・市場戦略，競争戦略など），の諸活動が含まれる

この中で，計画設定の中枢ともいえる経営計画についてみてみよう。経営計画は，一般的に，1)計画の対象による分類（総合計画，個別計画），2)計画の期間による分類（長期計画，中期計画，短期計画），3)計画の内容による分類（戦略的計画，戦術的計画），の3つに分類されることが多い。

計画の対象による分類は，経営計画の対象領域が企業全体に及ぶか，あるいは特定領域に限定されるかによって，総合計画と個別計画に区分される。総合計画は，企業活動全体にわたる計画であり，利益計画がその典型である。他方，個別計画は，特定領域に限定した計画であり，1)機能別，2)地域別，3)プロジェクト別など多様な分類基準が考えられる。機能別には，研究開発計画，調達計画，生産計画，マーケティング計画，ロジスティクス計画といった個別計画が策定される。地域別には，営業所別，工場別といった個別計画が策定される。プロジェクト別には，新製品開発プロジェクト，合理化プロジェクトなど，プロジェクトごとに個別計画が策定される。

計画の期間による分類は，経営計画の対象期間の長短で分類したものであり，長期計画は5年以上，中期計画は3年，短期計画は1年以内という区分が広く普及している。長期計画の主な目的は，将来のあるべき姿を描くことである。しかし，最近では環境の激変に伴い，不確定要素が多すぎてあるべき姿を描くことが困難であるという理由により，長期計画を策定する企業が激減している。中期計画は，3年計画として策定され，その初年度がそのまま短期計画になる。通常，ローリング・プラン（rolling plan）の形態が採用され，常に3年分の計画が同時に更新される。短期計画は，具体的な業務実行計画であり，予算の形態をとることが多い。

計画の内容による分類は，環境対応のパターン（企業と環境とのかかわり方）によって分類したものであり，戦略的計画と戦術的計画に区分される。戦略的計画は，企業が環境変化に対応（環境適応，環境創造）していくための計画で

あり，製品・市場構造や業務プロセスの抜本的な見直しなどがこれに該当する。これに対して戦術的計画は，環境変化とは直接的には関係なく，日常業務を効率的に実施するための計画である。

計画策定は，上でみたように，将来の企業活動を対象別，期間別，内容別に予定することによって，企業活動の基本線を明示し，諸活動の事前調整や統合を図ることにその意義があるといえよう。

② 組織編成

組織編成とは，目標あるいは計画達成のための手段として，経営組織を編成し，協働システムを維持する機能である。その主な内容として，1)職務分割（職務要件など），2)部門編成（職務配分，職位など），3)人員配置（要員見積りなど），4)責任・権限（分掌規定，権限規定など），の諸活動が含まれる。

③ 動機づけ

動機づけとは，集団の目標達成のために，組織構成員に職務遂行に意欲を喚起する機能である。その主な内容は，1)リーダーシップ（指令，指導など），2)コミュニケーション（伝達，報告など），3)誘因（給与，表彰など），の諸活動が含まれる。

この中で，リーダーシップとは，集団の目的達成を促進するために，組織構成員の行動に影響を与えるリーダーの行動のことである。リーダーシップについては，新古典的管理論を中心として様々な研究がなされてきた。

コミュニケーションとは，意思決定の内容を組織構成員に伝達することである。コミュニケーションの経路には，公式的経路と非公式的経路があり，その両者によって組織構成員は意思決定の内容を共有することができる。良好なコミュニケーションを維持するためには，文字どおりコミュニケーション・ネットワークによるコミュニケーションの双方向性が不可欠である。

誘因とは，動機づけの要因のことである。誘因は給料や賞与などの経済的な誘因，仕事の達成感や自己の成長などの非経済的な誘因の2つに区分される。経済的な誘因については，テイラーの科学的管理法以来，その内容が詳細に検討されてきた。例えば，テイラーの差別出来高給制度はその典型である。非経済的な誘因については，新古典的管理論で詳細に検討された。

④ 統 制

統制は「実際の企業活動を計画どおりに実行させる機能である」。統制という用語は，日常用語では支配と同義語として用いられたりするので，混乱を避けるために，最近ではコントロールという用語が次第に多く用いられるようになりつつある。統制の主な内容は，1)業績の測定（実績の集計など），2)達成度分析（計画と実績との比較，差異分析など），3)是正措置（修正指示，再発防止など），の諸活動が含まれる。

統制は経営管理プロセスの最後のプロセスに位置しており，業績の測定がその出発点になる。いうまでもなく，計画設定の基準と業績測定の基準は同一でなければならない。基準が異なると業績の測定はできない。業績の測定や達成度分析において，情報はすべての基盤・前提となる。情報が不足したり，欠落したままでは，経営管理プロセスそのものが全く成り立たない。

❸ 経営管理の階層・経営管理プロセスと経営情報との関連性

経営管理の階層別にみた経営管理プロセスの重要度は，図表3-6に示されるように[14]，計画設定，組織編成は，トップ・マネジメントなど上位の経営管理

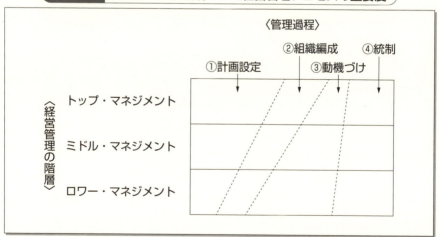

図表3-6 経営管理の階層別にみた経営管理プロセスの重要度

(出所) 岸川善光 [1999] 89頁 (Katz, R.L. [1955], Terry, G.R.=Franclin, S.G. [1982] に基づいて作成)。

第3章 経営情報の体系

の階層ほど重要な機能となり，動機づけ，統制は，ロワー・マネジメントなど下位の経営管理の階層になるほど重要度が高くなるといえよう。

ところで，上で考察した経営管理プロセスと類似した概念として，マネジメント・サイクルがある。経営管理プロセスとマネジメント・サイクルを同一視する研究者もいれば，同一ではなく類似の概念という研究者もいる。マネジメント・サイクルは，一般的に，PDS（Plan-Do-See）サイクルないしはPDCA（Plan-Do-Check-Act）サイクルと呼ばれる[15]。マネジメント・サイクルと経営管理の階層との関連性において重要なことは，全体と個の整合性を保持するために，経営管理の階層ごとのマネジメント・サイクル（P-D-S）が相互にかつ有機的に連結されなければならない。ちなみに，本書では，経営管理プロセスとマネジメント・サイクルは，概念上区分して考察する。

トップ・マネジメントなど上位の経営管理の階層にとって重要な機能である計画設定，組織編成において，どのような情報が必要であろうか。まず，計画設定に必要な機能と情報についてみてみよう。

計画設定（経営方針，経営目標，経営計画，経営戦略）の機能において，過去の実績データ・将来の予測データは必要不可欠である。計画設定の本質は，経営方針であれ，経営目標であれ，経営計画であれ，経営戦略であれ，企業にとって「あるべき姿」を描き組織構成員に示すことである。「あるべき姿」は，単なるビジョンやスローガンであってはならない。現実的な情報に基づく裏づけが必要不可欠である。「あるべき姿」と現実とのギャップを認識し，そのギャップを克服することが計画の本質に他ならない。

第6章で詳しく考察するMIS（経営情報システム）やDSS（意思決定支援システム）などの経営情報システムは，本来，この計画設定（経営方針，経営目標，経営計画，経営戦略）の機能を，効果的・効率的に実現するためのものである。すなわち，MISの目的は，構造的意思決定支援であり，DSSの目的は，半構造的・非構造的意思決定支援である。計画設定（経営方針，経営目標，経営計画，経営戦略）と経営情報は，実は，コインの裏表といっても過言ではないほど密接不離の関係がある。

組織編成には，職務分割（職務要件など），部門編成（職務配分，職位など），

人員配置（要員見積りなど），責任権限（分掌規定，権限規定など）の諸機能が含まれる。組織編成の機能において，組織構成員の質量，職務の特性など組織に関する情報は必要不可欠である。これらの情報が不足・欠落すると，組織編成はうまくいかない。

ロワー・マネジメントなど下位の経営管理の階層にとって重要な機能である動機づけにおいて，どのような情報が必要であろうか。まず，動機づけに必要な機能についてみてみよう。動機づけには，リーダーシップ（指令，指導など），コミュニケーション（伝達，報告など），誘因（給与，表彰など）の諸機能が含まれる。動機づけ（リーダーシップ，コミュニーション，誘因）において，情報を正確に伝達するための双方向の情報ネットワークが必要不可欠である。

統制は，必ずしもロワー・マネジメントだけに必要な機能とは限らない。統制に必要な機能には，業績の測定（実績の集計など），達成度分析（計画と実績との比較，差異分析など），是正措置（修正指示，再発防止など），の諸機能が含まれる。すなわち，業績の測定⇒達成度分析⇒是正措置という手順を踏む。統制の手順において，業績情報（計画情報と実績情報），達成度分析情報（計画値・標準値との差異情報），是正措置情報はすべての基盤・前提となる。

4 経営資源としての経営情報

❶ 経営資源とは

経営情報について体系的に考察する第四の観点として，経営資源としての経営情報があげられる。経営資源とは，企業活動を行う上で必要な資源や能力のことである。経営資源は，一般的に，①ヒト，②モノ，③カネ，④情報，の4つに区分される。

① ヒト：作業者，熟練工，セールスマン，技術者，研究者，経営者などのことであり，人的資源，人材（人財）といわれることもある。これらのヒト（人的資源）が提供する便益がなければ，企業活動は成り立たない。

② モノ:原材料,部品,建物,工場,設備,土地などのことであり,物的資源ともいわれる。モノ(物的資源)が保持する便益がなければ,企業活動は成り立たない。
③ カネ:手元資金,運転資金,設備投資資金などの資金のことであり,資金的資源ともいわれる。カネ(資金的資源)がなければ,企業活動は成り立たない。
④ 情報:技術,スキル,ノウハウ,ブランド,企業イメージ,暖簾などのことであり,情報的資源ともいわれる。情報的資源は,伊丹敬之[1984]などによって強調された資源の概念であり,見えざる資産(invisible asset)といわれることもある。最近では,能力(ケイパビリティ),コンピタンス,知識など,多くの類似用語があわせて用いられている。

経営資源は,図表3-7に示されるように[16],外部からの調達が容易であるか否かによって,①可変的資源,②固定的資源,の2つに大別される。
① 可変的資源:企業活動の必要に応じて,市場など外部から調達できる経営資源のことである。ヒト(人的資源)では未熟練工,モノ(物的資源)では原材料,部品などが可変的資源の例としてあげられる。
② 固定的資源:市場など外部から調達することが難しく,自社で蓄積しなければならない経営資源のことである。ヒト(人的資源)では熟練工,情報的資源では組織風土,ブランド,企業イメージ,顧客の信用などが固定的資源の例としてあげられる。

図表3-7 経営資源の分類

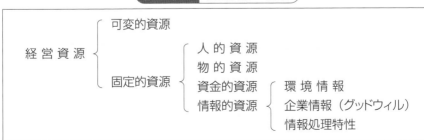

(出所) 吉原英樹=佐久間昭光=伊丹敬之=加護野忠男[1981] 26頁。

可変的資源と固定的資源の２つを比較すると，経営資源としての重要度は，固定的資源のほうが可変的資源よりも高い。固定的資源は，1)市場で調達することが困難であり，内部蓄積に依存する，2)固定的資源の価値は企業ごとに異なる，3)無形財のため目に見えないものが多い，4)多重利用可能性が高い，5)企業の競争力の源泉になる，などの特徴があるとされている。

❷ 情報的資源（見えざる資産）

　経営資源の内，①ヒト（人的資源），②モノ（物的資源），③カネ（資金的資源），の３つの資源は，いずれも物理的な存在で目に見える。しかし，伊丹敬之［2003］が主張するように，技術開発力，熟練，ノウハウ，特許，ブランド，顧客の信頼，顧客情報の蓄積，組織風土などの目に見えない資源が，実は企業経営において極めて重要である。伊丹敬之［2003］は，見えざる資産の重要性として，次の３点をあげている[17]。

① 競争優位の源泉：見えざる資産は，固定的資源であるので，市場など外部から調達することは難しく，自社で蓄積しなければならない。自社で蓄積するには，時間と手間がかかる。この時間と手間がかかることが，競争相手に対する競争優位の源泉になる。

② 変化対応力の源泉：情報のもつ同時多重利用が可能であるという特質によって，現在の事業において見えざる資産を活用するだけでなく，新事業への進出など，変化対応力の源泉になる。

③ 事業活動が生み出すもの：見えざる資産は，現在の事業活動を成功させるために必要なだけではなく，将来の事業のための蓄積という側面を有する。

　上で考察したように，見えざる資産の本質は，まさしく情報・知識の価値である。したがって，①情報・知識の蓄積，②情報・知識を伝達し処理するチャネルの性能向上，の２つが重要な課題となる。ちなみに，伊丹敬之［2003］は，環境情報－企業情報－内部情報処理特性の３つの要素によって，情報の流れのフレームワークを提示している。ここで環境情報とは，技術・生産ノウハウ，顧客情報の蓄積，技術導入のルート，市場情報の獲得ルートなどを意味する。また，企業情報とは，ブランド，企業の信用，企業イメージ，広告のノウハウ

などを指す。さらに，内部情報処理特性とは，組織風土，現場のモラール，経営管理ノウハウなどを意味する。やや抽象的なフレームワークではあるものの，見えざる資産（情報・知識の価値）の創造・獲得・維持は，企業経営上極めて重要な要素である。

❸ ブランド戦略

近年，経営情報と企業経営との関係性について考察する場合，経営資源としてのブランド，さらにブランド戦略が極めて重要な課題になりつつある。

ケラー（Keller, K.L.）[1998]によれば，ブランド（brand）という用語は，語源的には古ノルド語の「brandr」に由来しており，焼き付ける「to burn」ことを意味している。すなわち，ブランドは自分の家畜を他人のものから区別する手段であった[18]。

米国マーケティング協会（American Marketing Association）は，「ブランドとは，ある売り手または買い手グループの財・サービスを競争相手のものから識別し差別化するための，名前，用語，サイン，デザイン，その組合せである」と定義している。

ブランドの主な機能としては，①識別機能（ある企業のある製品について，他企業の類似した製品と識別することによって，顧客が自社製品を購入するように働きかけること），②品質保証機能（自社製品の品質を顧客に保証すること），③意味づけ・象徴機能（製品の機能的な便益だけでなく，ブランドによって多様な意味を顧客に提供し，ブランドがその意味を象徴すること），の3点をあげることができる。

次に，ブランド・エクイティについてみてみよう。1980年代末から90年にかけて，ブランドの資産的価値およびそれを高める議論がブランド・エクイティ論として展開されるようになった。

アーカー（Aaker, D.A.）[1991]によれば[19]，「ブランド・エクイティとは，ブランド，その名前やシンボルと結びついたブランドの資産と負債の集合である。ブランドおよびその名前やシンボルは，製品あるいはサービスが企業ないしは企業の顧客に提供する価値に付加的な価値を付け加えたり減じたりする。

図表3-8 ブランド・エクイティ

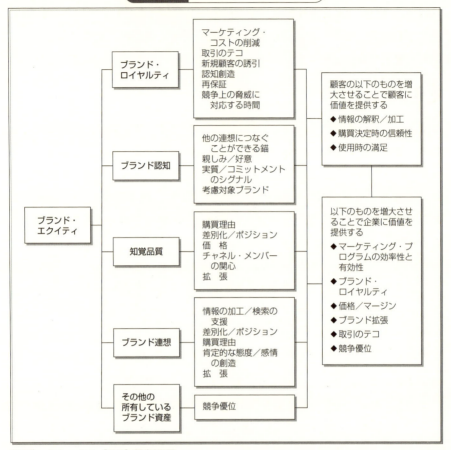

（出所） Aaker, D.A. [1991] 訳書376頁。

ブランドの資産あるいは負債がブランド・エクイティの基礎となるためには，それがブランドの名前ないしはシンボルと結びついていなければならない」。

ブランド・エクイティは，図表3-8に示されるように[20]，下記の5つのカテゴリーによって構成される。

① ブランド・ロイヤルティ：自社の顧客がブランドに対して持つ執着心の測度であり，ブランド・ロイヤルティが高まるにつれ，競争企業からの攻撃から回避できる。

② ブランド認知：あるブランドがある製品カテゴリーに属していることを，潜在的な購買者が認識あるいは想起できること。
③ 知覚品質：ある製品またはサービスについて，代替品と比較した場合，全体的な品質ないし優位性に関する顧客の知覚のことであり，必ずしも客観的に決定できない場合がある。
④ ブランド連想：ブランドに関する記憶と「関連している」すべてのことである。
⑤ その他の所有しているブランド資産：特許，トレードマーク，チャネル・リレーションシップなど，競合企業からブランドを守る諸資産のこと。

このように，ブランド・エクイティは，顧客の信頼性，満足度を向上することによって，取引のテコ，競争優位の獲得など，多くの戦略的な意味合いを有している。ブランド戦略は，ブランド・エクイティの資産面，負債面を客観的に把握し，資産面の活用にその主眼が置かれることはいうまでもない。ブランド戦略は，情報の価値を資産価値としており，今後の企業経営においてますます重要な課題となるであろう。

5 情報空間の拡大

❶ 情報空間とは

経営情報について体系的に考察する第五の観点として，情報空間の範囲があげられる。情報空間（infosphere）とは，情報（information）と球・空間（sphere）の混成語で，物理空間とは別の独自の秩序を比喩的に表現した用語である。この用語が最初に用いられたのは，1971年の米国タイム誌におけるシェパード（Sheppard, R.Z.）による書評とされている。

シェパードの情報空間－物理空間と同様に，サイバースペース－リアルスペース，仮想空間－実体空間など，類似の概念は，他にもいくつか存在する。サイバースペースは，もともとは米国のSF作家ギブスン（Gibson, W.）の造語で，

コンピュータ・ネットワーク上の仮想的な空間のことである。仮想空間とか電脳空間と訳されることもある。

シェパードの情報空間，ギブスンのサイバースペースなど，物理空間とは別の独自の秩序を表した類似の概念は，情報と実体を「二元論的」「二項対立的」にとらえていることが多い。従来，情報空間/サイバースペース/仮想空間は，暗黙のうちに，物理空間/リアルスペース/実体空間の「写像」とみなされてきた。

しかし，第1章で概観したワイザー［1988］のユビキタス・コンピューティング，わが国の総務省のu-Japanなどが提唱している「ユビキタスネット社会」では，情報空間はもはや物理空間の単なる「写像」ではない。「写像」であったはずの情報空間から，実体的でかつ先端的なビジネスシステムが続々と生まれつつある。

第1章で概観したユビキタスネット社会では，情報端末の増加（カーナビゲーション，住居設備，家電など），情報端末の移動（インターネット接続可能な携帯電話，ウェアラブル端末，車載デバイスなど），ネットワーク容量の増大（FTTH，ブロードバンドなど），情報のデジタル化（電子タグ，位置情報など），などが急激に進展し，「いつでも，どこでも，何でも，誰でも」ネットワークにつながる。

① いつでも：仕事中，外出中，移動中など。
② どこでも：オフィス，自宅，屋内，屋外，移動体など。
③ 何でも：自動車，飛行機，船舶，家電製品など。
④ 誰でも：ヒトとヒト，ヒトとモノ，ヒトと動物など。

ユビキタスネット社会では，情報空間と物理空間が「融合」し，新たな情報・物理空間が生まれている。時間的制約，空間的制約，組織的制約など，各種の制約がゼロになることはあり得ないものの，制約を意識することが極めて少ない情報・物理空間になりつつある。

❷ 新たな産業組織

ユビキタスネット社会において，組織間（企業間）関係そのものを基盤として成立したプラットフォーム・ビジネスは極めて重要である。プラットフォー

ムという概念は，コンピュータの世界で使われてきた概念であるが，近年では，プラットフォーム・ビジネスが新たな事業形態として多くの市場において生まれ，それがその市場を活性化させ，ビジネスを広げ，新しい経営形態を生むなど，革新的な役割を持っていると考えられる[21]。

今井賢一=國領二郎［1994］によれば，プラットフォーム・ビジネスとは，誰もが明確な条件で提供を受けられる商品やサービスの提供を通じて，第三者間の取引を活性化させ，新しいビジネスを起こす基盤を提供する役割を，私的なビジネスとして行っている存在のことを指している[22]。

もともと，プラットフォーム（platform）とは"土台"を意味する。つまり，プラットフォーム・ビジネスとは，自らを礎として，様々な知の結合，新たな価値の創造，というビジネスを行うための基盤となる，いわば「場のビジネス」のことである。

図表3-9に示されるように[23]，道路・空港などの伝統的なインフラストラクチャ，新たな情報通信のインフラストラクチャの上に，コンピュータ・プラットフォームが位置し，諸産業のプラットフォームの基盤となる役割を果たしている。そして，諸産業プラットフォーム層は，同時に，製造業，金融，サービス，医療，教育，メディアなどの産業のプラットフォームとして機能している。このように，プラットフォームは様々な機能の基盤となっている。

実際に活用されるプラットフォーム・ビジネスには，どのような機能があるのか。國領二郎［1999］は，プラットフォーム・ビジネスの機能として，①取引相手の探索，②信用（情報）の提供，③経済価値評価，④標準取引手順，⑤物流など諸機能の統合，の５つをあげている[24]。

① 取引相手の探索：財の種類別やマーケット別など，様々な切り口で探索できるような情報の体系化を行うサービスが必要となる。
② 信用（情報）の提供：ネットワーク上で見つかった相手が納期，品質，支払いなどの面で信用できるか，取引にあたって決済をどうするかなど，取引に関する信用が提供されなければ取引は成立しない。
③ 経済価値評価：ネットワークを特殊な財やサービスの提供に活用するためには，価格形成メカニズムが必須である。

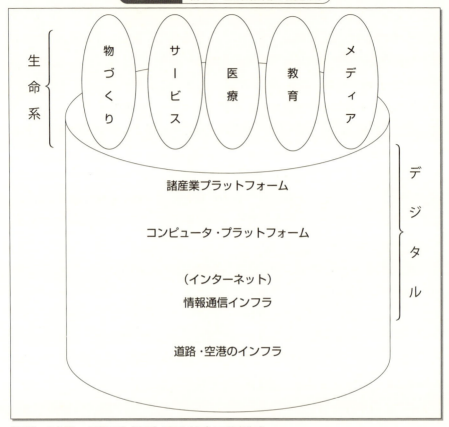

(出所) 今井賢一＝國領二郎［1994］7頁に基づいて筆者作成。

④ 標準取引手順：ネットワーク上で様々な相手と取引を行うとき，相手によって取引の段取りや様式，契約の条件などが異なっていては，取引に伴う手間がかかり，実際には取引が成立しない。そこで，標準の取引手順を提供する組織が必要となる。

⑤ 物流など諸機能の統合：財やサービスの取引が成立するためには，単に情報がやりとりされるだけでなく，配送の手配，支払の手続きなど，様々な機能が統合されなければならない。

これらの機能に共通して最も重要となる条件が，「信頼の獲得」である。な

ぜなら，プラットフォーム・ビジネスにおける取引はface to faceではないため，販売者と消費者の信頼が形成されなければ成立しないからである。

「囲い込み経営」を前提としてきた日本では，社会的に中立な経済評価や信用評価に基づいて，流動的な経営資源の移行が行われてきたとは言い難い。そのような機能を市場に提供するプラットフォーム・ビジネスの発展は，日本の市場のオープン化，事業のオープン化に直結していると言える。

❸ グローバリゼーションとグローバル情報通信ネットワーク

情報空間について考察する上で，グローバリゼーションは避けては通れない。グローバリゼーションは，単に市場の水平的拡大にとどまらず，様々な面で企業に質的な変化を促す。

多国籍企業の企業行動を体系的に考察するために，バートレット゠ゴシャール（Bartlett, C.A.゠Ghoshal, S.）［1989］の組織モデルについてみてみよう。

バートレット゠ゴシャール［1989］は，図表3-10に示されるように[25]，多国籍企業を主として戦略能力の視点に基づいて，①マルチナショナル企業，②グローバル企業，③インターナショナル企業，④トランスナショナル企業，の4つに分類し，この4つの組織構造について，様々な考察を加えている。

① マルチナショナル企業：強力な現地子会社に戦略的姿勢や組織能力を発達させて，各国の市場特性の違いに敏感に対応する企業のこと。欧州の多国籍企業の大半がこれに該当する。海外市場の特性を踏まえた戦略アプローチに適した組織体制といえる。
② グローバル企業：経営戦略や経営管理上の決定を本国の本社に集中させ，グローバルな規模の経営によって，コスト優位性を追求する企業のこと。日本の多国籍企業の大半がこれに該当する。世界共通の市場に通用する製品を生み出し，世界的規模の生産を目指す極めて効率性の高い組織体制といえる。
③ インターナショナル企業：知識や専門技術の世界的な利用をベースに考え，親会社が持つ知識や専門技術を，海外市場向けに移転したり適応させたりする企業のこと。米国の多国籍企業の大半がこれに該当する。海外の生産拠点・販売拠点の役割は，本国の本社を助けることに主眼がおかれる。

図表3-10 バートレット=ゴシャールの組織モデル

縦軸：グローバル統合（低〜高）　横軸：ローカル適応（低〜高）

- **グローバル企業**（グローバル統合：高／ローカル適応：低）：集中的大量生産によるスケールメリットと新市場販売チャネル構築を目指す。
- **トランスナショナル企業**（グローバル統合：高／ローカル適応：高）：他の3つのタイプの要素をすべて備え、海外子会社のノウハウを武器として活用する。
- **インターナショナル企業**（グローバル統合：低／ローカル適応：低）：技術重視に徹し、知識と専門的能力を新興国に移転する。
- **マルチナショナル企業**（グローバル統合：低／ローカル適応：高）：分権的に経営される現地子会社の集合体で、中央にいる最高経営者によって連結される。

	マルチナショナル	グローバル	インターナショナル	トランスナショナル
メリット	自国の経営環境に柔軟に対応できる	世界規模での効率性を実現可能	積極的に技術革新を推進し活用する	世界規模での効率性、現地適応、技術革新の追求
目的	各国ごとに差別化したアプローチ	コスト面で競争優位を確立する	本国の技術革新を海外子会社で活用する	海外子会社によるグローバル資源の有効活用
能力と組織力の配置	分散型、徹底した現地主義	中央集権型、自国中心主義	能力の中核部は中央集権型、他は分散型	分散と集中を最適な状態で統合
海外事業の果たす役割	現地化の徹底	親会社の戦略を実行	親会社の資源・能力を海外子会社に移転	海外の組織単位ごとに役割分担を行う
イノベーション戦略	現地市場向け開発を現地の経営資源を活用して行う	自国で開発した知識を海外に移転する	中央で知識開発を行い、海外の組織単位に移転する	各国の市場動向を考慮して共同で知識を開発し、世界中で共有を行う

（出所）Bartlett, C.A.=Ghoshal, S.［1989］訳書69頁に基づいて筆者が一部追加・修正。

④ トランスナショナル企業：従来、上述したグローバル企業（グローバルな効率性の追求）、マルチナショナル企業（各国の市場特性への適応）、インタ

ーナショナル企業（世界的なイノベーションの促進）は，それぞれトレード・オフの関係にあるとみなされてきた。トランスナショナル企業は，これらの要求を同時に満たすことを目的として，分散型組織の特徴を持ち，本社を含めた各国の海外子会社間のネットワークにおいて，経営資源や能力の蓄積・配分を相互依存的かつ最適に行う。また，知識の開発と普及においても，他の組織とは異なり，世界的規模でイノベーションが行われる。

上述したように，多国籍企業の組織特性として，トランスナショナル企業を構築することが望ましいとされるが，トランスナショナル企業の実現には，解決すべき多くの課題がある。一朝一夕にトランスナショナル企業が生まれるわけではない。現段階では，トランスナショナル企業は，まだ理念型モデルの域をでているとはいえない。また，実在するトランスナショナル企業は，ほとんど存在しないとさえいわれている。

グローバリゼーションの進展には，グローバル情報通信ネットワークが必要不可欠である。グローバル情報通信ネットワークが構築できないと，①世界規模の効率，②柔軟な各国対応，③世界規模の学習とイノベーション，のグローバル経営の3つの目的は実現できない[26]。

近年，パソコン・携帯電話・インターネットを中核とするICTの驚異的な発展と普及によって，情報が一瞬にして世界中を駆け巡るグローバル情報通信ネットワークが現実化しつつある。インターネットを中核としたICTは，性能の向上，低価格化に伴って，取引容易化の進展において，技術的・経済的な合理性を備えている。特に，第8章において詳細に考察するeビジネスやeコマース（電子商取引）は，世界市場における製品，部品，原材料，技術，その他のサービスにまで浸透しつつある。

グローバル情報通信ネットワークには，情報セキュリティの問題など，解決すべき課題が山積している。情報セキュリティ・マネジメント・システムについては，第10章の情報セキュリティの節で考察する。

1）岸川善光編［2015a］69頁。
2）同上書68頁。

3）同上書69頁。
4）森本三男［1995］36頁を参考にして筆者作成。
5）ACME［1976］では，企業活動に必要な機能を層別分類して,「機能系統図」として提示している。
6）Davis, G.B.= Olson, M.H.［1985］p.41.を筆者が一部修正。
7）(A)Anthony, R.N.［1965］訳書27頁。(B)同上書24頁。
8）Katz, R.L.［1955］pp.33-42. および，Terry, G.R.= Franclin, S.G.［1982］p.7.
9）岸川善光［1999］89頁。
10）Gorry, G.A.=Scott Morton, M.S.［1971］p.57.
11）藤芳明人〔1989〕88頁（藤芳誠一編［1989］，所収）。
12）中国国務院発展研究センター編［1993］84-87頁。
13）Terry, G.R.= Franclin, S.G.［1982］の要点を抜粋・要約。
14）岸川善光［1999］89頁（Katz, R.L.［1955］，Terry, G.R.= Franclin, S.G.［1982］に基づいて作成）。
15）同上書90頁。
16）吉原英樹=佐久間昭光=伊丹敬之=加護野忠男［1981］26頁。
17）伊丹敬之［2003］241-242頁。
18）Keller, K.L.［1998］p.2.
19）Aaker, D.A.［1991］訳書20-21頁。
20）同上書376頁。
21）今井賢一= 國領二郎［1994］7頁。
22）同上書4頁。
23）同上書7頁に基づいて筆者作成。
24）國領二郎［1999］147-149頁。
25）Bartlett, C.A.= Ghoshal, S.［1989］訳書69頁に基づいて筆者が一部追加・修正。
26）岸川善光編［2016］12-20頁を要約。

第4章 ネットワーク社会の進展

本章では,ネットワーク社会の進展について5つの観点から考察する。ネットワーク社会の進展によって,伝統的な経営情報論は,根底から見直しを迫られている。時代に即した経営情報論であるためには,ネットワーク社会に関する正しい理解が欠かせない。

第一に,ネットワーク社会の到来について考察する。まず,情報社会について先達の概念を理解する。次いで,インターネット・ユビキタスネットのインパクトについて言及する。さらに,ネットワーク社会における経営情報について理解を深める。

第二に,経済性の概念の変遷について考察する。まず,経済性の概念について理解する。次に,3つの経済性の概念について理解を深める。さらに,ネットワーク社会と関連の深い「連結の経済」と経営システムの関連について言及する。

第三に,「関係のマネジメント」について考察する。まず,古いタイプの関係のマネジメントの例として,企業系列について理解する。次いで,新たな組織間(企業間)関係の構築・再構築について理解を深める。さらに,関係性の確立について言及する。

第四に,情報通信産業の拡大について考察する。まず,情報通信産業について理解する。次に,情報通信産業の発展史について言及する。さらに,産業の情報化,情報の産業化について理解を深める。

第五に,国の情報通信政策について考察する。まず,米国の情報スーパーハイウェイについて理解する。次いで,わが国のe-Japanについて理解を深める。さらに,u-Japanについて言及する。

1 ネットワーク社会の到来

❶ 情報社会

　第1章において，1960年代以降，工業社会から情報社会への進展について，梅棹忠夫［1963］の「情報産業論」，増田米二［1968］の『情報社会入門』，林雄二郎［1969］の『情報化社会』，ベル（Bell, D.）［1973］の『脱工業社会の到来』，トフラー（Toffler, A.）［1980］の『第三の波』，堺屋太一［1985］の『知価革命』，ドラッカー（Drucker, P.F.）［1993］の『ポスト資本主義社会』など，多くの先達が情報社会（information society）を「偉大なる大転換」（Boulding,K.E.の用語）として捉えている，と述べた。本書では，狩猟採集社会⇒農業社会⇒工業社会⇒情報社会⇒ネットワーク社会という発展段階の文脈の中で，情報社会を捉えているが，まず，先達の学説を簡潔にレビューしてみよう[1]。

　梅棹忠夫［1963］の「情報産業論」：日本における情報社会論の嚆矢といわれている。情報を扱う諸活動が顕著な社会が到来することを提示した。梅棹忠夫［1963］は，情報産業という言葉の名づけ親でもある。

　増田米二［1968］の『情報社会入門』：当時もてはやされていた未来学の影響を受けて，コンピュータを中心とする情報メディアの発達が，経済分野のみならず社会・文化全般にわたって，価値変容を促すことに着目した。初期の情報社会論において傑出した内容といわれている。

　林雄二郎［1969］の『情報化社会』：日本において，情報化社会という用語を最初に書名に使用した。情報化社会とは，情報が諸資源と同等の価値を有し，情報を中心として機能する社会のことである。ちなみに，情報社会と情報化社会の2つの用語が世間では混在しているが，厳密には，情報社会に向けて変化しつつある社会を情報化社会という。

　ベル（Bell, D.）［1973］の『脱工業社会の到来』：社会を前工業社会，工業社会，脱工業社会の3つに分けて，さらに，社会構造，政治形態，文化の3つの次元

を用いて，工業社会から脱工業社会に代わることを予測した。1962年頃から同様の趣旨について発表しており，情報化・サービス化の進展と，技術的知識人の台頭について詳述している。図表4-1に示されるように[2]，①地域，②経済

図表4-1　社会変化の一般的図式（Bell, D.）

	前工業社会	工業社会	脱工業社会
地域	アジア アフリカ ラテン・アメリカ	西ヨーロッパ ソ連 日本	アメリカ
経済部門	第1次 　採取業 　　農業 　　鉱業 　　漁業 　　林業	第2次 　製造業 　　工業 　　加工業	第3次　　　　　第4次 　輸送　　　　　貿易 　レクリエーシ　金融 　　ョン　　　　保険 　　　　　　　　不動産 　　　　第5次 　　　　　保健 　　　　　教育 　　　　　研究 　　　　　統治
職業 スロープ	農夫 工夫 漁師 未熟練労働者	半熟練労働者 技術者	専門職・技術職 科学者
技術	資源	エネルギー	情報
構図	自然に対するゲーム	つくられた自然に対するゲーム	人間相互間のゲーム
方法	常識 体験	経験主義 実験	抽象的理論―― 　モデル 　シミュレーション 　決定理論 　システム分析
時間的展望	過去志向 アド・ホック的対応	アド・ホック的順応 企画	未来志向 予測
中軸的原則	伝統主義―― 　土地・資源の限界	経済成長―― 　投資決定の国家 　的・私的統制	理論的知識の中心性およびその コーディフィケーション 集　成　化

（出所）　Bell, D.［1973］訳書（上）162頁。

部門，③職業スロープ，④技術，⑤構図，⑥方法，⑦時間的展望，⑧中軸的原則，の8つの「切り口」によって，脱工業社会の姿を生き生きと描写している。

トフラー（Toffler, A.）[1980]の『第三の波』：第一の波（農業革命），第二の波（産業革命）に続く第三の波（情報革命）による社会の変化について多面的に言及した。情報は物理的資源の大部分を代替することができるというのがトフラー[1980]の主張の中核である。また，家庭が仕事場になるエレクトロニック住宅（コテージ），生産者と消費者の区別をなくす生産=消費者（プロシューマー）など，敏腕ジャーナリストらしくトフラー[1980]の造語は世界中に広く普及した。

堺屋太一[1985]の『知価革命』：工業社会の頂点を戦後石油文明とみており，例えば，ローマクラブの「成長の限界」など石油に典型的な資源の有限感，エレクトロニクス・新素材・バイオテクノロジーなどの技術革新によって，工業社会の延長線上にある「高度社会」ではなく，工業社会とは全く別の「新社会」である知価社会が始まったと主張している。

ドラッカー（Drucker, P.F.）[1993]の『ポスト資本主義社会』：社会主義との経済競争に打ち勝った資本主義の次に来る社会として「知識社会」を構想した。知識社会とは，従来のヒト・モノ・カネ以上に，高度に専門化された知識（情報を含む）が重要になる社会のことである。知識社会の成立要件として，情報技術の進展，インターネットの急速な普及などをあげている。

❷ インターネット・ユビキタスネット

上述したように，多くの先達は「情報社会」を「偉大なる大転換」と捉えており，情報社会では，情報のもつ価値が，工業社会の物資・エネルギーのもつ価値に匹敵することを根底に据えている。しかし，1990年代後半からのインターネットの急速な普及，2010年代前半からのユビキタスネットの進展によって，近年では，情報社会からネットワーク社会（高度情報社会）に移行しつつある。

インターネットは，TCP/IP（transaction control protocol/internet protocol）などのインターネット・プロトコル（通信規約）を用いて，世界中の膨大な数のコンピュータや通信機器を相互につないだ巨大なコンピュータ・ネットワーク

第4章 ネットワーク社会の進展

のことである。

インターネットは，図表4-2に示されるように[3]，米国のARPA（国防総省高等研究計画局）のARPANETを前身とするが，その後，様々な情報通信技術の進展と同期化しながら目覚ましい発展を続けている。インターネット以前

図表4-2 インターネットの発展過程

1965年	パケットの概念をBaran,P.やDavies,D.W.らが提案
1969-89	ARPANET（米国国防総省高等研究計画局）の実験と実用が行われる
1969	最初のRFC（Request for Comments）をCrocker,S.が発行
1972	ftp（ファイル転送）のRFC354（Postel, J.）
	電子メール・ソフトウェアをTomlinson, R.がつくる（アドレスはuser@computer）
1973	インターネットをMetcalfe,B.が開発
1974	TCP/IPをCerf,V.らが提案
1978	RSA暗号（Rivest, Shamir, Adleman）の論文出る
1979	CSNETスタート（Landweber, L.ら）
1980	USENETでニュース配信スタート
1981	IBM社がパソコン販売開始，パソコン時代へ
1982	SMTP（メール・プロトコル）まとまる
	UNIXにTCP/IPのる（Joy, B.）
1983	TCP/IPが国防総省標準になる．OSIと競合
	DNS（ドメイン名システム）提案（com, edu, orgなど）
	IAB（Internet Activities Board）設立
1984	村井純らによるJUNNETスタート
1986-95	NSFネット（学術用基幹インターネット）スタート
1988	Interop展示会スタート
	ワーム（ウイルス）事件おきる．CERT発足
	WIDEプロジェクトのスタート
1989	IETF（Internet Engineering Task Force）スタート
	日本でインターネットの商用化始まる（専用サービスプロバイダー登場）
1990-92	WWWをLee, T.B.が開発
1992	Internet Society（ISOC）発足
	マルチキャストを音声で試み
1993	InterNIC（現在はARIN）でアドレス割当て開始
	NII（国家情報基盤）をゴアが提案
	MosaicブラウザをNCSAが配布
1994	ネットスケープ社をAndreessen, M.らが設立
	Netscapeブラウザが爆発的に普及
1995	プラグイン（RealAudioなど）出始める
1996	プッシュ型情報配信始まる（ポイントキャスト社やマリンバ社）
	IEブラウザをマイクロソフト社が配布

（出所） 松島秀行［1994］117頁，石田晴久［1998］53頁を参考にして筆者作成。

の「情報社会」と，インターネット以後の「ネットワーク社会（高度情報社会）」では，その様相が劇的に異なる。

その後，インターネットの急速な発展を原動力にして，ブロードバンド（ネットワーク容量の増大）などのインフラストラクチャの整備と同期化しながら，2010年代前半から次第にユビキタスネット社会に入りつつある。わが国では，すでに2004年頃から，総務省の『情報通信白書』などで，u-Japanを「ユビキタスネットワークが実現した社会」と規定しているように，わが国独自の社会パラダイムを提唱してきた。現実に，2010年代に入り，ブロードバンド，情報端末の多様化・進展などによって，「いつでも，どこでも，何でも，誰でも」がネットワークにつながる社会が実現しつつある。

ネットワーク社会では，時間的制約，空間的制約，組織的制約など，各種の制約を意識することが極めて少ない情報・物理空間を有することになるので，企業経営だけでなく社会全般にわたって，企業行動や人間行動が，劇的に変容することは間違いない。

❸ ネットワーク社会

上述したように，インターネット・ユビキタスネットの進展によって，わが国では，情報社会からネットワーク社会に移行しつつある。ここでネットワーク社会の経営情報について概観しておこう[4]。

ネットワーク社会の普及時期は，インターネットが1990年代後半から，ユビキタスネットが2010年代前半から，広く普及しつつある。次に，情報通信システムについて具体的にみてみよう。情報通信システムの処理タイプは，インターネットは集中・分散で，ユビキタスネットも集中・分散で変わりはない。

組織空間（情報空間）は，インターネットが主に組織間・個人間をカバーし，ユビキタスネットは，組織間・個人間・物質間をくまなくカバーする。システム構成要素として，インターネットは，Webサーバー・Webブラウザ・インターネットなどによって構成され，ユビキタスネットは，各種端末・各種サーバー・各種ネットワークによって構成される。

コンピュータの世代としては，インターネットもユビキタスネットも，第4

世代で変わりはない。素子はインターネットもユビキタスネットもVLSI（大規模集積回路）で変わりはない。

コンピュータの特徴として，インターネットもユビキタスネットも，小型軽量化・高速化・高性能化・大容量化・低価格化で変わりはない。使用の特徴について，インターネットもユビキタスネットも，複数のコンピュータを1人が使うので変わりはない。情報通信システムの目的は，インターネットが協働，ユビキタスネットが共生とやや異なる。

このように，ネットワーク社会の経営情報は，インターネット・ユビキタスネットも，本質的な変化はみられない。ただし，ユビキタスネットは，情報空間が大きく拡大するので，その量的変化が質的変化にどのように影響するのか，今後，丁寧な考察が必要である。

2 経済性の概念の変遷

❶ 経済性の概念とは

次に，ネットワーク社会と経済性の概念との関連性について考察する。経済

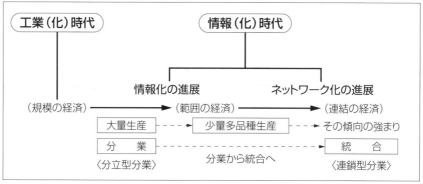

図表4-3 経済性の概念の変遷

（出所）宮澤健一［1988］51頁に基づいて筆者が一部修正。

性とは，インプット（コスト，投入資源）とアウトプット（成果・産出）の関数のことである。企業経営，特に経営戦略において，経済性の概念は極めて重要である。また，経済性の概念は，時代とともにその重要性に変化がみられる。

宮澤健一［1988］によれば，経済性の概念は，図表4-3に示されるように[5]，工業（化）時代に重要であった「規模の経済」(economies of scale) から，情報化時代では「範囲の経済」(economies of scope) にその重要性がシフトし，さらにネットワーク化の進展に伴って「連結の経済」(economies of linkage) が重要になりつつある。

❷ 3つの経済性の概念

「規模の経済」とは，インプット（投入資源）に着眼した経済性の概念である。具体的には，活動規模の拡大に伴って，製品単位あたりの平均費用が低下する傾向のことである。

「規模の経済」が生ずる主な原因は，生産活動の「分割不可分性」にある。すなわち，生産要素がその機能を発揮するためには，一定の大きさ（規模）を必要とするのである。この「分割不可分性」は，工場レベル，企業レベルなど様々なレベルで存在する。また，企業レベルの「分割不可分性」は，管理能力，原材料・燃料などの大量購入などによって生ずる。

宮澤健一［1988］は，「規模の経済」は，工業（化）時代の経済性の概念であり，大量生産，分業システムがその最大の特徴であるという。実際に，工業（化）社会では，「規模の経済」の実現を目指して，大量生産方式，分業システムが採用され，工場規模や企業規模の拡大が図られた。

ところが，情報（化）時代に入ると，大量生産から少量多品種生産に生産形態が変わり，「規模の経済」に代わって「範囲の経済」が重要になってきた。「範囲の経済」とは，インプット（投入資源）に着眼して，複数の事業活動を行った費用よりも，それらをまとめて行うときの費用が少ない場合，そこで生ずる費用節約効果のことである。

「範囲の経済」は，このように複数財の生産や複数の組織活動による業務多角化・多様化によって得られる経済性であり，業務やノウハウなどの「共通生

産要素」によってもたらされる。

　さらに，情報化の進展の時代からネットワーク化の進展の時代に入ると，「範囲の経済」の他に「連結の経済」が重要な経済性の概念になってきた。

　「連結の経済」とは，複数の主体間のネットワークが生む経済性であり，組織結合による相乗効果がその典型的な事例としてあげられる。近年，ブレッサン（Bressand, A.）［1990］をはじめとして，様々な研究者によって「連結の経済」に関する研究が進められている。わが国では，元一橋大学学長で，旧経済企画庁に設置された流通問題研究会の座長でもあった宮澤健一［1986］［1988］が，その研究会において新造語として提示したものである。①アウトプット面に着目したこと，②外部資源の活用による「共有要素」の活用を重視していること，③複数主体の連結活動を重視していることなど，ネットワーク社会における経済性の概念として，極めて魅力ある仮説であるといえよう。

❸ 「連結の経済」と経営システム

　上述したように，「連結の経済」は，複数の主体間のネットワークが生む経済性である。連合・提携・統合・事業基盤共有・合併など，組織結合による相乗効果を経営システムとしていかに具現化するか，経営戦略上いかに実現するか，が重要な課題となってきた。

　「連結の経済」は，図表4-4に示されるように[6]，「範囲の経済」と4つの論点で異なる特性を有する。宮澤健一［1986］［1988］によれば，「範囲の経済」と「連結の経済」の違いは，次の3点に要約される。

① 「範囲の経済」が経営資源のインプット面を重視しているのに対して，「連結の経済」は，単に共通生産要素が無コストあるいは低コストで転用可能というインプット面だけではなくて，情報・ノウハウなどが核となった，組織間・主体間の結合によってシナジー効果が創出されるなど，アウトプット面の条件を併せ含める。（中略）コスト節約という以上の，アウトプット面での効果をそれは持つ。

② 仮にインプット面だけに限ってみても，「範囲の経済」が内部資源の活用のみを念頭においているのに対して，「連結の経済」は「組織の外にある他

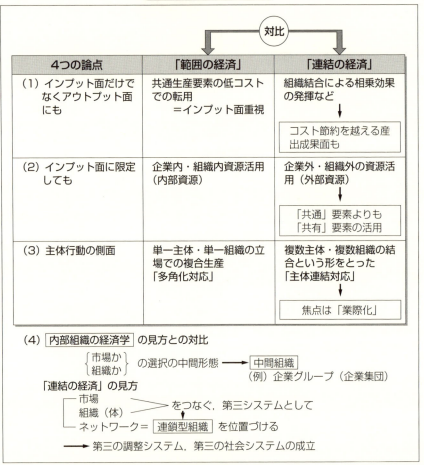

(出所) 宮澤健一 [1988] 55頁に基づいて筆者が一部修正。

企業の外部資源と結びつける活動面にも，経済性成立の1つの根拠をみるのである。「共通」要素というよりは「共有」要素こそが，ネットワークでの核をなすからである。企業によっては内部資源の制約が高まってきたため，外部資源の活用が求められるケースが増えている。コスト節約も多面化して，共通要素＋共有要素，という場に拡がった。

③ 「範囲の経済」は，単一主体，単一組織の多角化を指しているのに対して，

「連結の経済」は，「複数主体」間の結びつきが，知識・技術の多重利用によって生む経済性を意味する。この概念の一つの核心は，主体間の連結というところに経済性成立の局面をみることにある。これは，「範囲の経済」の見方では落ちこぼれる「業際化」における主体間の連結関係に他ならない。「範囲の経済」が主体の「多角化対応」であるとすれば，「連結の経済」は主体間の「主体連結対応」である。

以上，「連結の経済」の概念について，わが国における提唱者である宮澤健一自身の説明を中心に概観した。「連結の経済」は，①複数主体の活動と統計上の産業分類をどのように対応させるのか，②組織結合による相乗効果をどのように認識するのか，③「共有」要素の範囲をどのように認識するか，など困難な問題を数多く残しており，「範囲の経済」と同様に，現段階ではまだ検証済みの定説とはいえないものの，有力で魅力的な仮説であることは間違いない。

次に，「連結の経済」と経営システムの業績との相関関係について考察する。経営システムにおけるインプット（コスト・投入資源）面における「連結の経済」としては，複数の主体（企業）の連結による「コストの削減」をあげることができる。コストはいうまでもなく，投入資源を金額で測定し表示したものであるので，投入資源の削減と言い替えてもよい。

コストの種類は，①生産コスト，②流通コスト，③取引コスト，の3つに大別することができる。複数の主体（企業）の連結によって，生産コスト，流通コストの削減が期待されるものの，その要因は「規模の経済」であったり，「範囲の経済」であったりすることが多い。

そこで，ここでは「連結の経済」の対象を「取引コスト」の削減に限定することにする。具体的には，「取引コスト」の内，情報コスト，決済コスト，在庫コストの削減がその中心となる。すなわち，インプット（コスト・投入資源）面における「連結の経済」の狙いは，外部資源の活用および外部資源の共有による「取引コスト」の削減ということができよう。

アウトプット（成果・産出）面における「連結の経済」としては，広義の連結による「外部効果の内部化」をあげることができる。ここでいう連結とは，連合，提携，統合，事業基盤共有，合併などのことを指す。さらに，アウトソ

ーシングやバーチャルコーポレーション（仮想企業）なども，広義の連結に含めることができる。すなわち，複数の主体（企業）が機能的に1つになることが広義の連結である。

「外部効果の内部化」とは，外部性（外部経済，外部不経済）の内，市場の評価の外に漏れた効果（外部効果）を企業内部に取り込むことをいう。「外部効果の内部化」は，第一に，企業間の資源・情報交換の面で考えられる。いわゆる資源連結によるシナジー，情報連結によるシナジーがその典型である。資源や情報は，通常は，各経済主体に分散している。しかし，企業間で資源や情報が部分的に重複している場合も多い。広義の連結によって，これらの資源や情報が，複数の主体間において共通の目的のために共有されるならば，資源連結によるシナジー，情報連結によるシナジーが発生する。

第二に，ビジネス・ノウハウの面で現実化する。具体的には，①企業間の機能連鎖や資源連鎖の組み替えによる新たなビジネス・ノウハウの修得，②情報連結による「新たな価値の創出」をもたらす新たな情報や新たな意味の創造，などがあげられる

このように，ネットワーク社会（高度情報社会）では，完全に検証済みとはいえないものの，各企業が追求する経済性の概念が変わりつつある。各企業が「範囲の経済」や「連結の経済」を追求すればするほど，情報化および業際化の進展が加速するであろう。ここで考察した「範囲の経済」および「連結の経済」は，経営システムの構築ひいては経営戦略の策定・実行において，大きな革新の原動力になりつつある。

3 関係のマネジメント

❶ 企業系列

わが国の組織間（企業間）関係は，企業系列や下請け制にみられるように，大手企業を中心とした閉鎖的かつ固定的な取引関係がその典型とみられている。

第4章　ネットワーク社会の進展

　企業系列は，有力な企業を頂点として形成され，それに従属する諸企業の結合関係のことを指す。企業系列は，わが国特有の現象であり，クローズド型でかつ階層的なピラミッド構造を特徴とした親会社・子会社の緊密な組織間（企業間）関係に基づいて，長期的・持続的に形成されている。

　企業系列は，系列企業間の協調関係や，系列企業の競争力向上に貢献するサプライヤーや顧客などが組み込まれたネットワークとして捉えることもできる。企業系列では，親会社は，多数の子会社・孫会社を階層的に従え，これらの会社に対して資金提供・人的交流・技術支援など，様々な面で支援・育成する役割をもっている。

　特に，生産系列（完成品組立メーカーと部品メーカー），流通系列（製造企業と流通企業）は，双方とも日本独自に発達してきた取引慣行といえる。このような企業系列や企業グループなどの継続的な企業間関係は，取引コスト経済学の観点からみると，極めて効率的な仕組みであり，他方，賃金コストの節約や景気変動に対する緩衝機能を持つ一種の搾取メカニズムでもある。

　トヨタの企業系列についてみてみよう。図表4-5に見られるように[7]，トヨタの企業系列は，中核企業であるトヨタと，1次部品メーカー，2次部品メーカー，3次部品メーカーの「下請け企業群」との間の組織間（企業間）関係を中心として形成されている。一般的に，企業系列は多面的（ヒト，モノ，カネ，情報）な組織間（企業間）の信頼関係を基盤として構築されており，コミュニケーション・コストなどの「取引コスト」を削減するとともに，効率的かつ継続的な取引を行うことができる。

　トヨタの企業系列に入ることによって，安定した受注および技術供与などが得られるという実利的な側面だけではなく，社会的認知や正当性の獲得などの目に見えないメリットも得ることが可能になる。

　一方，トヨタの企業系列における組織間（企業間）関係は，株式持合いや出向という人的派遣関係などを基盤としており，非常に固定的であり，その取引は排他的かつ閉鎖的な特性を持っている。さらに，日本的取引慣行の1つとして継続的取引があげられる。これは原材料・部品などの企業間取引に見られる現象であり，購入企業は特定の少数企業から購入し，その相手企業が固定的に

図表4-5　トヨタのネットワーク構造

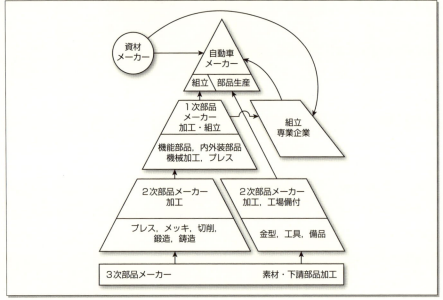

（出所）清家彰敏［1995］180頁。

なっている取引形態のことを指す。継続的取引は，取引企業間における相互信頼に基づいた協力関係であり，自動車，機械など，広範な産業において顕著に見られる。その効果としては，迅速な新製品開発や品質向上などがあげられるが，関係の固定化による閉鎖性，競争メカニズムの抑止など，デメリットも数多く指摘されている。

　今日では，日産自動車のグローバル・ネット調達にみられるように，従来の伝統的な企業系列による固定的な取引関係よりも，オープンで透明性のある取引にシフトして成果を上げている事例が次第に増えてきた。また，後述するように，戦略的提携，M＆A，アウトソーシング，デファクト・スタンダード，SCM（サプライチェーン・マネジメント）など，組織（企業間）ネットワークにおいて新たな協調関係を構築するという動きもある。このように，企業系列を中心とする組織間（企業間）関係のあり方が徐々に変わりつつある。

❷ 組織間（企業間）関係の構築・再構築

　ネットワーク社会の進展に伴って，組織間（企業間）関係の構築・再構築が大きく変容しつつある。紙幅に制約があるので，①デファクト・スタンダード，②戦略的提携，③M＆A，④SCM（サプライチェーン・マネジメント），の4点について簡潔に考察する。

〈デファクト・スタンダード〉

　第一に，デファクト・スタンダードの獲得による競争優位の獲得とファミリー形成があげられる。ほぼ同一の機能を提供する複数の製品が存在し，その複数の製品の「基本的規格」が異なる場合に行われる企業間競争を「規格競争」と呼ぶことがある。この互換性のない複数の製品が市場で競争する「規格競争」の過程で，需要者や供給者によって，ある製品が業界標準と認められた場合，この製品をデファクト・スタンダード（事実上の業界標準）と呼ぶ。デファクト・スタンダード（de facto standard）は，特定の標準化機関によって定められた標準ではなく，市場における競争を通じて標準が決まるという特徴がある。

　デファクト・スタンダードが経済的な意義を有するのは，製品市場に「ネットワーク外部性」が働く場合である。「ネットワーク外部性」とは，ある製品から得られる便益が，当該製品のユーザーが増えるに従って増大するという特性のことである。「ネットワーク外部性」が働く場合，将来，多くのユーザーを獲得することが予測される製品を購入すれば，より大きな便益を得ることができるので，「バンドワゴン効果」もあり，予測が現実のものになる。したがって，製品の機能や価格面における優劣だけでなく，デファクト・スタンダードを獲得することは，企業間競争における優劣の決定的な要因となることが多い。現実に，家庭用VTR業界におけるVHSとベータマックスの規格競争では，敗者に致命的かつ壊滅的ともいえるダメージを及ぼした。

　今日，製品が多機能化することによって，各機能を実現するための技術はますます複雑化しつつある。エジソンが蓄音器を1人のヒラメキによって開発した時代とは異なり，多機能化する製品を1人で開発することはもちろんのこと，1社で開発することも次第に困難になってきた。また，データベース検索技術

の進歩や，リバース・エンジニアリングの進歩によって，競合企業間の技術水準は次第に均衡しつつある。開発コストや開発期間を考えると，デファクト・スタンダードを形成するための「ファミリー形成」は極めて合理性を有する。

〈戦略的提携〉

　第二に，戦略的提携による組織間（企業間）関係の構築・再構築があげられる。戦略的提携の組織形態は，組織論の枠組みでいえば，階層（hierarchy）と市場（market）の中間に位置する中間組織に該当する。

　本書では，「戦略的提携とは，個別企業の独立性と自律性を維持したまま，企業間関係を固定せずに緩やかな企業間協働を維持する企業間協働関係の様式を指す」と定義して議論を進める。なお，所有を伴う企業間協働の様式であるM＆Aについては，次項で考察する。

　戦略的提携の主な目的とリスクについてみてみよう[8]。戦略的提携の主な目的としては，①経営資源（補完的スキル，技術，商品など）の獲得，②市場アクセス（新市場開拓，新地域開拓など）の獲得，③規模やスピードの獲得（規模の経済，速度の経済など），④主要顧客やサプライヤーとの共同（共同研究開発，共同生産，相互技術援助など），⑤学習（情報，ノウハウの獲得など），⑥リスクの分散（コスト負担，イノベーションの遅れなど），⑦競争ルール（デファクト・スタンダードなど）への対応，⑧競争のコントロール（防衛的提携など），などがあげられる。

　一方，戦略的提携のリスク・デメリットとしては，①独立性，自律性の喪失，②情報資源（自社技術など）の流出，③コミットメントの低下，責任の所在の不明確化，④マネジメントの難しさ（最悪の場合，乗っ取りなどのリスク），⑤社内組織の複雑化，などがあげられる。

　戦略的提携による企業間関係の構築には，ドーズ=ハメル[1998]によれば[9]，①提携（アライアンス）の構造の選択，②提携（アライアンス）の規模の最適化，③成長への道のりの選択，④メンバー間の競争の抑制，⑤提携（アライアンス）のガバナンス，⑥中核企業の優位性の維持，などの戦略的要因があげられる。

　戦略的提携がグローバル化するに伴って，従来の同業種内企業間協働だけで

第4章 ネットワーク社会の進展

はなく，例えば，電気自動車用ニッケル水素蓄電池にみられるように，自動車業界と電機業界を中心とした異業種企業間協働の事例も増加しつつある。「企業は1社のみで事業を展開するのが難しくなってきた」といわれるが，近年では，「企業は1つの業種だけで事業を展開することが難しくなりつつある」。ネットワーク社会において，戦略的提携による組織間（企業間）関係の構築の新たなステージが始まったといえよう。

〈M＆A〉

　第三に，M＆Aによる組織間（企業間）関係の構築・再構築があげられる。近年，経営管理論・経営組織論・グローバル経営論などの経営学関連分野において，M＆A（Merger and Acquisition）の重要性が急激に増大している。M＆Aとは，文字通り合併・買収のことである。

　従来，わが国におけるM＆Aは，企業の乗っ取りというイメージが広く社会に浸透し，経営管理論・経営組織論・グローバル経営論の主流にはなり得なかった。ところが，現在では，経営資源の外部調達の方法，市場アクセスの方法など，様々な目的実現の有効な手段として脚光を浴びている。

　M＆Aの内，合併は，岸川善光［2006］によれば，2つ以上の企業が，法的・経済的・組織的に結合して1つの企業になることである[10]。合併には，一方の企業が存続し他方が消滅する吸収合併と，双方が消滅し新会社を設立する新設合併がある。

　他方，買収は，他企業の全部またはその一部を取得することであり，営業譲渡によるものと，株式取得によるものがある。株式取得は他企業を支配する目的のために必要な株式を取得し，子会社とすることである。株式取得には，株式譲渡（相対取引，公開市場での株式買付），TOB（株式公開買付），新株引受け（株主割当増資，第三者割当増資，転換社債，ワラント債）がある。

　M＆Aの背景として，岸川善光［2006］によれば，世界的な潮流として，規制緩和や税制改革，独禁法改革・緩和，事業プラットフォームの革新に対する迅速な対応，投資機会の枯渇による資金過剰対策，事業の再編・再構築，などがあげられる[11]。

　M＆Aは，先に考察した戦略的提携とは異なり，経営統合の一環として位置

づけられる。すなわち，統合の座標軸として，縦軸に組織的統合，横軸に資本的統合をとると，合併は，組織的統合も，資本的統合も共に強く，買収は，組織的統合は弱いものの，資本的統合は強い経営統合といえよう。

M&Aの最大の利点は，製品・市場，ノウハウなどの経営資源を迅速に調達することによって，競合企業に対する競争優位を獲得することができることである。競争優位を獲得することによって，①新事業分野への進出，②製品力の向上，③市場支配力の拡大，④海外市場の獲得，⑤研究開発力の強化，⑥多角化によるシナジーの実現，⑦生産コストの削減，⑧管理費の削減，などの効果が現実化するのである[12]。

しかし，M&Aには，経営管理上・経営組織上の多くの課題が存在する[13]。第一に，被合併・買収企業の体質（企業文化・組織文化）が買収企業と異なることが多いため，買収企業に対する理解や，合併・買収後の一体化・統合化に時間がかかることがある。その間，被合併・買収企業の役員，管理職，従業員のモラルが低下し，人材（人的資源）の流出など，大きな問題がしばしば発生する。M&A後の統合化戦略において，企業文化（組織文化）の融合は極めて大きな課題である。

第二に，雇用の問題も多発している。一般に，M&Aが行われる際に，従業員や労働組合にその情報が知らされるのは，M&Aの方針と内容が実質的に固まった後である。その段階で従業員や労働組合の了解が得られず，計画が頓挫したケースもかなり存在する。

M&Aによる組織間（企業間）関係の構築において，M&Aは，歴史も文化も異なる企業が一緒になるため，様々なコンフリクトが生じることは当然である。そのコンフリクトをいかに未然に防ぐかという事前の準備と事後のプロセスにおいて，組織間（企業間）関係のマネジメントが，M&Aによる成果を創出し，持続的競争優位を獲得するための決め手となる。

〈SCM（サプライチェーン・マネジメント）〉

近年，競争環境は激変しており，企業レベルにおける競争だけでなく，提携・連合・統合・事業基盤共有・合併など，「組織間（企業間）関係」の革新を伴う企業グループ間の競争も次第に熾烈さを増している。この熾烈な競争の背景

には，サプライチェーン（supply chain：供給連鎖）をめぐる主導権争いがある。

サプライチェーン（供給連鎖）とは，「生産者起点による製品の流れ，機能連鎖，情報連鎖のこと」である。具体的には，製品の開発から消費に至る一連のプロセスのことである。製造業の場合，通常，①調達，②製造，③マーケティング，④物流，⑤顧客サービス，の5つの機能の連鎖によって構成されることが多い。これに研究開発を加えて，6つの機能の連鎖とすることもある。ビジネスシステムの典型例でもある。

サプライチェーン（供給連鎖）は，その性格上複数の企業にまたがるので，サプライチェーン（供給連鎖）の組替えを図ると，必然的に，連合・提携・事業基盤の共有・統合・合併など「組織間（企業間）関係」の革新を伴うことになる。「組織間（企業間）関係」の革新プロセスは，具体的には，どの企業ないし企業グループがサプライチェーン（供給連鎖）の主導権を握るかということであり，この競争の勝敗は各企業の経営に致命的な影響を及ぼす。

サプライチェーン（供給連鎖）は，本質的に複数の企業にまたがり，組織間（企業間）関係そのものを「関係性資産」として成り立っている。したがって，サプライチェーン（供給連鎖）による組織間（企業間）関係の構築というテーマは，いわば同義語に近く当たり前のことである。

サプライチェーン（供給連鎖）は，ネットワーク社会における経営情報論のメインテーマの1つとなる重要課題であるので，第8章において節を独立して再度考察する。

❸ 関係性の確立

ネットワーク社会の進展に伴って，組織間（企業間）関係の構築・再構築に関して積極的な取組みがみられる。上述したように，①デファクト・スタンダードの獲得による競争優位の獲得とファミリー形成，②戦略的提携による競争優位の獲得，③M＆Aによる競争優位の獲得，④SCMによるWin-Winのパートナーシップ・企業連合の実現，など，各企業の行動には，組織間（企業間）関係の構築・再構築という「一定の法則性」が見受けられる。

本来，組織間（企業間）関係そのものが，関係性資産（relational asset）とい

図表4-6　売り手企業・買い手企業間リレーションシップの発展

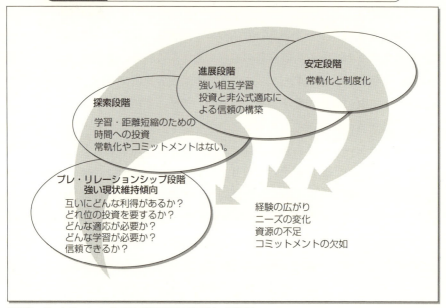

(出所)　Ford, D. et al. [1998] 訳書30頁を筆者が一部修正。

う新たな資産であるので，多くの企業が資産価値をさらに向上するために，組織間（企業間）関係の構築・再構築に取り組むことは極めて合理性がある。

　組織間（企業間）関係の構築・再構築については，欧米でも様々な分野において，積極的な研究が進められている。例えば，IMP (Industrial Marketing and Purchasing) グループによる欧州のビジネス・リレーションシップの研究は，ネットワーク社会におけるリレーションシップの実態の一端を明らかにしており，多くの研究者によって引用されている。IMPグループの実態調査に基づいて，フォード他（Ford, D. et al.）[1998] は，図表4-6に示されるように[14]，ビジネス・リレーションシップの発展段階として，①プレ・リレーションシップ段階，②探索段階，③進展段階，④安定段階，の4段階に区分して，発展段階ごとにその内容を分析している。なお，ポイントを詳しく考察する紙幅の余裕がないので，ポイントの概要を図表中に追記している。

　「関係のマネジメント」は，もともとフランスのブレッサン（Bressand, A.）

[1990] が，名著『ネットワールド』において創造した概念である。ブレッサン [1990] は，情報ネットワークにおいて，各主体が「共振」したとき，新たな意味が生まれるという。もちろん，新たな意味とは価値のことである。そして，情報は「関係」の中でのみ共有できる，と述べている[15]。

「関係」を重視するということは，異なる考え，異なる情報源，異なる行動様式を持つ主体の多様性を重視するということである。そして，多様性を組み合わせて「連結のマネジメント」が必要という主張は，フランス人らしいエスプリに富んでおり，極めて興味深い。

4 情報通信産業の拡大

❶ 情報通信産業とは

近年，ネットワーク社会の進展に伴って，情報通信産業が急激に発展しつつある。一方，情報通信産業の発展が，ネットワーク社会の進展を促進しているという側面もあり，ネットワーク社会と情報通信産業の関係は，相互に密接不離の関係性を有する。情報通信産業は，情報産業・IT産業など，新聞用語を含めて，様々な類似の概念がある。混乱を避けるために，日本標準産業分類の定義をみてみよう。日本標準産業分類では，情報通信産業といわずに，情報通信業と呼んでいる。

大分類は，G－情報通信業で，大分類は下記の5つの中分類に分類され，さらに，5つの中分類はそれぞれ小分類に細分化されている。
① 通信業：固定電気通信業，移動電気通信業，電気通信に附帯するサービス業。
② 放送業：公共放送業（有線放送業を除く），民間放送業（有線放送業を除く），有線放送業。
③ 情報サービス業：ソフトウェア業，情報処理・提供サービス業。
④ インターネット付随サービス業：インターネット付随サービス業。
⑤ 映像・音声・文字情報制作業：映像情報制作・配給業，音声情報制作業，

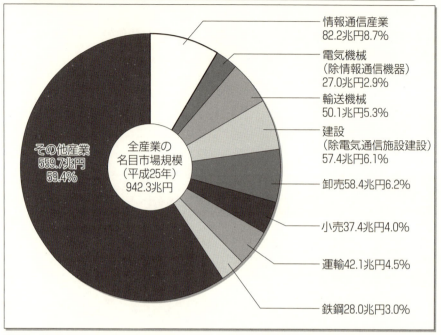

図表4-7 主な産業の市場規模（名目国内生産額）（内訳）（平成25年）

（出所）総務省［2015］『平成27年版情報通信白書』「主な産業の市場規模（名目国内生産額）（内訳）（平成25年）」
〈http://www.soumu.go.jp/johotsusintokei/whitepaper/ja/h27/image/n7101010.png〉

新聞業，出版業，広告制作業，映像・音声・文字情報制作に附帯するサービス業。

日本標準産業分類にみられるように，情報通信業は，様々な産業（業界）によって成り立っている。なお，ICT産業という場合，①ハードウェア業界，②ソフトウェア業界，③インターネット業界，④通信・放送業界，⑤SI（システムインテグレータ）業界，の5つに分類されることがある。現実に，情報通信産業について考察する場合，情報通信器具製造業，電子部品・デバイス製造業を含めることがある。

情報通信産業の市場規模は，『平成27年情報通信白書』によれば，図表4-7に示されるように[16]，全産業の名目市場規模（平成25年）942.3兆円の内，82.2兆円で，全体の8.7％を占めている。長年わが国の主導産業であった自動車（輸

送機械）を抜いて，堂々１位を占めている。また，情報通信産業の雇用者数も，小売業に次いで雇用者数が多く，卸売業や建設業と肩を並べている。情報通信産業は，今やわが国の経済を支える重要な産業分野であるといえよう。

❷ 情報通信産業の発展史

　上述したように，情報通信産業は，様々な産業によって成り立っている。次に，情報通信産業がどのように発展してきたかについて考察する。ここでは紙幅の制約もあるので，コンピュータ産業，通信産業，の２つに絞って概観する。
　コンピュータ産業は，①大型コンピュータの時代（1950年代〜1970年代），②パーソナルコンピュータの時代（1980年代），③ネットワークの時代（1990年代〜現在），の３つの時代区分に基づく考察が適切であろう[17]。
　大型コンピュータの時代（1950年代〜1970年代）のコンピュータ産業は，ハードウェアと基本ソフト（OS）だけを販売しており，ソフトウェアの開発は，内作を中心に行った。当時，世界のコンピュータ市場を席捲していたIBMは，市場を独占するために，日本市場で無償貸出などの大胆な戦略を採用した。IBMの日本上陸を受けて，日本のコンピュータ産業は大きな打撃を被った。
　パーソナルコンピュータの時代（1980年代）のコンピュータ産業は，パソコンの低価格化・高性能化によって情報システムの概念が大きく変わり，その対応に追われたが，OAブームもあり，売上は年々急激に拡大した。
　ネットワークの時代（1990年代〜現在）のコンピュータ産業は，インターネットの普及もあり，産業全体の再活性化を実現した。この時期以降，コンピュータ産業の役割が大きく変わり，ハードウェアの販売だけでなく，娯楽・コミュニケーション・情報探索・情報発信などのサービス提供に主力が移りつつある。
　通信産業は，①電話の時代（1985年頃〜1995年頃），②インターネットと携帯電話の時代（1995年頃〜2005年頃），③ブロードバンドとスマートフォンの時代（2005年頃〜現在），の３つの時代区分に基づく考察が適切であろう[18]。
　電話の時代（1985年頃〜1995年頃）の通信産業は，1985年までは電信電話事業が日本電信電話公社（電電公社）の独占事業として運営されてきた。公社形態は，通信事業の公共性・自然独占性・技術的統一性の観点から一定の支持を

得てきた。ところが，米国における通信自由化（1984年にATT解体），英国における通信自由化（1984年にBTの民営化）など，通信に関する国際環境は大きく変容した。電電公社の民営化によって，自由化された通信市場では，長距離通信市場における競争が進展した。国際通信市場においても競争が進展した。具体的な動きとして，パソコン通信の普及と第一次携帯電話ブームがあげられる。データ通信市場も活況を呈した。衛星通信や光ファイバー網の整備も促進された。

インターネットと携帯電話の時代（1995年頃～2005年頃）の通信産業は，当時普及していたパソコン通信のユーザーを取り込む形でインターネットが急速

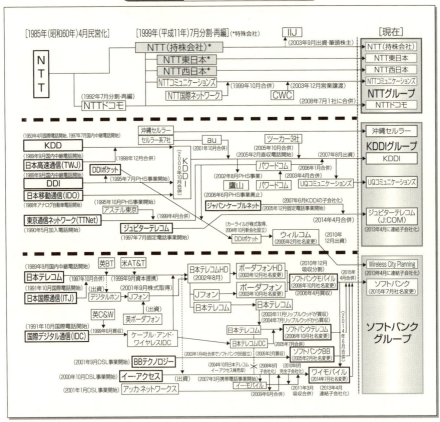

図表4-8 通信業界の再編の経緯

（出所）総務省［2015］36頁。

に普及した。携帯電話・PHSの契約数が固定電話の契約数を抜き，音声サービスの主役となった。総務省では，次節で考察するIT基本構想，e-Japan構想，u-Japan構想など，情報通信政策を立て続けに立案し公表した。米国や韓国などICT先進国と比較して，ICTに対する取組みが遅れていたので，キャッチアップするためには官民あげての取組みが必要不可欠である。

　ブロードバンドとスマートフォンの時代（2005年頃〜現在）の通信産業は，インターネット上に様々なコンテンツ・アプリケーションが出現し，それらのサービスを支えるプラットフォームも整備されつつある。現在は，ICTインフラ整備中心の時代からICTの本格的な利活用の時代に移行する過渡期として位置づけることができよう。図表4-8に示されるように[19]，情報通信事業者は活発な競争を呈しており，再編の動きが連続している。ICTの本格的な利活用の時代がユビキタスネット社会に他ならない。

❸ 産業の情報化，情報の産業化

　情報社会の進展，さらにネットワーク社会の進展について考察する場合，産業の情報化，情報の産業化，という観点は極めて重要である。

　産業の情報化とは，財・サービスの生産活動において，生産要素としての情報の投入量の割合が，他の生産要素と比べて増えるという現象のことである。

　例えば，情報社会の進展に伴って，生産現場ではファクトリー・オートメーション（FA）が進み，少品種大量生産から多品種少量生産が実現した。これには数値制御を中心とする工作機械，ロボット，センサーなどが導入され，CAD/CAM（Computer-Aided Design/Computer-Aided Manufacturing）によって，設計と生産が統合された。販売現場では，FAと比べると十分とはいえないが，セールス・オートメーション（SA）が進み，事務部門でもオフィス・オートメーション（OA）が各産業において広く普及した。

　さらに，インターネット・イントラネット・エクストラネットの普及に伴って，ネットワーク社会が進展すると，電子データ交換（EDI：Electronic Data Interchange），電子商取引（EC），サプライチェーン・マネジメント（SCM）などが，様々な産業において拡大しつつある。これらは，財・サービスの生産活動

において，生産要素としての情報の投入量の割合が，急激に増大していることを意味する。EDI, EC, SCMについては，第8章（eビジネス）において章を独立して考察する。

このように，情報社会，ネットワーク社会の進展に伴って，産業の情報化が進展している。逆の見方をすれば，産業の情報化の進展に伴って，情報社会，ネットワーク社会が進展しているという見方も成り立つかもしれない。

次に，情報の産業化についてみてみよう。情報の産業化とは，情報の需要の増加・情報サービスの増加に伴って，情報通信産業が生成し成長するという現象のことである。例えば，すでに考察したコンピュータ産業，通信産業などが飛躍的に伸びている現象のことである。

情報社会の進展，ネットワーク社会の進展に伴って，様々な分野において情報通信産業・情報通信企業が生成し成長しているが，ここではその典型例として，システムインテグレータ（System Integrator：SI）についてみてみよう。システムインテグレータとは，情報通信システムの開発において，コンサルティングから設計・開発・運用・保守・管理などを，一括請負する情報通信企業のことである。

わが国のシステムインテグレータは，もともと情報通信システムのアウトソーシングの一環として普及した業態である。例えば，メーカー系では，自社のハードウェアによって「囲い込み」をするために，自社でソフトウェアを設計・開発することを目的としてシステムインテグレータ部門を設置した。日立，富士通などすべてのメーカーがSI部門を持っている。ユーザー系としては，金融機関，商社などの情報システム部門が，子会社として独立してシステムインテグレータ企業を設立した。独立系では，パッケージソフトなどの企業がシステムインテグレータ部門を設置した。これらのシステムインテグレータは，近年，通信部門・通信機能を強化するなど，業態改革を行っている企業が多い。

5 国の情報通信政策

第4章 ネットワーク社会の進展

❶ 情報スーパーハイウェイ

　情報社会，ネットワーク社会の進展を推進しているのは，各企業や情報通信企業だけではない。国の情報通信政策も，情報化，ネットワーク化にある意味で多大な役割を果たしている。その例として，米国の情報スーパーハイウェイ構想について考察する。

　情報スーパーハイウェイ構想とは，米国で1993年に，当時のクリントン大統領とゴア副大統領によって推進された米国の情報通信政策である。情報スーパーハイウェイ構想は，日本のNTTの「新高度情報通信サービスの実現 – VI＆P（1990）」に刺激を受けた構想といわれている。NTTのVI＆Pでは，光ファイバーを2015年頃までに各家庭に張り巡らして，B-ISDN（広帯域統合サービス・デジタル通信網）の全国ネットワークを構築するという構想である。

　情報スーパーハイウェイ構想も，情報産業の拡大を目的として，2015年までに光ファイバーを用いた高速デジタル通信網を整備し，家庭から公共施設，企業，政府までを広範に結ぼうというものである。なお，情報スーパーハイウェイ構想の正式名称は，NII（National Information Infrastructure：全米情報インフラストラクチャ）である。

　ところが，この情報スーパーハイウェイ構想は，多額の予算がかかるという理由によって，政府による当初の構想は頓挫した。いつの間にか民間を中心としたインターネットの普及が情報スーパーハイウェイ構想を体現したものであるとしてすり替えられてしまった。しかし，この情報スーパーハイウェイ構想は，民間企業に情報化投資を促すための規制緩和政策などを誘発し，その後の米国の情報化，ネットワーク化の起爆剤になったといえよう。米国の景気回復の一因ともいわれている。

❷ e-Japan

　わが国は，「失われた10年」「失われた20年」によって，米国や韓国などのICT先進国と比較して，情報社会の進展，ネットワーク社会の進展に大きく後れをとった。この情報化，ネットワーク化の後れが，景気回復を遅延させた大

図表4-9 日本のIT戦略の歩み

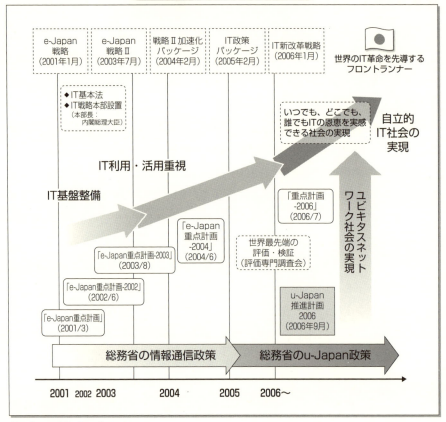

(出所) 総務省［2015］2頁。

きな原因ともいわれている。

　e-Japanは，この後れを取り戻すために，すべての国民がICT（情報通信技術）を利活用できる環境を整えることを骨子として，IT基本法に基づいて，日本政府が2000年に策定した。e-Japanは，超高速ネットワーク・インフラストラクチャの整備，電子商取引の制度基盤の確立，電子政府の実現，人材育成などを重点政策とした。また，e-Japanに基づいて，同じく2000年に，「高度情報通信ネットワーク社会形成基本法」が成立した。この法律に基づいて，2001年には内閣府に情報通信技術戦略本部（IT戦略本部）が設置され，その後，各種

第4章 ネットワーク社会の進展

の情報通信政策が進められた。図表4-9は，日本のIT戦略の歩みをビジュアル化したものである[20]。IT基盤整備，IT利用・活用重視，自立的IT社会の実現，という日本政府の情報通信政策がよく理解できよう。

❸ u-Japan

u-Japanは，上述したe-Japanの後継政策として，2006年に総務省が策定した情報通信政策である。図表4-10に示されるように[21]，u-Japanのuには，ユビキタス（Ubiquitous）という意味に加えて，ユニバーサル（Universal），ユーザー

図表4-10　u-Japan（ユビキタスネット・ジャパン）の理念

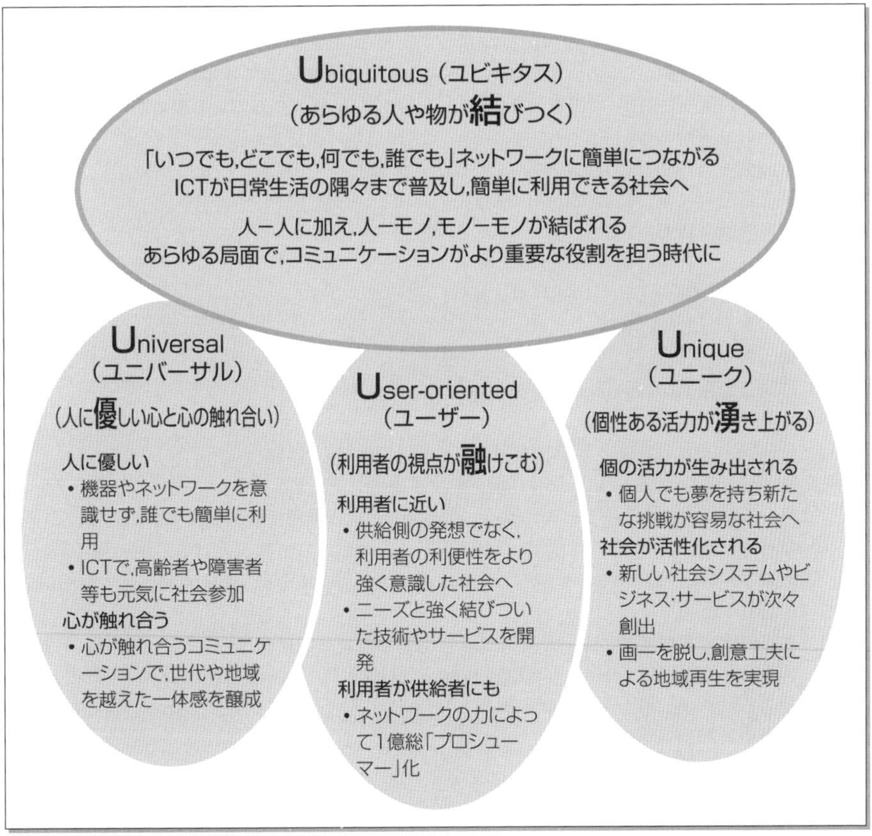

Ubiquitous（ユビキタス）
（あらゆる人や物が**結**びつく）

「いつでも，どこでも，何でも，誰でも」ネットワークに簡単につながる
ICTが日常生活の隅々まで普及し，簡単に利用できる社会へ

人－人に加え，人－モノ，モノ－モノが結ばれる
あらゆる局面で，コミュニケーションがより重要な役割を担う時代に

Universal（ユニバーサル）
（人に**優**しい心と心の触れ合い）

人に優しい
- 機器やネットワークを意識せず，誰でも簡単に利用
- ICTで，高齢者や障害者等も元気に社会参加

心が触れ合う
- 心が触れ合うコミュニケーションで，世代や地域を越えた一体感を醸成

User-oriented（ユーザー）
（利用者の視点が**融**けこむ）

利用者に近い
- 供給側の発想でなく，利用者の利便性をより強く意識した社会へ
- ニーズと強く結びついた技術やサービスを開発

利用者が供給者にも
- ネットワークの力によって1億総「プロシューマー」化

Unique（ユニーク）
（個性ある活力が**湧**き上がる）

個の活力が生み出される
- 個人でも夢を持ち新たな挑戦が容易な社会へ

社会が活性化される
- 新しい社会システムやビジネス・サービスが次々創出
- 画一を脱し，創意工夫による地域再生を実現

（出所）　総務省［2015］9頁。

(User-oriented)，ユニーク（Unique），という意味が込められている。

u-Japanでは，①ユビキタスネットワークの整備，②ICT利活用の高度化，③利用環境の整備，が重点政策とされている。例えば，ユビキタスネットワーク技術では，超小型チップネットワーキング技術，ユビキタスネットワーク認証・エージェント技術，ユビキタスネットワーク制御・管理技術，などが研究開発テーマとして選択されており，東京大学・大阪大学・慶應義塾大学・九州工業大学の各大学に加えて，日立製作所・NTT・NEC・富士通・KDDIの各企業が委託研究に加わっている。ユビキタス社会の実現に向けた研究であり成功が期待される。

1）レビューに用いた文献は，すべて巻末の参考文献リストに掲載している。
2）Bell, D.［1973］訳書（上）162頁。
3）松島秀行［1994］117頁，石田晴久［1998］53頁を参考にして筆者作成。
4）第1章の図表1-2(A)（島田達巳=高原康彦［1993］15-19頁に基づいて筆者が一部加筆修正）を用いて考察する。
5）宮澤健一［1988］51頁に基づいて筆者が一部修正。
6）同上書55頁に基づいて筆者が一部修正。
7）清家彰敏［1995］180頁。
8）グロービス経営大学院編［2010］46頁。
9）Dos, Y.L.= Hamel, G.［1998］訳書218頁。
10）岸川善光［2006］160頁。
11）同上書161頁。
12）岸川善光編［2015b］269頁。
13）同上書271頁。
14）Ford, D. et al.［1998］訳書30頁。
15）Bressand, A.［1990］は，関係，関係のマネジメント，連結の経済，連結のマネジメント，ネットワークのネットワーク，共振，統合優位，など斬新な概念を数多く生み出している。
16）総務省［2015］『平成27年版情報通信白書』「主な産業の市場規模（名目国内生産額）（内訳）（平成25年）〈http://www.soumu.go.jp/johotsusintokei/whitepaper/ja/h27/image/n7101010.png〉
17）多くの研究者が提示しているコンピュータ産業の発展段階を集約した。『情報通信白書』の内容を整理した〈http://bbs.kyoudoutai.net.blog/2012/05/1294.html〉が明示的である。
18）総務省［2015］第1章の分類に準拠した。
19）総務省［2015］36頁。
20）同上書2頁。
21）同上書9頁。

第5章 情報通信技術の進展

　本章では，情報通信技術の進展について，ハードウェア，ソフトウェア，データベース技術，ネットワーク技術，マルチメディア技術，の5つの観点から考察する。技術決定論に陥ってはならないが，情報通信技術について正しく理解することは経営情報論では欠かせない。

　第一に，ハードウェアの進展について考察する。まず，ハードウェアの概念を理解する。次に，ハードウェアの構成について理解を深める。さらに，コンピュータ技術とネットワーク技術の融合について言及する。

　第二に，ソフトウェアの進展について考察する。まず，ソフトウェアの概念を理解する。次いで，ソフトウェアの構成について理解を深める。さらに，「コンピュータ/ソフトなければ/ただの箱」といわれるソフトウェアの重要性について言及する。

　第三に，データベース技術について考察する。まず，データベースの概念を理解する。次に，データベースの構成について理解を深める。さらに，データベース技術の活用について言及する。

　第四に，ネットワーク技術の進展について考察する。まず，ネットワークの概念を理解する。次いで，ネットワークの構成について理解を深める。さらに，ネットワーク技術がもたらすインパクトについて言及する。

　第五に，マルチメディア技術の進展について考察する。まず，マルチメディアという言葉は死語になりつつあるが，マルチメディアの概念について理解する。次に，マルチメディアの構成について理解を深める。さらに，マルチメディア技術の活用について言及する。

1 ハードウェアの進展

❶ ハードウェアとは

　ハードウェア（hardware）とは，システムの物理的な構成要素を指す一般的な用語である。ここでは，情報通信システムの物理的な構成要素のことであり，機械・装置・設備・回路などのことである。ハードウェアは，単にハードと呼ばれることもある。

　情報技術（IT）・情報システムといわれた時代は，ハードウェアといえば，ほとんどコンピュータのことを意味した。しかし，情報通信技術（ICT）・情報通信システムといわれる今日では，情報通信システムのハードウェアは，単にコンピュータを意味しなくなってきた。情報通信システムでは，コンピュータ，通信機器の2つが必須の構成要素である。

　第4章において，多くの研究者が提示している発展段階史を整理して，コンピュータを，①大型コンピュータの時代（1950年代～1970年代），②パーソナルコンピュータの時代（1980年代），③ネットワークの時代（1990年代～現在），の3つの時代に区分した。

　同様に，『平成27年版情報通信白書』に準拠して，通信を，①電話の時代（1985年頃～1995年頃），②インターネットと携帯電話の時代（1995年頃～2005年頃），③ブロードバンドとスマートフォンの時代（2005年頃～現在），の3つの時代に区分した。

　上述したコンピュータと通信の3つの時代区分は，コンピュータと通信について様々な観点から考察する場合，システムの特性について「一定の法則性」が鮮明に浮かび上がるので，極めて適切な時代区分であると思われる。

❷ ハードウェアの構成

　上述した時代区分に基づいて，コンピュータと通信のハードウェアについて

第5章 情報通信技術の進展

考察すると，合計12（＝2×6）の対象分野について考察しなければならないが，紙幅の制約があるので，ここでは，大型コンピュータの時代（1950年代～1970年代）のコンピュータのハードウェア，電話の時代（1985年頃～1995年頃）の通信のハードウェア，の2つに絞って概観する。

まず，大型コンピュータの時代（1950年代～1970年代）のコンピュータのハードウェアについてみてみよう。コンピュータのハードウェアは，図表5-1に示されるように[1]，①入力装置，②出力装置，③制御装置，④演算装置，⑤主記憶装置，の5つの装置（構成要素）から成り立っている。なお，（③制御装置，

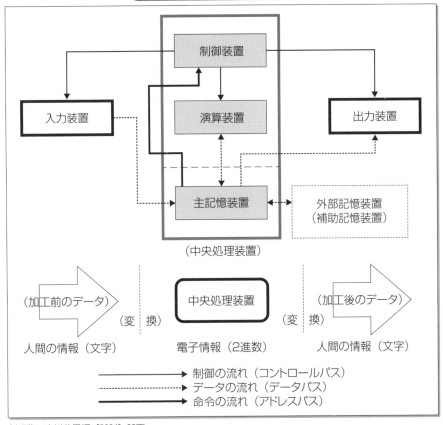

図表5-1　コンピュータの構成

（出所）宮川公男編［2004］62頁。

④演算装置，⑤主記憶装置)，のことを中央処理装置（Central Processing Unit：CPU）という。CPUを独立した装置としたのは，米国IBMがIBM360を汎用コンピュータとして発表した1964年からとされている。
① 入力装置：キーボード，マウス，スキャナー，光学文字読み取り装置など，コンピュータにデータを入力する装置。
② 出力装置：ディスプレイ，プリンター，音声など，コンピュータが処理したデータを出力する装置。
③ 制御装置：コンピュータを動作させるプログラムを解釈し，他の4つの装置に命令（制御信号）を出す装置。
④ 演算装置：加減乗除（四則演算）や大小の比較（論理演算）を行う装置。
⑤ 主記憶装置：入力装置から読み取った実行中のデータやプログラムを格納する装置。ちなみに，磁気ディスクやCD-ROM（compact disk read only memory）などの外部記憶装置は補助記憶装置といい，読み書きの速度は遅いが大容量のデータを記憶することができる。

次に，電話の時代（1985年頃～1995年頃）の通信のハードウェアについて概観する[2]。通信については，ネットワーク技術の節で詳しく考察するので，ここでは簡潔にみておこう。電話の時代（1985年頃～1995年頃）の通信のハードウェアは，①DTE（データ端末装置），②データ伝送回線，の2つの装置（構成要素）から成り立っている。
① DTE（データ端末装置）：DTE（データ端末装置）は，コンピュータと通信制御装置の組合せ，コンピュータと端末の組合せ，の2つのパターンに細分化することができる。
② データ伝送回線：データ伝送回線は，通信網（データ伝送回線網）とDCE（データ回線終端装置：モデム），によって構成される。

これらの情報通信システムのハードウェアにおいて，ワイザー他（Weizer, N. et al.）[1991] は，①半導体，②ディスプレイ，③二次記憶，の3つの分野が情報技術として特に重要であると述べている。簡潔にみてみよう。
① 半導体[3]：半導体に関する技術は，あらゆる製品・機械・アプリケーションのコスト削減，小型化，性能向上における中核的分野である。従来，半導

体の価格性能比は，急激に向上してきたが，今後，ビジュアライズ化（視角化），イメージ処理，人工知能，シミュレーション，モデリングなどが急成長するので，半導体におけるシリコン技術や演算回路設計などの向上が欠かせない。

② ディスプレイ[4]：人間の目の限界解像度は，約100万画素といわれている。情報通信システムのディスプレイに対する要求は，高解像度，フラット・スクリーン，低電力消費，に向かうことは間違いない。文書イメージ処理，ポータビリティ，グラフィックを多用する先進的なユーザー・インターフェースなどを考えると，液晶ディスプレイの価格性能比向上が必要不可欠である。

③ 二次記憶[5]：文書イメージ処理に対するユーザーの潜在的要求は高く，二次記憶装置の価格性能比向上は必要不可欠である。二次記憶技術の進展によって，多くのメモリーを必要とするイメージ関連のアプリケーションが実現可能になる。

❸ コンピュータ技術とネットワーク技術の融合

上で，情報通信システムのハードウェアの内，大型コンピュータの時代（1950年代～1970年代）のコンピュータのハードウェアと，電話の時代（1985年頃～1995年頃）の通信のハードウェアについて概観した。

それぞれ「時代の制約」もあり，スタンドアローン（stand alone）を前提としていた。スタンドアローンとは，直訳すると「孤立」を意味するように，情報通信システムにおいて，情報通信機器を他のリソース（機器・装置・ソフトウェアなど）に依存せず，単独で使用することをいう。具体的には，通信システムを介して他のリソース（機器・装置・ソフトウェアなど）と接続せずに，情報通信機器を孤立した単独の状態で使用することをいう。

その後，コンピュータは，パーソナルコンピュータの時代（1980年代）へ，さらに，ネットワークの時代（1990年代～現在）へと進展した。他方，通信は，インターネットと携帯電話の時代（1995年頃～2005年頃）へ，さらに，ブロードバンドとスマートフォンの時代（2005年頃～現在）へと進展した。

ワイザー他［1991］は，図表5-2に示されるように[6]，1990年代半ばの総合ア

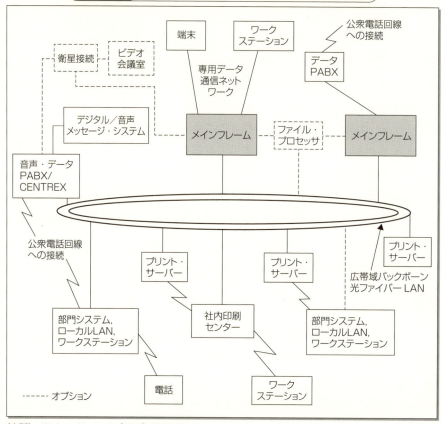

図表5-2　90年代半ばの総合アーキテクチャ（大企業）

（出所）　Weizer, N. et al. [1991] 訳書70頁。

ーキテクチャ（大企業）を示している。コンピュータは，大型コンピュータ（メインフレーム）の他に，ワークステーションやパーソナルコンピュータ（PC）が加わり，大型コンピュータ（メインフレーム）と分散型のクライアント・サーバー方式が混在している。通信システムは，基本的にLAN/WAN（Local Area Network/Wide Area Network：構内ネットワーク/広域ネットワーク）によって構成される。通常は，公衆回線，専用回線，リース回線の混合となる。

現在は，大企業のみならず，中堅企業や中小企業も含めて，ネットワーク化（インターネット，ユビキタスネット）がさらに進展しており，企業間ネット

第5章 情報通信技術の進展

ワーク,グローバルネットワークが現実のものになりつつある。まさに,時間的制約の克服,空間的制約の克服,新たな場の形成,が可能になりつつあるといえよう。情報通信システムの進展には,コンピュータ技術とネットワーク技術の融合が必要不可欠であることはいうまでもない。

2 ソフトウェアの進展

❶ ソフトウェアとは

　ソフトウェア（software）とは,情報システムを構成する要素の1つで,コンピュータシステム上何らかの処理を行うプログラム・手続き・文書・利用技術などを指す用語である[7]。ソフトウェアは,ハードウェアの対比語であり,単にソフトと呼ばれることもある。「コンピュータ/ソフトなければ/ただの箱」という有名な川柳があるほど重要である。

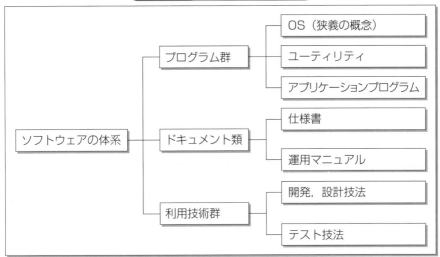

図表5-3　ソフトウェアの体系

(出所)　宮川公男編［2004］82頁。

ソフトウェアは，様々な分類基準があるが，図表5-3に示されるように[8]，プログラム群，ドキュメント類，利用技術群に大別することができる。

❷ ソフトウェアの構成

ソフトウェアは，上述したように，プログラム群，ドキュメント類，利用技術群に大別することができる。その中からいくつかを抜粋してみてみよう。

プログラム群の中のOS（Operating System：基本ソフト）は，システム全体を管理するためのソフトウェアである。機器の基本的な管理・制御のための機能や，多くのソフトウェアが共通して利用する基本的な機能を実装したソフトウェアである。入出力装置・主記憶装置（メインメモリ）・外部記憶装置（ストレージ，ディスクなど）の管理，外部のネットワークとのデータ通信の制御，などが主な役割である。

OSの位置関係は，図表5-4(A)に示されるように[9]，ハードウェアとアプリケーションソフトウェアの間にあり，アプリケーションソフトウェアを動作させるのが第一の目的である。

OSの機能は，図表5-4(B)に示されるように[10]，制御プログラム（ジョブ管理，タスク管理，データ管理，記憶管理，運用管理，障害管理，通信管理，入出力管理など），サービスプログラム（言語プロセッサ，ユーティリティなど），の2つに大別される。

プログラム群の中のユーティリティは，ファイル管理ソフトウェア・エディタ・各種設定ツールなどのことであり，サービスプログラムの中に位置づけられる。

ミドルウェアは，OS（オペレーティングシステム）とアプリケーションソフトウェアの中間に入るソフトウェアで，データベース管理システム（DBMS）やトランザクションモニターなどを指す。OSの機能の拡張，アプリケーションソフトウェアの汎用的（共通的）な機能を集めたものを指す用語であるが，多分に恣意性の高い分類といわれている。1990年代に，ダウンサイジングの潮流の中で分散システムが普及すると，ミドルウェアの使用も広まった。

アプリケーションソフトウェア（application software）は，ワープロ・ソフト，

第5章 情報通信技術の進展

図表5-4 OSの構成

(A) OSの位置関係

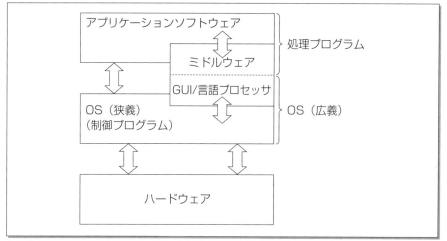

(出所) 宮川公男編［2004］84頁を筆者が一部修正。

(B) OSの機能

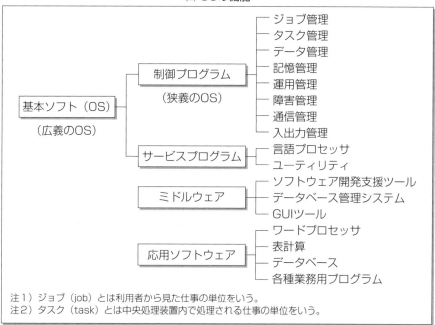

注1) ジョブ (job) とは利用者から見た仕事の単位をいう。
注2) タスク (task) とは中央処理装置内で処理される仕事の単位をいう。

(出所) 宮川公男編［2004］85頁。

表計算ソフト，画像編集ソフトなど，ユーザーが要求する情報処理を直接実行するソフトウェアのことである。OSなどの基本ソフト（システムソフトウェア）に対して，応用ソフトともいわれる。アプリケーションソフトウェアは，単にアプリケーション，アプリなどと呼ばれることもある。

このアプリケーションソフトウェアと，OSなどのシステムソフトウェアの境界は明確ではなく，しばしば論議の元となる。例えば，データベース管理システム（DBMS）は，アプリケーションソフトウェアに分類されたり，ミドルウェアに分類されたり，論者によってまちまちである。

アプリケーションソフトウェアの内，多くの人々が共通的に利用できる汎用的な業務用ソフトをパッケージソフトと呼ぶ。会計処理・給与計算・在庫管理など，多種多様なパッケージソフトが市販されている。

❸ ソフトウェアの重要性

上で，「コンピュータ/ソフトなければ/ただの箱」という有名な川柳について述べた。ソフトウェアの重要性に鑑みて，ソフトウェアに関する学問分野として，ソフトウェアサイエンスとソフトウェア工学があげられる。ソフトウェアサイエンスは，プログラムの基礎となる数学理論，コンパイラ理論，アルゴリズム論，などに細分化されている。ソフトウェア工学は，システムの構築方法，システムの開発方法，システムの生産性の研究，などに細分化されている。

今後のソフトウェアの進展に向けて，いくつかの課題について考察する。すなわち，①プログラミング言語，②統合CASEツール（computer aided software engineering tool），③人工知能，④イメージ処理，の4つの課題を選択して考察する[11]。

① プログラミング言語：従来の巨大システムの構築のために使用されてきたCOBOL（common business oriented language），科学技術分野で多く使用されてきたFORTRAN（formula translator）は，今後もなくなることはないものの，大きな革新が欠かせない。COBOLやFORTRANは，分散処理システムを開発するのに適しておらず，これからの並列コンピュータの処理能力を引き出すことができない。従来型のアプリケーションにはオブジェクト指向言

語（例えば，C++），複雑なデータ型を必要とする小規模システムには関数型言語（例えば，LispとAPL），人工知能関係のアプリケーションには宣言型言語（例えば，Prolog）が，広く利用されるようになるであろう。

② 統合CASEツール：CASEツールとは，ソフトウェア工学に基づくソフトウェアの開発ツールのことである。現在の原始的な統合CASEツールでは，分散システムやマルチメディア・システムの開発を支援することができない。第四世代言語，プロトタイピング・ツール，コンパイラのベンダーが，それぞれの製品をCASEツールとして市場に投入した。今後，システム開発プロセスの限られた局面だけの自動化を支援するニッチ型CASEツールと，開発プロセス全体を支援する統合CASEツールに区分されるであろう。統合CASEツールの採用によって，プログラマーの生産性の向上が期待できる。

③ 人工知能：今後，人工知能は，ソフトウェア技術の重要な分野の1つになるであろう。しかし，主な人工知能アプリケーションは，依然として，「アシスタント」「エージェント」という位置づけになると思われる。今後は，人工知能がOS，データベース管理システム，ネットワーク管理システムに適用されなければならない。

④ イメージ処理：今後，情報の型としてのイメージ（画像）は，データやテキストと同様に，情報通信システムにおいて極めて重要な要素となる。それには，マルチメディア・アプリケーション環境の提供，マシン・ビジョン技術（machine vision technology）の普及が欠かせない。文書イメージ処理システムは，今後，ますます進展することは間違いない。

3 データベース技術の進展

❶ データベースとは

データベース（database）とは，魚田勝臣＝小碇暉雄［1993］によれば[12]，「ある目的によってデータを集め，一定の規準で整理し記憶したデータの集合であ

る」。JISでは，「データベースとは，1つ以上のファイルの集まりであって，その内容を高度に構造化することによって，検索や更新の効率化を図ったものである」と定義している。

多くの先行研究について比較分析を行うと，複数の主体，特定の目的，一定の基準（形式），データの収集・加工・更新・利用・蓄積・保管，データの構造化，などがデータベースの本質的属性といえよう。

このデータベース専用のソフトウェアを，データベース管理システム（DBMS）という。データベース管理システム（DBMS）は，先述したように，アプリケーションソフトウェアに分類されたり，ミドルウェアに分類されたり，論者によって位置づけがまちまちである。いずれにしても，データベース管理システム（DBMS）には，①データ定義，②データ操作，③データ辞書，の3つの機能が必要不可欠である。

データベース製品は，リレーショナルデータベースを例にとると，1990年代後半から，オラクルのOracle Database，マイクロソフトのSQL Server，IBMのDB2，の3つのRDBMS（Relational DataBase Management System）製品の寡占状態になっている。

本書では第1章において，先行研究を参考にしつつ，①データ（客観的事実），②情報（関連性と合目的性を付与したメッセージ），③知識（ある特定の状況における普遍的な事実），の3つの類似用語を定義し，それらの関係性について，様々な局面において折に触れて考察している。

データベースは，データから情報への変換，情報から知識への変換を具体化するための情報システムの1つであるといえよう。単に客観的事実であるデータから，関連性と合目的性を付与したメッセージ（情報）へ，さらに，ある特定の状況における普遍的な事実（知識）を生み出すための1つのシステムがデータベースなのである。もちろん，データベースがあれば，自動的に情報や知識が生まれるとは限らない。

❷ データベースの構成

データベースの構成は，図表5-5に示されるように[13]，①階層型データベー

ス，②ネットワーク型データベース，③リレーショナルデータベース（関係データベース），④オブジェクトデータベース（オブジェクト指向データベース），⑤カード型データベース，の5つが主なデータベースである。1990年代以降，他を圧して実務上最も普及しているのは，③リレーショナルデータベース（関係データベース）である。

① 階層型データベース：階層型データモデルにおけるデータ構造は，グラフ理論や情報構造における木（ツリー）構造の典型である。階層型データモデルにおけるレコード間構造は，ルート（根）と呼ばれる最上位のレベルから論理的・系統的に子レベル（節）へ，さらに孫レベルへと枝分かれしていく。レコード（節）を「1対多」の関係によって位置づけるので，1つのデータを探す手順は1通りしか存在しない。階層型データベースは，データの冗長度・重複度が高いという欠点がある。

② ネットワーク型データベース：ネットワーク型データモデルにおけるデータ構造は，レコード間構造の表現に階層モデルよりも自由度と汎用性をもたせたデータ構造を採用している。したがって，レコード間に「多対多」の関係をもたせることができる。データの重複度は減少するが，一方で，データの操作・管理・保守が複雑になるという欠点がある。

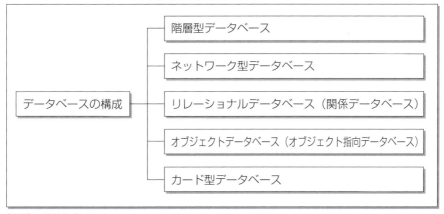

図表5-5 データベースの構成

(出所) 筆者作成。

図表5-6　リレーショナルデータベースの結合

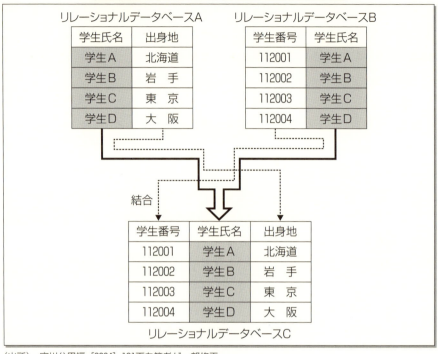

（出所）　宮川公男編［2004］101頁を筆者が一部修正。

③　リレーショナルデータベース（関係データベース）：リレーショナル（関係）データモデルにおけるデータ構造は，関係と呼ばれる2次元の表（行と列）の集まりとしてデータベース内のデータを記述する。これらの表（関係）に対して，制限・射影・結合・和・差・交わりなどの関係代数演算（集合演算を含む）ないし関係論理演算を行うことによって必要なデータを獲得する。簡単な事例をみてみよう。図表5-6に示されるように[14]，リレーショナル（関係）データベースAとリレーショナル（関係）データベースBを結合すると，リレーショナル（関係）データベースCのデータを得ることができる。リレーショナルデータベース（関係データベース）は，効率性に問題はあるものの，表（関係）という直観に訴えるデータ形式を採用しており，データ操作やプログラミングが比較的簡単であるので，先述したように，1990年代

以降，他を圧して実務上最も広く普及している。
④　オブジェクトデータベース（オブジェクト指向データベース）：オブジェクトデータモデルにおけるデータ構造は，データそのものと，そのデータの処理方法を１つのオブジェクトとしてデータベースに格納する。オブジェクトデータベースは，データベースの能力とオブジェクト指向プログラミングの能力を結びつけたものということができる。テキスト・画像・音声・動画などのマルチメディアデータを一括して管理する場合，オブジェクトデータベースは適しているといわれている。
⑤　カード型データベース：カード型データモデルにおけるデータ構造は，ある構造をもったレコードを，単純に必要なだけ積み重ねた構造である。すなわち，１つのレコードを１枚のカードの形式にしたデータベースである。住所録など入力項目があらかじめ決まっている複数のデータを整理する場合などに利用される。設計・操作が簡単なので簡易データベースと呼ばれることもある。ただし，データ項目が増えてくると，重複したデータが多く発生し，検索などの局面で効率性がよくないという欠点がある。

❸ データベース技術の活用

今後のデータベース技術を考える上で，データマイニング（data mining）は，極めて重要な課題の１つである[15]。データマイニングは，蓄積されたデータから価値ある情報・知識を規則の形（相関関係，パターンなど）で見つけ出す活用方法のことである。鉱山から金や宝石などを採掘する行為に見立てた言葉である。データマイニングは，知識発見（KDD：Knowledge Discovery in Database）とも呼ばれる。小売店の販売データ，電話の通話履歴，クレジットカードの利用履歴など，大量に蓄積されるデータを解析することによって，様々な規則性が明らかになりつつある。有名なマーケティングの公表事例として，「婚約者は歯医者に行く」，「雨の日は肉がよく売れる」，「ビールと紙オムツは一緒に売れる」などがあり，一見関係のなさそうな事象が「一定の規則性」をもって見えてくることがある。今後，経営戦略やマーケティング戦略において，データマイニング技術によって，価値ある情報・知識が増加すれば，データマイ

ニングはさらに注目を集めると思われる。

　データウェアハウス（Date Warehouse）も，今後，重要な課題の１つとなるであろう[16]。データウェアハウスとは，文字通りデータの倉庫（warehouse）のことである。具体的には，組織（企業）の内外で使用されているデータベースのデータを，時系列を基軸として蓄積した時系列データベースのことである。蓄積されたデータは，製品別・地域別・市場別・期間別・所得別など，ユーザーの利用目的に応じて多次元の「切り口」をもっており，かつデータは長期保存されるので，巨大なデータベースとなることが多い。データウェアハウスのデータを有効に活用するためには，多次元データ分析が欠かせない。多次元データ分析のツールとして，オンライン分析処理（OLAP：Online Analytical Processing）が用いられる。OLAPは，販売分析，収益分析，ロジスティクス分析などに用いられ，分析結果は経営戦略に活かされる。ただし，現段階では，分析はできても「一定の規則性」までは発見できない。

　ネットワーク化（インターネット，ユビキタスネット）の進展に伴って，分散データベースの実現が可能になりつつある。分散データベースは，中央のデータベースとローカルデータベースをネットワークによって連結し，中央のデータベースのデータをローカルデータベースに振り分け，あるいはすべて複製して，組織（企業）内のデータの一貫性・整合性を確保する。分散データベースは，情報通信システムの脆弱性の克服に一面では寄与する。しかし他方では，情報セキュリティの面では解決すべき課題が山積している。

4　ネットワーク技術の進展

❶ ネットワークとは

　ネットワーク（network）とは，語源的にいえば，net（ネット・網）状と，work（作用する，つくられたものごと）の合成語であり，連絡網・鉄道網・道路網・通信網など，人やものごとを網状につなげたシステムを表す言葉とし

第5章　情報通信技術の進展

て，日常用語としても多く使用されている。もちろん，本書でのネットワークは，情報通信システム，情報通信ネットワークであることはいうまでもない。

先述したように，コンピュータの時代区分におけるネットワークの時代は，1990年代から現在までをいう。通信の時代区分では，インターネットと携帯電話の時代は1995年頃から2005年頃まで，ブロードバンドとスマートフォンの時代は2005年頃から現在までをいう。コンピュータと通信の2つの時代区分を交差させると，情報通信システムにおいて，1995年頃からネットワーク社会が始まったといえよう。

当時，本書の編著者である岸川善光は，通商産業省（現経済産業省）監修『情報サービス産業白書1994』および『情報サービス産業白書1995』の白書部会長として，この情報通信システムの激変期の2年間，『情報サービス産業白書』のとりまとめにあたった。『情報サービス産業白書1994』のテーマは「情報サービス産業新時代」であり，『情報サービス産業白書1995』のテーマは「再生・共生・新生のシナリオ」となっている。まさに，それまでのスタンドアローンの時代からネットワークの時代に向かう情報通信システムへの激変期における緊迫した問題意識が読み取れる。

情報通信システムの激変期とは，端的にいえば，スタンドアローンからネットワークシステムへの転換ということである。図表5-7に示されるように[17]，(A)バッチ処理システムの構成例は，ホストコンピュータを中心としたスタンドアローンの典型例である。(B)LAN／WANによるネットワークシステムは，ホストコンピュータ・ワークステーション・各種サーバ・ミニコンピュータ・リモートPCなどのコンピュータが，フレームリレーネットワーク・トークンリングLAN・大規模LAN・小規模LAN・パケット交換網・ISDNなどの通信ネットワークによってつながり，1つの情報通信システム，情報通信ネットワークとして構成されている。

本書では，IT（情報技術）を基盤とした「情報社会」と，ICT（情報通信技術）を基盤とした「ネットワーク社会」を区別して考察しているが，スタンドアローンの時代の「情報社会」と，ネットワークシステムの時代の「ネットワーク社会」への画期・転換点は，上述したようにインターネットが広く普及し

図表5-7　スタンドアローンからネットワークシステムへ

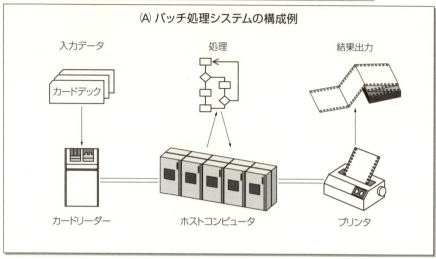

(出所)　渡辺和彦=坂田哲也=飯田秀樹=齋藤南哲［2000］18頁。

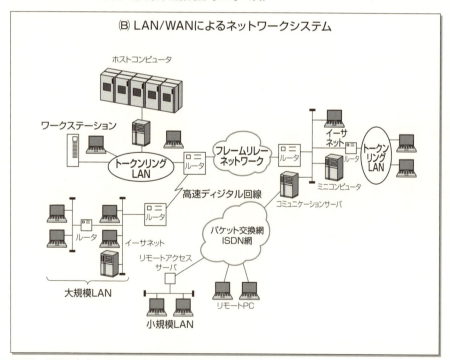

(出所)　渡辺和彦=坂田哲也=飯田秀樹=齋藤南哲［2000］22頁。

始めた1995年頃から始まったといえよう。

❷ ネットワークの構成

ネットワークには，①LAN，②WAN，③インターネット，④イントラネット，⑤エクストラネットなど，様々な種類がある。他にも多く存在するが，紙幅の制約もあるので，ここではこの5つについて考察する[18]。

① LAN：LAN（Local Area Network）とは，限られた範囲（フロア・建物・施設など）において構築したネットワークのことである。構内ネットワークとも呼ばれる。LANの配線方法には，スター型・バス型・リング型の3つがある。LANの規格には，トークンリング・イーサネット（Ethernet）などがある。現実的には，100Base-TXなどのツイストペアケーブルを用いたイーサネット（Ethernet）方式によるスター型が一般的である。

LANの構成要素としては，100Base-TXなどのLANケーブル，ケーブルをPCに接続するためのネットワークカード，LAN内の共通プロトコル，などがあげられる。近年では，無線LANの普及も進んでいる。有線LANの通信方式としては，イーサネット（Ethernet/IEEE802.3）系の規格が，また無線LANの通信方式としては，ワイファイ（Wi-Fi/IEEE802.11）系の規格がそれぞれ標準として普及している。

② WAN：WAN（Wide Area Network）とは，地理的に離れた地点間（郊外，県外，国際など）を結ぶネットワークのことである。広義には，インターネットとほぼ同義の言葉として用いられることもあるが，一般的には，通信事業者の回線網を通じて，企業内の複数の拠点間のLANを結び，全体として1つの大きなネットワークになった広域ネットワークのことをいう。

WANの構成要素としては，WANと各拠点のLANを結ぶケーブル，ケーブル同士の接点となるネットワーク機器（主配線盤・モデム・ルータ・レイヤ2スイッチ），などがあげられる。これらが通信事業者間の通信ネットワークであるバックボーンまたは基幹回線網と呼ばれる大容量のネットワークと接続され，さらに海底ケーブルや衛星通信などを介して国外のLANと接続される。WANで使われるケーブルとしては，光ファイバー，同軸ケーブ

ル，電話線などがあげられる。

③ インターネット：インターネット（internet）とは，「TCP/IP」と総称される標準化された通信規約群を用いて，全世界の膨大な数のコンピュータや通信機器を相互に繋いだ巨大なネットワークのことをいう。

インターネットの前身は，1969年に，ARPA（米国国防総省高等研究計画局）が導入したARPANET（Advanced Research Projects Agency Network）である。ARPANETは，カリフォルニア大学ロサンゼルス校・スタンフォード研究所・カリフォルニア大学サンタバーバラ校・ユタ大学の4カ所に分散したコンピュータ同士を繋いで開通した。

その後，全世界に普及し，「ネットワークのネットワーク」として，世界中の情報通信システム，情報通信ネットワークの様相を劇的に革新させつつある。インターネットは，今や人類共通の重要な情報インフラストラクチャであることはいうまでもない。

インターネットには，全体を管理・運営する単一の主体はない。ただし，IPアドレス・ドメイン名・ポート番号・通信プロトコル仕様など，インター

図表5-8　インターネットへの接続に必要な機器

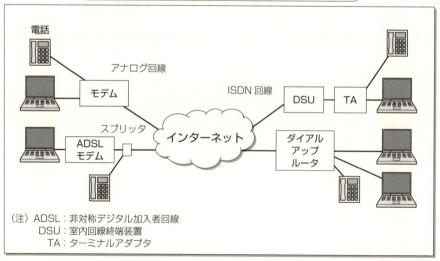

（注）ADSL：非対称デジタル加入者回線
　　　DSU：室内回線終端装置
　　　TA：ターミナルアダプタ

（出所）久保田正道他［2009］55頁を筆者が一部修正。

ネット全体で共有される識別情報や技術規格などについては、それらを管理・統括する団体（ICANN，IETF，W３Cなど）が存在する。

インターネットへの接続には、図表5-8に示されるように[19]、アナログ回線には電話・モデムなど，ISDN回線にはDSU（宅内回線終端装置）・TA（ターミナルアダプタ）・ダイヤルアップルータ，などの通信機器が必要である。

④　イントラネット：イントラネット（intranet）とは、上述したTCP/IPなどのインターネット標準の技術を用いて構築された「企業内ネットワーク」のことである。インターネットの標準技術を用いることによって、システム構築上コスト面で有利であり、また、アクセスできる端末を制限することによって安全性を高めたネットワークである。イントラ（intra）とは「内部の」という意味であり、インター（inter）の「間の」との対比で用いられる。

イントラネットを構築する技術は、ハードウェアもソフトウェアもインターネットと全く同じである。ハードウェアとしては、イーサネット・無線LAN・光ファイバーなどが用いられる。ソフトウェアとしては、TCP/IPによって接続され，HTTP，FTP，SMTPなどの通信プロトコルが用いられる。イントラネットでインターネットなどの外部ネットワークと接続する場合、ファイアウォールが設定されることが多い。具体的には、セキュリティの観点から、ポート番号や接続先の制限などが行われる。

⑤　エクストラネット：エクストラネット（extranet）とは、上述したTCP/IPなどのインターネット標準の技術を用いて、複数のイントラネットを相互に繋いだネットワークシステムのことである。もともとは、イントラネットを拡張したネットワークという程度の位置づけであったが、現在では、アウターネット（outer-net）ともいわれるように、電子商取引（EC）や電子データ交換（EDI）などを行う「企業間ネットワーク」のことを指す。エクストラネットは、通信事業者の専用回線を利用する場合と、インターネット上に暗号化された専用の回線（VPN=Virtual Private Network）を構築して接続する場合がある。

❸ ネットワーク技術の進歩がもたらすインパクト

　ネットワーク技術の進展によって，社会・経済・産業・経営のあらゆる面において，従来と比較すると，今日ではその様相が一変しつつある。また，より重要なことは，社会・経済・産業・経営の垣根が低くなり，それぞれが融合化しつつあるということである。ネットワーク社会の1つの特質であろう。垣根が低くなるにつれて，経営情報の範囲もそれに伴って拡大し複合化しつつある。

　ネットワーク技術の進歩によって，様々な分野において大きなインパクトを受けている。例えば，eビジネスの進展や産業の再編成については目を見張るものがある。eビジネスの進展や産業の再編成については，第8章において章を独立して詳しく考察する。ここでは，紙幅の制約もあるので，ネットワーク技術の進歩について，①バーチャルコーポレーション，②遠隔教育，③遠隔医療，④ビデオ・オン・デマンド，の4つについて簡潔にみてみよう[20]。

① 　バーチャルコーポレーション：バーチャルコーポレーション（virtual corporation）とは，ネットワークを利用して，経営資源（ヒト・モノ・カネ・情報）を外部から調達し，あたかも自社の経営資源のように組織化して事業（ビジネス）を展開する企業のことである。仮想企業，バーチャルカンパニーとも呼ばれる。バーチャルコーポレーションでは，コア・コンピタンスに経営資源を集中し，他の活動（機能）はアウトソーシングなどで外部の能力を活用する。そのすべての基盤として，高度な企業間ネットワークが必要とされる。

② 　遠隔教育：従来，遠隔教育は通信教育といわれてきた。学校から自宅まで遠距離であるとか，職業を持ちながら学ばざるをえないなど，様々な事情があり教育の場に制約があった。今日，ICT先進国の米国や韓国をはじめとして，世界中で遠隔教育が隆盛であるのは，ネットワーク技術の進歩によって，eラーニング，ビデオ会議などの環境が整い，分野や科目によっては，物理的な学校でなくても十分な教育効果が見込めるようになってきたからである。教育効果が得られて，その上，時間的制約の克服，空間的制約の克服が見込めれば，教育の概念が変わることは当然であろう。eラーニングについては，

第10章において再度考察する。

③ 遠隔医療：遠隔医療とは，医師と患者が時間的制約，空間的制約を克服するために，ネットワーク技術を利用して診療を行うことである。従来，医師同士を繋ぐDtoD（Doctor to Doctor）は比較的進んでいたが，医師と患者を繋ぐ遠隔医療は，日本政府の「原則禁止」の方針もあり，近年までほとんど進んでこなかった。ところが，2015年8月の厚生労働省の通達によって，「原則禁止」から「解禁」への道が見えてきた。医療は，命にかかわることであり，また個人のプライバシーに高度にかかわることであるので，慎重な対応が不可欠ではあるものの，僻地での医師不足の解消など多くの利点が考えられる。最近では，ロボットを遠隔操作した手術の試みも公表されている。

④ ビデオ・オン・デマンド：利用者が，様々な映像コンテンツを，「いつでも，どこでも」視聴したいときに視聴できる配信方式のことである。オンデマンド配信と呼ばれることもある。ビデオ・オン・デマンドには，CPUの高いパソコン，動画再生プレイヤー，ADSL（asymmetric digital subscriber-line）やFTTH（fiber-to-the-home）などのブロードバンド回線（注：必須ではない）が必要である。ビデオ・オン・デマンドでは，Windows Media, Real Media, Quick Time, Flash Videoという四大メディアフォーマットがある。

5 マルチメディア技術の進展

❶ マルチメディアとは

マルチメディア（multimedia）とは，文字・画像・映像・動画・音声など，複数のメディア（複合媒体）を，主としてコンピュータを使用して表現する技術・システムの総称である[21]。

1980年代から1990年代にかけて，ニューメディア対応テレビ，マルチメディアパソコンなどと銘打って，各メーカーによって製品の差別化が図られた。また，情報系・デザイン系の専門学校には，マルチメディア科が設置された。こ

のように，ニューメディアやマルチメディアという言葉が1つの流行語になったことがある。ところが，当時のニューメディア対応テレビやマルチメディアパソコンは，技術が伴わずいわば名前負けをしていた。マルチメディア科をもつ専門学校も，ゲーム開発・アニメーション制作・映像制作のための機材整備などに多額の資金を必要としたので，カリキュラムが混乱するなどの理由で，数年で学科を再編成せざるを得なかった。このような失敗に懲りて，ニューメディアやマルチメディアという言葉は，過去の言葉になり一時は死語に近くなった。

　しかし，通信速度の高速化（ブロードバンド化）によって，インターネットは，単にメールのやり取りを行うだけでなく，文字・画像・映像・動画・音声などを送受信することができるメディアへと進化した。すなわち，通信システムの時代区分を考察した際，「インターネットと携帯電話の時代」（1995年頃～2005年頃），「ブロードバンドとスマートフォンの時代」（2005年頃～現在）から，ネットワーク社会に入ったと述べたが，その頃から併行してマルチメディアの実質的な利用が可能になったのである。近年では，マルチメディアは当たり前になり，マルチメディアという言葉はあまり使われなくなったけれども，実質的な重要性を考慮して，本書ではマルチメディアを再度取り上げた。今後，様々な形態のマルチメディアサービスの出現が期待されている。

❷ マルチメディアの構成

　マルチメディアの進展には，1980年代のような言葉や概念だけではなく，裏づけとなるハードウェアと技術が必要不可欠である。まず，ハードウェアからみてみよう。図表5-9(A)に示されるように[22]，マルチメディア対応ネットワークとして，「all IP（Internet Protocol）網」が注目されている。ネットワーク・コストの低減を目的としてルータ技術を用い，制御機能として，エージェント技術を用いることが検討されている。また，サービスの柔軟性・拡張性・経済性を確保するために，オープンAPI（Application Interface）の導入が図られている。

　今後，通信速度の高速化，接続形態の多様化に対応して，様々なマルチメデ

第5章 情報通信技術の進展

図表5-9 マルチメディア対応ネットワーク

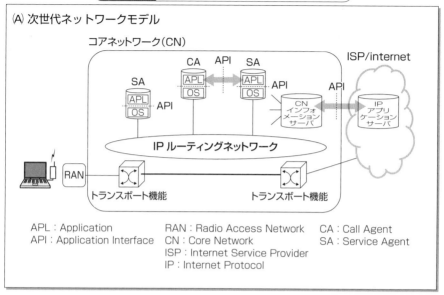

（出所）映像情報メディア学会編［2002］99頁。

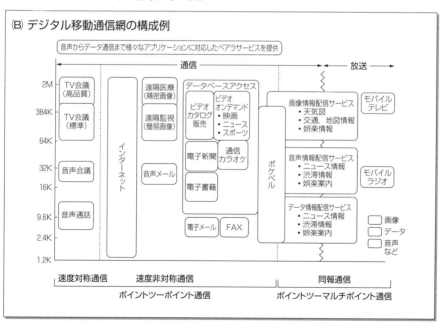

（出所）映像情報メディア学会編［2002］99頁。

ィアサービスの出現が期待されている。図表5-9(B)に示されるように[23]，デジタル移動通信網を利用した音楽配信・画像配信・画像メールなどが可能になった。デジタル移動通信網は，TV会議・音声会議・音声通話はもちろんのこと，インターネットを用いた遠隔医療・遠隔監視，ビデオカタログ販売・電子新聞・電子書籍などのデータベースアクセスも実現しつつある。さらに，ビデオ・オン・デマンドや通信と放送の融合さえも，これらのすべてが何と携帯電話で可能になったのである。従来の情報社会でやれなかったことが，ネットワーク社会において次々に実現しつつある。

　上で，マルチメディア対応ネットワーク（次世代ネットワークモデル，デジタル移動通信網）について概観したので，次は，これらに対応した技術の構成について簡潔にみてみよう。紙幅の制約があるので，①情報のデジタル化，②情報圧縮技術，③コンピュータ処理技術，④ヒューマンインターフェース技術，の4つについて簡潔にみてみよう[24]。

① 　情報のデジタル化：文字・画像・映像・動画・音声などのデータは，今後ますます増加することは間違いない。特に，動画と音声は，時間的な変化を伴うので，長い時間のコンテンツの場合，その情報量は膨大になる。これらのデータを劣化することなく一元的に処理するためには，すべての情報のデジタル化が必要不可欠である。

② 　情報圧縮技術：画像・映像・動画・音声などのデータは，文字データと比較すると情報量が著しく大きい。ハイビジョンテレビ放送を例にとると，データ圧縮を行わない場合，たった8秒間の動画を記録するのにコンパクトディスク（容量700MバイトのCD）約1枚に相当するデータベースを必要とする。これらの大容量のマルチメディア情報を効率よく蓄積し伝送するためには，情報圧縮処理が必要である。情報圧縮とは，「入力されたデジタルデータ列を効率的に出力データ列の符号に変換すること」である。出力データ列の情報量が入力データ列の情報量よりも小さくなる場合，情報圧縮という。符号化の技術の詳細についてはここでは省略する。

③ 　コンピュータ処理技術：画像・映像・動画・音声などの膨大なマルチメディア情報を，コンピュータと通信回線を用いて高速に処理・蓄積・伝送する

第5章　情報通信技術の進展

ためのハードウェア技術およびソフトウェア技術のことである。先述したマルチメディア対応ネットワークなどがこれに該当する。

④　ヒューマンインターフェース技術：コンピュータの周辺機器の内，キーボード・ポインティングデバイス（マウス，タッチパネル，タッチパッド，トラックボールなど）・ゲームコントローラ・リモコンなどの「マンマシンインターフェース」（人と機械の接点）において用いる技術のことである。使いやすさ，便利さなどが確保されないとマルチメディアを扱うことは難しい。

❸ マルチメディア技術の活用

　上で，デジタル移動通信網を利用した音楽配信・画像配信・画像メールなどが可能になったと述べた。また，マルチメディア技術の中から，①情報のデジタル化（画像・映像・動画・音声などのデータの一元処理），②情報圧縮技術（符号化の技術），③コンピュータ処理技術（高速に処理・蓄積・伝送するためのハードウェア技術およびソフトウェア技術），④ヒューマンインターフェース技術（マンマシンインターフェース），の4つを選択し概観した。ICTの急速な進展によって，マルチメディア技術とことさら言わなくていいほど，マルチメディア技術はいわば当たり前の技術になりつつある。

　近年，マルチメディア技術の進展によって，①従来のビジネスモデルからの脱却（インターネットを活用した仮想商店街の構築など），②マスメディアからの脱却（グラフィックを多用したWWWによるホームページ発信など），③従来のメディアからの脱却（ビデオカメラで撮影した動画の加工・編集など），にみられるように，新たな進展に関する公表事例が続々と増えつつある。

　今後のマルチメディア技術は，先述したデジタル移動通信網を利用した音楽配信・画像配信・画像メールなどの移動通信分野でさらに進展するであろう。そのためには，図表5-10に示されるように[25]，無線LANの規格とシステム構成など，移動通信のインフラストラクチャの整備が欠かせない。移動通信の分野でマルチメディア技術がますます進展すれば，ネットワーク社会の質量は一気に向上すると思われる。

　先述したように，ネットワーク社会では，時間的制約，空間的制約，組織的

図表5-10 無線LANの規格とシステム構成

(A) 無線LANの規格

	無線LAN	10BASE-T
標準規格	IEEE802.11b	IEEE802.3
伝送媒体	電波（2.4GHz帯）	UTPケーブル
伝送速度	11Mbps, 5.5Mbps, 2Mbps, 1Mbps（動的に切替/静的に固定を選択）	10Mbps
伝送距離	半径数10m	100m
通信方法	半2重	全2重/半2重
アクセス制御方法	CSMA/CA＋ACK,RTS/CTS	CSMA/CD

（出所） 映像情報メディア学会編［2002］44頁。

(B) 無線LANのシステム構成

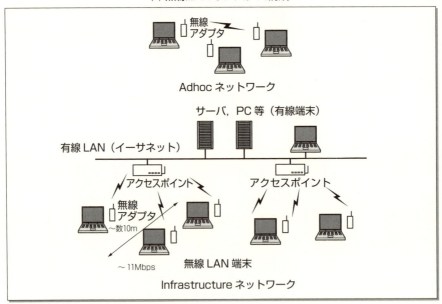

（出所） 映像情報メディア学会編［2002］45頁。

制約など，各種の制約を意識することが極めて少ない情報・物理空間を有することになるが，移動通信のインフラストラクチャの整備は，時間的制約の克服，空間的制約の克服，組織的制約の克服のいずれにも該当する。制約を意識する

第5章 情報通信技術の進展

ことがほとんどない社会は，今までの長い歴史において未曾有の出来事である。

マルチメディア技術は，移動通信のインフラストラクチャの整備に限らず，先述したeビジネス，eコマース（電子商取引），産業の再編成，バーチャルコーポレーション，遠隔教育，遠隔医療，TV会議，電子新聞，電子書籍などの分野において，ますます多面的に利活用されるであろう。

---

1) 宮川公男編［2004］62頁。
2) 通信のハードウェアについては，Weizer, N.et al.［1991］，渡辺和彦=坂田哲也=飯田秀樹=齋藤南哲［2000］，映像情報メディア学会編［2002］などを参考にして筆者が要約。
3) Weizer, N.et al.［1991］訳書83-90頁を筆者が要約。
4) 同上書90-94頁を筆者が要約。
5) 同上書94-100頁を筆者が要約。
6) 同上書70頁。
7) ソフトウェアについては，引用文献の他にも，各種情報辞書・事典，ウィキペディア（Wikipedia）を始めとする各種ネット事典を適宜参照した。
8) 宮川公男編［2004］82頁。
9) 同上書84頁を筆者が一部修正。
10) 同上書85頁。
11) Weizer, N.et al.［1991］訳書116-124頁を筆者が要約。
12) 魚田勝臣=小碇暉雄［1993］7頁。
13) 筆者作成。なお，データベースについては，引用文献の他にも，各種情報辞書・事典，ウィキペディア（Wikipedia）を始めとする各種ネット事典を適宜参照した。
14) 宮川公男編［2004］101頁を筆者が一部修正。
15) データマイニングについては，遠山暁=村田潔=岸眞理子［2003］92-93頁などを適宜参照した。
16) データウェアハウスについては，各種情報辞書・事典，各種ネット事典を適宜参照した。
17) (A)渡辺和彦=坂田哲也=飯田秀樹=齋藤南哲［2000］18頁。(B)同上書22頁。
18) ネットワークについては，渡辺和彦=坂田哲也=飯田秀樹=齋藤南哲［2000］，村田正幸他［2001］，映像情報メディア学会編［2002］，Tanenbaum, A.S.［2002］など多くの参考文献を参照した。さらに，各種情報辞書・事典，ウィキペディア（Wikipedia）を始めとする各種ネット事典を適宜参照した。
19) 久保田正道他［2009］55頁を筆者が一部修正。
20) ネットワーク技術については，渡辺和彦=坂田哲也=飯田秀樹=齋藤南哲［2000］，村田正幸他［2001］，映像情報メディア学会編［2002］，Tanenbaum, A.S.［2002］など多くの参考文献を参照した。さらに，各種情報辞書・事典，ウィキペディア（Wikipedia）を始めとする各種ネット事典を適宜参照した。
21) マルチメディアについては，西垣通［1994］，高木晴夫他［1995］，中山信弘［1996］などの参考文献を参照した。また，各種情報辞書・事典，ウィキペディア（Wikipedia）を始めとする各種ネット事典を適宜参照した。

22) 映像情報メディア学会編 [2002] 99頁。
23) 同上書99頁。
24) マルチメディア技術については，各種情報辞書・事典，ウィキペディア（Wikipedia）を始めとする各種ネット事典を適宜参照した。
25) (A)は映像情報メディア学会編 [2002] 44頁。(B)は同上書45頁。

第6章 経営情報システムの変遷

本章では，経営情報システムの変遷について考察する。1950年代以降，EDPS⇒MIS⇒DSS⇒SIS⇒BPRの「発展段階」を基軸として，それぞれの概念，機能と構造，問題点と課題について言及する。

第一に，EDPS（電子情報処理システム）について考察する。まず，EDPSの概念をADPとIDPに分けて考察する。次に，EDPSの機能と構造について理解を深める。さらに，EDPSの問題点と課題について言及する。

第二に，MIS（経営情報システム）について考察する。まず，MISの概念について理解する。MISがブームになったり，ミスといわれたり，評価が乱高下するのはなぜか。次いで，MISの機能と構造について理解を深める。さらに，MISの問題点と課題に言及する。

第三に，DSS（意思決定支援システム）について考察する。まず，DSSの概念について理解する。次に，DSSの機能と構造について理解を深める。さらに，DSSの問題点と課題について言及する。

第四に，SIS（戦略情報システム）について考察する。まず，SISの概念について理解する。次いで，競争優位の獲得・維持を主たる目的とするSISの機能と構造について理解を深める。さらに，「囲い込み」などSISの問題点と課題について言及する。

第五に，BPR（ビジネスプロセス・リエンジニアリング）について考察する。まず，BPRの概念を理解する。次に，BPRの対象領域を6つに分けて，BPRの機能と構造について理解を深める。さらに，BPRの問題点と課題について言及する。

本章では，経営情報システム（広義）の変遷について考察する。経営情報論・経営情報システム論の研究対象として，1950年代以降，図表6-1に示されるように[1]，①EDPS，②MIS，③DSS，④OA，⑤SIS，⑥BPR，⑦EC，の7つがあげられる。この7つの研究対象は，経営情報論・経営情報システム論の学説史の発展段階とも合致する。すなわち，ほぼ①～⑦の順序を踏まえて発展してきた。本書では，紙幅の制約もあるので，①EDPS，②MIS，③DSS，⑤SIS，⑥BPR，の5つについて考察する。なお，⑦ECは，第8章（eビジネス）において，節を独立して考察する。

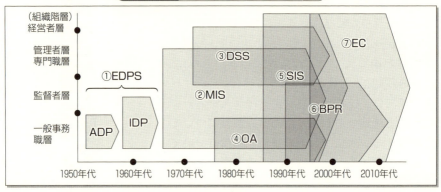

図表6-1　経営情報システムの変遷

（出所）　岸川善光［1999］164頁に基づいて筆者が一部修正。

1　EDPS（電子情報処理システム）

❶ EDPSの概念

　EDPS（Electronic Data Processing：電子情報処理システム）は，1950年代から1960年代半ばにかけて普及した情報システムのことである。EDPSは，さらにADPとIDPに分けて考察されることが多い。

第6章 経営情報システムの変遷

　ADP（Automatic Data Processing：自動データ処理）は，初期（1950年代）の情報システムの概念で，省力化やコスト低減を目的としていた。汎用コンピュータを用いたトランザクション処理が主体であった。処理方式は，バッチ処理で非集中であった。この頃の情報システム部門の機能は，データ処理サービス部門として位置づけられていた。ユーザーの意識としては，コンピュータに対するある種の驚きがあった。ADPによって，一般事務職が影響を受けた。ADPのハードウェアとソフトウェアは，主として汎用コンピュータと機械語・アセンブラの組合せであった。

　IDP（Integrated Data Processing：統合データ処理）は，1960年代の情報システムの概念で，ADPの発展形態として位置づけられる。ADPと同様に，省力化やコスト低減を目的としていた。汎用コンピュータを用いたトランザクション処理の連結が主体であった。処理方式は，オンライン方式で集中であった。IDPによって経営情報システムの適用業務が次第に拡大した。この頃の情報システム部門の機能は，データ処理サービス部門として位置づけられており，一方で，情報システムの開発を併せて担当した。ユーザーの協力意識は少しずつ高まった。IDPによって，一般事務職と監督者層が影響を受けた。IDPのハードウェアとソフトウェアは，主として汎用機・デジタルデータ伝送と高級言語の組合せであった。

❷ EDPSの機能と構造

　EDPSの目的は，上述したように，業務の自動化による省力化とコストの低減であった。現実に，EDPSによって，定型的な業務処理レベルの効率化に関して一定の成果がみられた。

　業務の自動化のために，例えば，ADPの前史として，パンチカード・システム（PCS：Punched Card System）が各社で導入された。パンチカード・システムは，図表6-2に示されるように[2]，基本的にはパンチカード（もしくはマークシート）のマークの部分を機械的にうち抜いたものである。読み書きという動作では，パンチカードは機械的であり，マークシートは光学的という違いはあるものの，その目的は同じである。

図表6-2 パンチカードによる情報検索

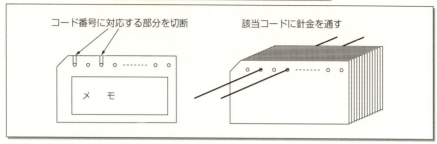

(出所) 高原康彦=高津信三編 [1991] 25頁。

　このパンチカード・システムは，それまでのデータ処理と比較すると，速度が速くかつ高度にシステム化が可能であったので，その後のADP導入の契機となった。パンチカード・システムは，せん孔機・検孔機・分類機・照合機・複写せん孔機・計算せん孔機・会計機などのハードウェアによって構成された。パンチカード・システムは，キーパンチやオペレーションに多大な人手を要し，またカードの保管に多大なスペースを要したので，やがてコンピュータにその役割を譲った。

　コンピュータは，米国ペンシルベニア大学のエッカートとモークリーによって1946年に誕生し，ENIACと命名された。ENIACは電子式計数型完全自動計算機という意味である。使用した真空管が18,000本，コンデンサー10,000個，リレー7,500個，消費電力104ワット，重さ30トンという代物であった。

　コンピュータが大学の研究室を出て，一般の企業で使われだしたのは1950年代に入ってからである。UNIVAC-1が最初の商用機といわれている。当時の代表的な機種は，UNIVAC120型やIBM650型であるが，コンピュータは計算部分だけを受け持ち，入力や出力にはパンチカード・システムが併用された。この頃の情報システムがADPといわれているのである。

　その後，1958年に固体素子であるトランジスタを最初に使ったUNIVACのESSCが発売され，さらに，IBM1401が発売されて大きな反響を呼んだ。この頃の情報システムがIDPといわれている。コンピュータの世代でいえば，真空管の第一世代からトランジスタの第二世代へと進化した。

第6章 経営情報システムの変遷

❸ EDPSの問題点と課題

　上述したように，EDPSは，1950年代から1960年代にかけての情報システムの概念である。素子は，真空管⇒トランジスタへと進化した。記憶素子は，磁気ドラム⇒磁気コアへと進化した。プログラム言語は，機械語⇒アセンブラへと進化した。

　しかし，情報システムの目的が業務の自動化による省力化とコストの低減である限り，そこには一定の限界が存在することはいうまでもない。すなわち，UNIVAC-1を使用した1950年の米国の国勢調査では目覚ましい成果をあげたものの，一般的な企業におけるEDPSの適用業務は，主に売上集計，給与計算，会計記帳などの定型的かつオペレーショナル・レベルの業務に限定されたので，効率化には貢献したものの，電子データ処理システムという枠を超えることはできなかった。

　EDPSについて，情報のパラダイムの観点からみてみよう。情報処理パラダイムとは，ノーベル賞受賞者サイモン（Simom, H.A.）によって提示されたパラダイムのことである。具体的には，組織の情報処理（情報収集・意思決定・伝達）という観点から，組織の効率的なあり方について，統一的かつ操作的な説明を目指したパラダイムのことである。EDPSは，認識過程の軽視，「意味」の解釈への無関心，組織学習の軽視など，情報処理パラダイムの欠点といわれていることがほぼあてはまる。

　最も重要な問題点は，目的の追求・洗練化が不足していたことである。もちろん，「時代の制約」のせいで，ハードウェアもソフトウェアも，用途や性能が十分ではなかった。そのため，EDPSは「用途不定」の機械といわれた。そのせいで，「お化けソロバン」「データバンク」「経営のツール」「紙屑乱造機」「企業の道楽息子」など，ブレや目的の追求不足による問題点が多発した。

2 MIS（経営情報システム）

❶ MISの概念

　MIS（Management Information System：経営情報システム）は，1960年代の半ばから普及した情報システムの概念であり，一時はMISブームを引き起こすほどの反響があった。MISは構造的意思決定支援を目的としており，生産情報システム，販売情報システム，財務情報システムなどの機能別サブシステムを構築し，それらを全社的に統合するという手順を踏んだ。しかし，構造的意思決定を目的としていたにもかかわらず，その実態は全社的なデータ処理システムであったため，MISのブームは下火となり，所期の目的を達成できずに「ミス」といわれるようになった。

　処理方式は，オンライン・リアルタイム方式で集中であった。適用業務は各機能別サブシステムの要約報告書の作成に主眼が置かれた。この頃の情報システム部門の機能は，システム開発，情報探索支援，アプリケーションの保守などが主なものであった。ユーザーの意識は，当初はMISに期待したものの，その後，期待が大きかった分だけ失意も大きかった。MISによって，管理者層の一部と監督者層が影響を受けた。

　MISのハードウェアとソフトウェアは，主として汎用機・光ファイバ・磁気ディスクとデータベースの組合せであった。具体的には，1965年にIBM360シリーズが発売された。360とは360度のことであり，ありとあらゆる業務に使える汎用コンピュータを意味する。素子はトランジスタからIC（集積回路）に進化した。プログラム言語もアセンブラから高級言語であるコンパイラに進化した。コンピュータの世代でいえば，トランジスタの第二世代からICの第三世代へと進化した。

❷ MISの機能と構造

　上で，MISの目的は，構造的意思決定支援であると述べた。構造的意思決定について少し掘り下げてみよう。ギャラガー（Gallagher, J.D.）[1961] によれば[3]，「効果的な情報システムの最終目的は，経営管理のあらゆる階層に影響を与える経営内のすべての活動を，それらの階層に絶えず完全に知らせること

である」。また，デイビス（Davis, G.B.）[1974] によれば[4]，「MISは，組織における様々なオペレーション機能，管理機能，意思決定機能を支援する情報を提供するための統合化されたマン・マシン・システムである」。さらに，エメリー（Emery, J.C.）[1987] によれば[5]，「MISは，業務管理や組織の意思決定に使われるコンピュータ化された情報システムである」。まさに，構造的意思決定支援がMISの目的であり機能であるといえよう。

すでに第3章において，経営管理の階層と経営情報について，アンソニー [1965]，ゴーリー=スコット・モートン [1971]，デイビス=オルソン [1985] を

図表6-3　MIS（経営情報システム）の構造

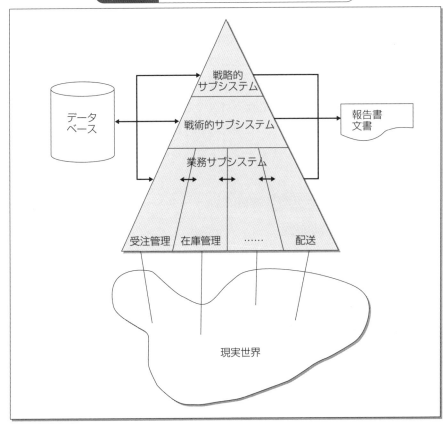

（出所）　Emery, J.C. [1987] 訳書52頁。

取り上げた際，戦略的計画，マネジメント・コントロール，オペレーショナル・コントロール，の３つの階層は共通していた。図表6-3に示されるように[6]，MISは，この３つの階層すべてに対して，データベースに基づいて，構造的意思決定支援のための効果的な情報を提供する仕組みであることが分かる。

MISの構造は，上述した戦略的計画，マネジメント・コントロール，オペレーショナル・コントロール，の３つの組織階層（トランザクション処理を付加する場合もある）を縦軸として，他方，生産・販売・ロジスティクスなどの機能を横軸としたマトリックス構造の中で，各階層・各機能のデータベースに基づいた情報システムであるといえる。いうまでもなく，縦軸はマネジメント情報システム，横軸は機能別情報システムとして位置づけられる。

MISでは，階層別・機能別のデータベースが極めて重要である。図表6-4に示されるように[7]，戦略的計画のためには，プランニング・データベースが必要不可欠である。競合状況，環境状況などのデータベースに基づいて，経営者の行う戦略的意思決定を支援する。マネジメント・コントロールのためには，マネジメント・データベースが必要不可欠である。オペレーショナル・データベースの要約情報などによって，管理者の管理的意思決定および業務的意思決定を支援する。オペレーショナル・コントロールのためには，日常のトランザ

図表6-4 組織階層とデータベース

	分類	利用階層	利用目的	内容
1	プランニング・データベース	経営階層	経営者の行う戦略的意思決定のために必要な情報を提供する	組織活動状況，競合状況，環境状況などの要約情報，内部・外部情報を含む
2	マネジメント・データベース	管理階層	管理者の行う管理的意思決定および業務的意思決定に必要な情報を提供する	オペレーショナル・データベースの要約情報と外部情報から構成されている
3	オペレーショナル・データベース	業務階層	業務階層の日常の作業を遂行するために利用される	日常のトランザクション・データによって構成される

（出所） Anthony, R.N. [1965], Gorry, G.A.=Scott Morton, M.S. [1971], Davis, G.B. [1974] などを参考にして筆者作成。

クション・データに基づいて，業務階層の業務的意思決定を支援する。

❸ MISの問題点と課題

　上で，MISの概念およびMISの機能と構造について概観した。一時は米国や日本においてMISブームを引き起こしながら，瞬く間にブームは下火となり，「ミス」といわれるようになったのはなぜか，MISの問題点と課題について考察する。紙幅の制約上，①ハードウェアの制約，②情報の質量不足，③経営管理と情報処理の分離，の3つに絞って簡潔に考察する。

①　ハードウェアの制約：MISは，データベースに依存しているにも関わらず，記憶容量の少なさなどハードウェアの制約によって，組織階層別・機能別のデータベース構築がうまく進まなかった。そもそも，必要な情報をあらかじめ全社的なデータベースに貯蔵するという発想そのものが現実的ではない。「MISは幻想である（MIS is Mirage.）」といわれる所以である。データベースの構築がうまく進まないと，目的とした構造的意思決定支援もうまくいかない。

②　情報の質量不足：企業内の情報は，主としてトランザクション・データの要約が多いので入手は可能であるが，競合情報や環境情報などの企業外情報は，商用データベース・サービスが当時は未発達であり，情報の質量が決定的に不足した。自社で情報を入手する手段も限られていた。情報の質量不足によって，構造的意思決定支援がうまくいかなかった。

③　経営管理と情報処理の分離：第2章で述べたように，経営管理の中核は意思決定である。MISでは，その意思決定と情報処理を分離して捉えている。すなわち，意思決定を所与のものとして，意思決定に貢献する情報処理の効率化を追求するという発想でMISを構築した。しかしながら，実際には，経営管理者は意思決定においてどのような情報が必要かを必ずしも知っているわけではない。システム構築の前提そのものが間違っているといえよう。

　MISには，上述した3つの他にも多くの問題点がある。最大の課題は，経営管理の中核である意思決定に役立つ情報システムを構築することである。

3 DSS（意思決定支援システム）

❶ DSSの概念

　DSS（Decision Support System：意思決定支援システム）は，1967年にスコット・モートン（Scott Morton, M.S.）が提出した博士論文を契機として，1970年代のはじめに，スコット・モートンらによって提唱された情報システムの概念である。当初は，DSSではなく，MDS（Management Decision Systems）という用語が用いられていたが，次第にDSSと呼ばれるようになった。
　DSSの目的は，半構造的・非構造的な意思決定を支援することであり，対話型システムが志向された。DSSの概念は，今日でも情報通信技術の進展に伴って，その概念の拡大化および洗練化が図られている。DSSの適用業務は創造的思考業務である。処理方式は，タイムシェアリングで分散方式が採られた。この頃の情報システム部門の機能は，情報探索支援，情報処理コンサルティングなどであった。ユーザー部門は，情報システム部門と共同で情報システムの開発にあたるようになった。システムの特徴として，第4世代言語，リレーショナルデータベース（関係データベース），プロトタイピング技法などの採用があげられる。

❷ DSSの機能と構造

　上で，DSSの目的は，半構造的・非構造的な意思決定を支援することであると述べた。意思決定は，①構造的意思決定（structured decision），②半構造的意思決定（semi-structured decision），③非構造的意思決定（unstructured decision），の3つのタイプに大別することができる。
① 　構造的意思決定：一定の手続きやルールをあらかじめ明確にすることができるルーティン的で反復的な意思決定のことである。
② 　半構造的意思決定：ゴーリー＝スコット・モートン［1971］によって提示

された概念で，構造的意思決定と非構造的意思決定の中間的な特性をもつ意思決定のことである[8]。

③ 非構造的意思決定：まれにしか発生せず，目標が曖昧で，解を求める手続きが明確でない意思決定のことである。

サイモン［1977］のように，意思決定の種類を，定型的意思決定（programmed decision）と非定型的意思決定（non-programmed decision），の２つに大別することもできるが，構造的意思決定と定型的意思決定，非構造的意思決定と非定型的意思決定は，ほぼ同義語として用いられている。

このように，DSSは，まれにしか発生せず，目標が曖昧で，解を求める手続きが明確でない半構造的・非構造的な意思決定の支援を目的とするので，問題解決のアプローチや必要な情報は，実際に問題に遭遇するまで分からない。関連する変数の数が増えれば増えるほど，コンピュータで半構造的・非構造的な意思決定のすべてを支援することは困難であるといわざるをえない。現実的には，意思決定に必要なデータを収集し分析するプロセスを踏まえて，最終的には意思決定者（経営者など）が主観的評価も加えて意思決定をせざるをえない。

DSSの機能として，上述した半構造的・非構造的な意思決定の特性を踏まえると，①意思決定者（経営者など）が経験や勘を駆使して，主体的にシステムと試行錯誤を繰り返しながら，「対話」をすることができる柔軟性の高いシステムであること，②システムによる意思決定の代替（例えば自動化）ではなく，あくまでも意思決定の支援に寄与するシステムであること，③業務の効率性の向上ではなく，意思決定による企業活動の効果性の向上に寄与すること，④対話型処理機能，グラフィック機能，高度なGUI（グラフィカル・ユーザー・インターフェイス）機能などシステムが使いやすいこと，⑤シミュレーション分析機能を有すること，⑥意思決定支援システムの特性上，データベース管理，モデルベース管理が可能なこと，などが必須の要件となる。

これらの機能を実現するために，DSSの構造は，図表6-5に示されるように[9]，①データベース管理システム（DBMS），②モデルベース管理システム（MBMS），③対話生成管理システム（DGMS），の３つによって構成される。

スプレーグ゠カールソン（Sprague, R.H.Jr.゠Carlson, E.D.）［1982］に準拠して，

図表6-5　DSS（意思決定支援システム）の構成要素

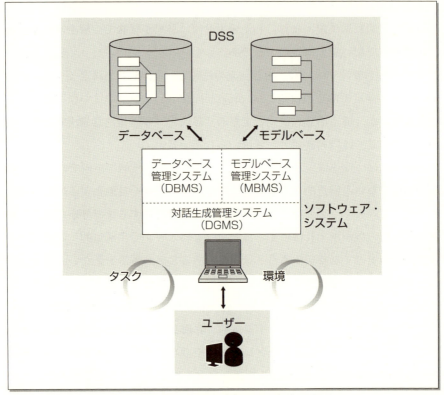

（出所）　Sprague, R.H.Jr.=Carlson, E.D. [1982] 訳書38頁を筆者が一部修正。

3つの構成要素について簡潔にみてみよう。

① データベース管理システム（DBMS：Data Base Management System）：データベースとは、第5章で考察したように、「ある目的によってデータを集め、一定の規準で整理し記憶したデータの集合である」。このデータは、通常、ハードディスクなどの2次記憶装置（補助記憶装置）に蓄積される。データベース管理システム（DBMS）の機能は、データの独立性の確保、データの冗長性の削減、データ資源の管理、などである。

② モデルベース管理システム（MBMS：Model Base Management System）：DSSにおいて、データと同様に、モデルは必要不可欠な要素である。モデ

とは，現実世界における変数間関係の表現のことである。問題解決のプロセスは，問題の定式化，問題の分析，分析結果の解釈と選択された代替案の実施，に大別されることが多いが，それぞれのプロセスにおいてモデルは必要になる。具体的には，世界中に普及しているSAS・SPSSなどの統計分析パッケージ，IFPSなどの定量的な財務分析パッケージ，変数間の関係を表現したシミュレーション・プログラムなど，多くのモデルベースがすでに開発されている。しかし，モデルおよびモデルベース管理システム（MBMS）の水準はまだ十分とはいえない。

③ 対話生成管理システム（DGMS：Dialog Generating and Management System）：図表6-5で明らかなように，ユーザーがDSSを使用する場合，データベースとモデルベースと対話をする窓口が必要である。その窓口が対話生成管理システムである。ユーザーとコンピュータとの対話のスタイルには，メニュー選択，コマンド言語，直接操作などがあげられる。対話生成管理システムを通じてDSSと対話をしながら，問題に対する理解を深め，問題解決を行うというのがDSSの姿である。

❸ DSSの問題点と課題

前述したように，EDPSは，業務の自動化を目指したものの，定型的な業務処理レベルを対象とした電子情報処理システムの枠を超えることができなかった。MISは，構造的意思決定支援を目指したものの，その実態は全社的なデータ処理システムにとどまった。これらの反省を踏まえて，DSSが構築され今も進展を続けているが，DSSにも様々な問題点が山積している。

DSSの最大の問題点は，システムの問題もさることながら，意思決定そのものの難しさにあるといえよう。仮に，経営における意思決定が百戦百勝ならば，経営には問題点は存在しないのである。換言すれば，意思決定が難しいからこそ，経営上の問題点が存在するのである。現実世界は，変化が常態であり，関連する変数の数は多く，その結果，リスクに満ちあふれている。変化が常態であり，関連する変数の数が多い現実社会のモデル化は，今までもこれからも困難の連続であるものの，挑戦的な課題であることは間違いない。

図表6-6 エキスパート・システムの構造

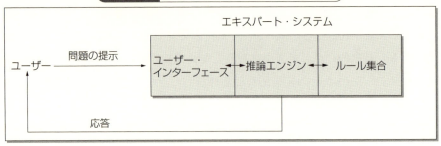

(出所) Holsapple, C.W.=Whinston, A.B. [1987] p.45.

　DSSは，経営管理の中核である意思決定と情報処理を概念的にも実体的にも区別していない。すなわち，実際の意思決定プロセスそのものを情報処理の面から支援する。タイムリーで効果的な意思決定を支援するために，従来，図表6-6に示されるように[10]，エキスパート・システムが開発されてきた。エキスパート・システムの構造は，①ルール集合（近年では，知識ベースという用語が多く使われている），②推論エンジン，③ユーザー・インターフェース，の3つの構成要素から成り立っている。DSSの問題点は，このルール集合（知識ベース）の構築が十分ではないことである。

　パソコンの高機能化，高度なGUI（グラフィカル・ユーザー・インターフェイス）機能の普及，DSSジェネレーターやパッケージの高機能化，インターネットの普及，Web技術の普及，データベース技術の進歩など，近年の情報通信技術（ICT）の進歩によって，高機能で使いやすいDSSを開発する環境が整いつつある。情報通信技術（ICT）の進展を取り込んだルール集合（知識ベース）の構築が必要不可欠である。

4　SIS（戦略情報システム）

❶ SISの概念

第6章 経営情報システムの変遷

　SIS（Strategic Information System：戦略情報システム）は，1988年にワイズマン（Wiseman, C.）によって提唱された情報システムの概念である。ワイズマン［1988］は，「SISとは，競争優位を獲得・維持したり，敵対者の競争力を弱めたりするための計画である企業の競争戦略を，支援あるいは形成する情報技術を活用するてことである」と述べている[11]。すなわち，競争優位を獲得・維持することを主な目的として，情報システムを経営戦略の手段として用いるという特徴がある。アメリカン航空の座席予約システム（CRS：Computerized Reservation Systems）のSABREや，ヤマト運輸の「NEKOシステム：New Economical Kindly Online」など，世界的に有名な事例も数多い。

　SISの適用業務は，業務（機能・活動）の結合，企業間業務（機能・活動）の結合である。処理方式は，オンライン・リアルタイム方式で集中・分散方式を採用し，企業間ネットワークを基盤とする。SISの頃の情報システム部門の機能は，システム開発，経営戦略の立案支援，業務のコーディネートなどがあげられる。情報システム部門とユーザー部門が共同で戦略情報システム（SIS）を開発した。SISの主な技術として，データベース，エキスパート・システム，ISDN（Integrated Services Digital Network）などがあげられる。

　SISは，それまでの情報システム（EDPSやMISなど）と比較すると，様々な面で大きな特徴がある。図表6-7に示されるように[12]，システムの形態面でみると，従来の情報システムは，個々の目的別システムの集合であるが，SISは，システム基盤上で付加価値を生成するという特徴がある。

　情報システムの役割という観点からみると，従来型の情報システムは，効率性の向上を目的としていたが，SISは，効果性の向上を目的とする。また，従来型の情報システムが，業務処理の合理化や省力化（大量データの一括処理，標準化，コスト・人員の削減など）を目的にしていたのに対して，SISは，企業間競争への貢献（新事業機会の創造，競争優位の確立，情報による系列化・囲い込み，付加価値の増大など）を目的とした。

　システム構築のアプローチの観点からみると，従来型の情報システムは，個別システムの積み重ね，情報システム部門主導によるシステム開発，費用対効果による情報化投資を行う。これに対して，SISは，統合的なシステム構築を

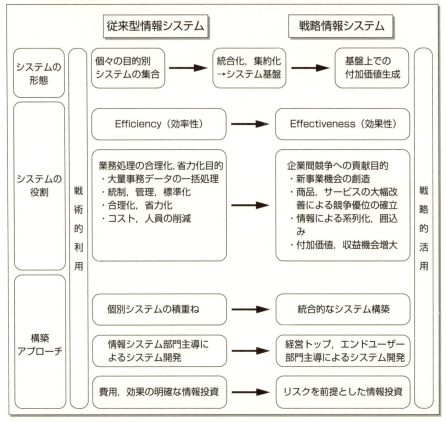

(出所) 日本情報処理開発協会編［1991］9頁を筆者が一部修正。

行う。SIS（戦略情報システム）の開発は，情報システム部門主導ではなく，経営トップ・エンドユーザー主導によって行う。SISは，費用対効果による情報投資ではなく，リスクを前提とした情報投資を行うことが多かった。

❷ SISの機能と構造

　上述したように，SISの目的は，競争優位の獲得・維持である。競争優位の獲得・維持のための戦略はもちろん競争戦略である。そこで，第2章で考察した競争戦略について簡潔にレビューする。

第6章 経営情報システムの変遷

　競争戦略（competitive strategy）とは，「特定の事業分野，製品・市場分野において，競合企業（競争相手）に対して，持続可能な競争優位（sustainable competitive advantage）を獲得するために，環境対応のパターンを将来志向的に示す構想であり，組織構成員の意思決定の指針となるもの[13]」である。

　競争戦略では，「競合企業（競争相手）に対して，いかに持続可能な競争優位を獲得するか」ということが最も重要である。そのためには，①競合企業（競争相手）の選択，②競争力の源泉の吟味，③競争力の活用，④競争力の構築，の4点が極めて重要である。

　市場における競争環境は，常に変化している。例えば，産業構造の変化，新たな規制の出現や規制緩和の促進，社会的価値観の変化，技術革新の進展など，競争環境は，変化こそが常態であるともいえる。これらの競争環境の変化は，企業に多くのリスクをもたらす。企業はこのような環境変化のリスクに対応しつつ，競争に打ち勝つことによってのみ，存続し発展することができる。

　ポーター［1980］は，図表6-8(A)に示されるように[14]，競争優位のタイプおよび顧客ターゲットの範囲という2つの観点を組合せて，競争の基本戦略として，①コスト・リーダーシップ戦略，②差別化戦略，③集中戦略，の3つをあげている。以下，3つの競争の基本戦略について簡潔にみてみよう。

① コスト・リーダーシップ戦略（cost leadership strategy）：同一製品・サービスを，競争企業と比較して低コストで生産し，コスト面で優位性を確保するという戦略である。

② 差別化戦略（differentiation strategy）：自社の製品・サービスに何らかの独自性を出し，顧客の「ニーズの束」に対して競合企業（競争相手）との差をつけることによって，相対的かつ持続的な優位性を保つための戦略である。

③ 集中戦略：コスト・リーダーシップ戦略と差別化戦略が業界全体を対象としているのに対して，集中戦略（focus strategy）は市場を細分化して，特定のセグメントに対して経営資源を集中する戦略である。集中戦略は，コスト集中戦略と差別化集中戦略に分けられる。

　さて，企業を全体として捉えても，競争優位を獲得することはできない。競争優位は，企業における開発・製造・マーケティング・物流・サービスなど，

図表6-8　ポーターの競争戦略

(A) 競争の基本戦略

	競争優位	
顧客ターゲットの範囲	他社より低いコスト	差別化
広いターゲット	1. コスト・リーダーシップ	2. 差別化
狭いターゲット	3a. コスト集中	3b. 差別化集中

（出所）Porter, M.E.［1980］訳書61頁。

(B) 価値連鎖の基本形

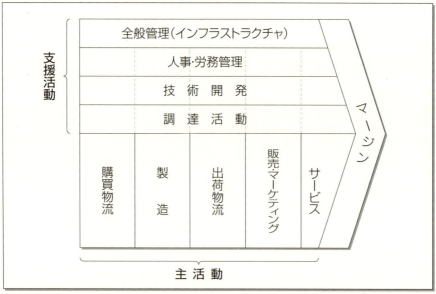

（出所）Porter, M.E.［1985］訳書49頁。

企業の個々の活動の中から生まれる。具体的には，それぞれの活動のコスト・ビヘイビア，活動の差別化などによって，競争優位を獲得することができる。したがって，競争優位の獲得のためには，企業の個々の活動およびその相互関係を体系的に検討するためのフレームワーク（分析枠組み）が必要である。

価値連鎖（value chain）は，ポーター［1985］が競争戦略の基本的なフレームワークとして提示した概念である。ちなみに，価値連鎖は，企業間価値連鎖である「価値システム」というさらに大きなシステムの構成要素の1つとして位置づけられる。

価値連鎖は，図表6-8(B)に示されるように[15]，主活動（購買物流，製造，出荷物流，販売，サービス）と，支援活動（全般管理，人事・労務管理，技術開発，調達活動），の2つによって構成される。なお，ここでいう価値とは，「顧客が企業の提供するものに進んで払ってくれる金額のこと[16]」である。

ワイズマン［1988］は，情報システムによる競争優位の獲得について，戦略スラスト（strategic thrust）という概念を用いて説明している。戦略スラストとは，企業をある状態Xから，競争優位を獲得・維持し，競争相手の優位性を弱めるようにデザインされた状態Yに変換するための推進力のことである。ワイズマン［1988］によれば，戦略スラストとして，①差別化，②コスト，③革新，④成長，⑤提携，の5つをあげている。それぞれについて簡潔にみてみよう。

① 差別化[17]：
- 製品の差別化を支援（製品，価格，チャネル，プロモーションなど）
- 製品の付加的サービス部分の差別化を支援（CADによるデザインなど）
- マーケティング・サポートの差別化を支援（広告，宣伝など）

② コスト[18]：
- 規模の経済を達成するための支援（専門化，自動化，交渉力など）
- 範囲の経済を達成するための支援（副産物，再利用，ノウハウなど）
- 情報の経済を達成するための支援（競合企業・供給企業に関する情報など）

③ 革新[19]：
- 製品の革新を支援（発明，創造，模倣など）

- プロセスの革新を支援（開発，生産，流通，販売，財務など）
④ 成長[20]：
- 製品の成長を支援（顧客層，市場セグメント，顧客ニーズなど）
- 機能の成長を支援（研究開発，製造，流通，小売りなど）
- グローバル化を支援（海外拠点，海外の供給企業など）
- SISスピンオフを支援（新規事業部門，垂直的分離など）
⑤ 提携[21]：
- 製品統合のための提携を支援（ターンキー提携，ソフトウェア提携など）
- 製品開発のための提携を支援（新製品開発，ジョイント・ベンチャーなど）
- 製品拡張のための提携を支援（新用途，新市場，新利用法など）
- 製品流通のための提携を支援（新流通チャネル，共同物流など）

❸ SISの問題点と課題

　上述したように，SISによって，実際に競争優位を獲得した輝かしい成功事例はいくつか存在する。例えば，アメリカン航空の座席予約システムであるSABRE，アメリカン・ホスピタル・サプライのヘルスケア用品の受発注システム，ヤマト運輸の「NEKOシステム」による荷物追跡システム，セブン・イレブンのPOSシステム，花王のロジスティクス情報システムなど，まさに競争優位を獲得・維持している世界的な成功事例といえよう。

　しかし，SISは一般的には成功事例ばかりではない。SISの問題点についてみてみよう。SISをシステム概念の観点からみると，システム概念の古さがあげられる。すなわち，顧客の「囲い込み」，系列ネットワークの構築などにみられるSISのクローズド・システムの概念では，「オープン・ネットワーク」の時代に対応することは難しい。また，SISは，固定費の負担が大きすぎる割には，効果が小さいことが次第に明らかになった。バブル崩壊後の不況の影響もあり，SISの構築は，バブル崩壊とともに瞬く間に下火になった。

　近年，ネットワーク社会が進展している中で，時代の流れに逆行するSISは，そのコンセプト自体を革新しなければならない。時代は変わっても，競争優位の獲得・維持は永遠の課題であるので，インターネットに典型的な「オープン・

第6章 経営情報システムの変遷

ネットワーク」を活用した新たな戦略情報システムの構築が期待される。

5 BPR(ビジネスプロセス・リエンジニアリング)

❶ BPRの概念

　BPR（Business Process Reengineering：ビジネスプロセス・リエンジニアリング）は，前述したEDPS・MIS・DSS・SISと同列の経営情報システムではない。いわば経営情報システムの応用版である。第2章で概観したように，ハマー゠チャンピー（Hammer, M.゠Champy, J.）[1993]によれば[22]，「BPRとは，コスト，品質，サービス，スピードのような，重大で現代的なパフォーマンス基準を改善するために，ビジネスプロセスを抜本的に考え直し，根本的にそれをデザインし直すこと」である。BPRにおいて最も重要な視点は「顧客満足」の充足である。すなわち，BPRでは「顧客満足」の充足を目的として，ビジネスプロセスを4つの視点（コスト，品質，サービス，スピード）からゼロベースで再構築し，根本的にデザインし直すのである。

　BPRは1980年代後半の米国において，産業空洞化の進行，市場の成熟化・飽和化など極めて厳しい状況のもとで，米国企業の競争力の復活を目指して出現した。その後，米国企業のBPRに対する取組みは功を奏し，わが国の企業の競争力を凌ぐまでになった。イノベーションに対する取組みが経営戦略においていかに重要かを示すものとして注目されている。

　BPRは，プロセス・イノベーションの典型であるので，まず，ビジネスプロセスについてみてみよう。ダベンポート（Davenport, T.H.）[1993]によれば，「ビジネスプロセスとは，特定の顧客あるいは市場に対して，特定のアウトプットを作り出すために，デザインされ構造化された評価可能な一連の活動のこと[23]」である。

　このような先行研究を踏まえながら，本書では，「ビジネスプロセスとは，顧客満足の充足のために，顧客に対して価値を提供する一連の活動のことであ

図表6-9　先進企業におけるビジネスプロセス

IBM	ゼロックス	ブリティッシュ・テレコム
・市場情報の獲得 ・市場選択 ・市場要求分析 ・ハードウェアの開発 ・ソフトウェアの開発 ・サービスの開発 ・生　産 ・受注出荷 ・顧客関係管理 ・サービス ・顧客フィードバック ・マーケティング ・ソリューションの統合 ・財務分析 ・計画の統合 ・会　計 ・人的資源管理 ・情報技術の基盤管理	・顧客との契約 ・在庫管理と 　ロジスティクス ・製品設計と製造技術 ・製品保守 ・技術管理 ・製造および 　オペレーション管理 ・市場管理 ・サプライヤー管理 ・情報管理 ・ビジネス管理 ・人的資源管理 ・リースや固定資産 　の管理 ・法　務 ・財務管理	・直接ビジネス ・ビジネスの計画 ・プロセスの開発 ・プロセス・オペレーション 　の管理 ・福利厚生サービス ・製品および 　サービス・マーケティング ・顧客サービスの提供 ・製品やサービスの管理 ・コンサルティング・サービス 　の提供 ・ネットワークの計画 ・ネットワークのオペレーション ・支援サービスの提供 ・情報資源管理 ・財務管理 ・技術的研究開発の提供

（出所）　Davenport, T.H. [1993] 訳書41頁。

る[24]」と定義して議論を進める。

　図表6-9は，BPRに関する先進企業であるIBM，ゼロックス，ブリティシュ・テレコムのビジネスプロセスである。図表6-9に示されるように，ビジネスプロセスには，次の3つの特徴があげられる[25]。

① 　ビジネスプロセスの数：3社のいずれにおいても，ビジネスプロセスの数は15から20の範囲におさまっており，BPRに対して積極的な取組みをしていない企業と比較するとはるかにビジネスプロセスの数が少ない。

② 　顧客との接点：BPRの目的が「顧客満足」の充足にあることから，顧客との接点業務（例えば，要求分析，契約など）を重視している。

③ 　管理業務：財務管理，人的資源管理，情報資源管理などのいわゆる管理業

務については従来の分類と大差はない。

BPRは，このビジネスプロセスを対象として，情報通信システム・情報通信技術を積極的に適用してプロセス・イノベーションを実現し，顧客満足の充足を目的としている。BPRは，経営情報論，経営情報システム論の新たなテーマとして定着しつつある。

❷ BPRの機能と構造

BPRは，対象領域の広狭によって，図表6-10に示されるように[26]，①部門内BPR，②部門間BPR，③企業内BPR，④企業間BPR，⑤産業間BPR，⑥官民間BPR，の6つに分類することができる。

① 部門内BPR：部門内の業務を対象として，コスト，品質，サービス，スピード，の4つの視点から業務をゼロベースで見直して，業務の再構築を行うことが中心になる。部門内BPRでは，通常，業務の再構築を行う上で，業務プロセスにあわせた情報システムをその手段として導入するケースが多い。

② 部門間BPR：複数の関連部門にまたがる業務を対象として，業務スピードの向上すなわち時間競争力の強化を主な目的として，ゼロベースで業務プロセスの再構築を行うことが中心になる。例えば，機能別組織による業務の逐次直列処理ではなくて，業務の同時平行処理を可能にするためにLANなどの情報ネットワークを用いて，部門間にまたがる業務プロセスを再構築するケースはこの部門間BPRに該当する。

③ 企業内BPR：企業内の業務プロセスを抜本的にデザインし直すために，企業内の組織再編を中心として業務の再構築を行うことが多い。ほとんどの場合，従来の機能別組織から事業別の業務プロセスに基づいて組織の再編が行われる。

④ 企業間BPR：複数の企業にまたがる業務プロセスを対象として，一般的には，戦略的提携を中心として業務プロセスの再編成が行われる。EDI（Electronic Data Interchange：電子データ交換）を具体的な手段として，日用品製造企業と大手流通企業が戦略的に提携し，新たな業務プロセスを再構築した事例などはこの企業間BPRに該当する。

図表6-10　BPRの対象領域

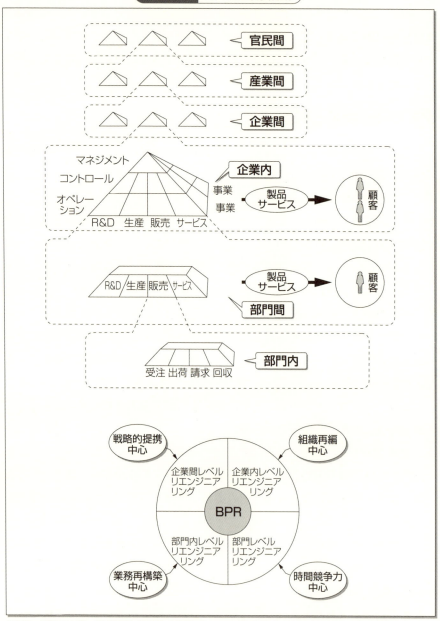

(出所)　図表の上部：岸川善光［1999］249頁（トーマツ編［1994］29頁に基づいて一部加筆修正）。
　　　　図表の下部：トーマツ編［1994］29頁。

⑤ 産業間BPR：従来の産業ないし業種の垣根を超えて，事業の再構築を行うことである。具体的には，従来の産業ないし業種を超えて，新たな産業や業態を創出することである。例えば，産業間BPRの事例の1つとして，図書の宅配便事業をあげることができる。図書の宅配便事業は，運送業と図書の流通業が結合して，図書流通の業務プロセスを抜本的に組替えることによって新たに創出された事業である。図書の宅配便事業は，地方都市に住む顧客にとって図書の入手が容易になり「顧客満足」が増大するので，近年この事業は急激に伸びている。その反面，地方都市では従来のいわゆる本屋が存亡の危機を迎えている。

⑥ 官民間BPR：官（政府，行政体）と民（私企業）との垣根を超えて，事業の再構築を行うことである。具体的には，官業の民営化がその典型である。従来，公益に奉仕する事業分野では，生産経済体，営利原則，独立性などの企業特性を持つ私企業による事業展開は不向きとされ，「市場の失敗」を避けるためにも，官業ないしは公企業の存在が法的にも認められてきた。ところが，世界各国の規制緩和の流れの中で，今までの官（政府，行政体）と民（私企業）との役割を抜本的に見直す動きが生まれた。その結果，官民間BPRの対象範囲は，今後ますます拡大するものと思われる。

❸ BPRの問題点と課題

BPRないし事業の再構築の目的は，いうまでもなく「顧客満足」の充足である。「顧客満足」を充足させるためには，顧客（消費者・生活者）を起点とした事業に転換せざるを得ない。

BPRないし事業の再構築には，様々な光と影がある。新産業分野の創出，新事業の創造，雇用機会の創出，貿易摩擦の回避，市場メカニズムの回復，国際競争力の強化，内外価格の是正など，BPRないし事業の再構築には多くの光の面があげられる。他方，既存産業の没落，既得権の消滅，雇用の不安定さなど，影の面も数多く指摘されている。

BPRに見られるように，ビジネスシステムの再構築を行う場合，経営戦略の視点の重要性はいうまでもないが，その他にも多くの課題について熟慮しなけ

ればならない。

　今まで，経営情報システムの変遷を，業務の自動化を目的としたEDPS⇒構造的意思決定支援を目的としたMIS⇒半構造的・非構造的意思決定支援を目的としたDSS⇒競争優位の獲得・維持を目的としたSIS⇒プロセス・イノベーションを目的としたBPR，と時系列的に考察してきた。BPRの後，まとまった経営情報システムの概念は提示されていないが，eビジネスのように経営情報システムが経営基盤そのものとして活用されるなど，経営情報システムの質量が飛躍的に拡大しつつある。

---

1 ）岸川善光［1999］164頁に基づいて筆者が一部修正。
2 ）高原康彦=高津信三編［1991］25頁。
3 ）Gallagher, J.D.［1961］訳書 2 頁。
4 ）Davis, G.B.［1974］p.5.
5 ）Emery, J.C.［1987］訳書 4 頁。
6 ）同上書52頁。
7 ）Anthony, R.N.［1965］，Gorry, G.A.=Scott Morton, M.S.［1971］，Davis, G.B.［1974］を参考にして筆者作成。
8 ）Gorry, G.A.=Scott Morton, M.S.［1971］p.62.
9 ）Sprague, R.H.Jr.=Carlson, E.D.［1982］訳書38頁を筆者が一部修正。
10）Holsapple, C.W.=Whinston, A.B.［1987］p.45.
11）Wiseman, C.［1988］訳書118頁。
12）日本情報処理開発協会編［1991］ 9 頁を筆者が一部加筆修正。
13）岸川善光［2006］164頁。
14）Porter, M.E.［1980］訳書61頁。
15）Porter, M.E.［1985］訳書49頁。
16）同上書49頁。
17）Wiseman, C.［1988］訳書153-190頁を要約。
18）同上書191-217頁を要約。
19）同上書218-258頁を要約。
20）同上書259-307頁を要約。
21）同上書308-339頁を要約。
22）Hammer, M.=Champy, J.［1993］訳書57頁。
23）Davenport, T.H.［1993］訳書14-15頁。
24）岸川善光編［2015a］230頁。
25）Davenport, T.H.［1993］訳書41頁。
26）上図：岸川善光［1999］249頁（トーマツ編［1994］29頁に基づいて一部加筆修正）。
　　下図：トーマツ編［1994］29頁。

第7章 経営情報システムの管理

　本章では，経営情報システムの管理について考察する。具体的には，システムのライフサイクル管理，システムの企画・開発，システムの運用サービス・保守，情報化投資，CIO（最高情報責任者），の5つの観点から考察する。

　第一に，システムのライフサイクル管理について考察する。まず，ライフサイクルについて理解する。次に，ライフサイクル管理のポイントについて概観する。さらに，システムのライフサイクル管理に関する国際的な標準化の枠組みである「共通フレーム2013」に言及する。

　第二に，システムの企画・開発について考察する。まず，システムの企画について理解する。次いで，システムの開発について理解を深める。さらに，システム開発方法論について，3つの開発方法を取り上げて考察する。

　第三に，システムの運用サービス・保守について考察する。まず，運用サービス・保守の概念を理解する。次に，システムの運用サービス・保守だけに限定されるわけではないが，システム監査について理解を深める。さらに，システムの運用サービス・保守の形態として多用されているアウトソーシングに言及する。

　第四に，情報化投資について考察する。まず，情報化投資の内訳の理解を兼ねて，情報化投資のマクロ動向について理解する。次いで，情報化投資の目的について理解を深める。さらに，投資対効果測定の困難性について言及する。

　第五に，CIO（最高情報責任者）について考察する。まず，CIOについて理解する。次に，CIOの役割について理解を深める。さらに，コーポレート・ガバナンスの一環としてのITガバナンスについて言及する。

1 システムのライフサイクル管理

❶ ライフサイクルとは

　ライフサイクルとは，人生と同様に，誕生から滅亡までの「生命プロセス」のことである。ライフサイクルの各プロセスにおいて，やるべきことをやらないと，これも人生と同様に，「後悔先に立たず」で取り返しがつかない。

　経営情報システムについて，従来，システムの企画・開発から運用・保守まで，このライフサイクルの考え方を援用して，多種多様なシステムライフサイクルが提示されてきた。その中のいくつかを年代順にみてみよう。

　高原康彦=高津信三編［1991］によれば[1]，①要求分析，②外部設計，③内部設計，④コーディング，⑤統合，⑥稼働・テスト，⑦運用・保守，の7つのプロセスを提示している。

　大阪市立大学商学部編［2003］は，図表7-1に示されるように[2]，①現状・要求分析，②企画・概要設計，③詳細設計，④プログラミング，⑤テスト，⑥運用，⑦改定，⑧廃棄，の8つのプロセスをあげている。

図表7-1　経営情報システムのライフサイクル

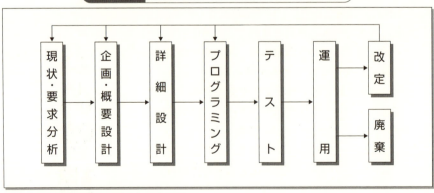

（出所）　大阪市立大学商学部編［2003］156頁。

第7章 経営情報システムの管理

遠山暁=村田潔=岸眞理子 [2003] によれば[3]，①システム計画，②システム分析，③システム設計，④システム導入・運用，⑤システム保守・管理，の5つのプロセスを提示している

このように，先行研究に基づいてシステムライフサイクルをみてみると，いくつかの共通点がみてとれる。共通点の第一は，上流のプロセス（要求分析，要求定義など）を重視していることである。まさに，「初め良ければ半ばよし」の格言どおりである。共通点の第二は，例外なく後述するウォーターフォール型のライフサイクルを採用していることである。共通点の第三は，経営情報システムは，情報通信システムであるにも関わらず，情報システムに偏重していることである。

❷ ライフサイクル管理のポイント

上で，いくつかの先行研究を考察したが，ここでは，大阪市立大学商学部編 [2003] の8つのプロセス（①現状・要求分析，②企画・概要設計，③詳細設計，④プログラミング，⑤テスト，⑥運用，⑦改定，⑧廃棄）を援用し，プロセスごとのポイントについてみてみよう[4]。

① 現状・要求分析：現状・要求分析のポイントは，経営情報システムに何を求めるのかを具体的に決定するために，現状分析を踏まえつつ，利用者や担当部門ごとに異なる多種多様なシステムに対する要求事項を整理し，重要度・緊急度・費用対効果などの評価基準を用いて優先づけを行うことである。

② 企画・概要設計：企画・概要設計は，要求事項を満たす経営情報システムを企画し，経営情報システムの機能をはじめとする基本的な仕様をまとめるプロセスである。概要設計は，基本設計や概念設計と呼ばれることもある。このプロセスのポイントは，現状・要求分析で明らかになった要求事項を実現できるかどうかを，多面的な観点から見極めることである。

③ 詳細設計：概要設計で記述されている機能を実現できるように，具体的かつ詳細にデータ項目などを記述する。プログラムを作成するための仕様をまとめるプロセスであり，仕様の欠落・不全がないように留意すべきである。

④ プログラミング：コンピュータを動かすプログラムを具体的に作成するプ

ロセスである。ここでのポイントは，必要なデータ，インターフェース，データの属性，データの種類などを漏れなく記述することである。プログラミング言語の選択も重要な要因となる。

⑤ テスト：プログラムの妥当性・正確性などを確認するプロセスである。ここでのポイントは，プログラミングにおける欠陥を早期に発見し，運用段階に齟齬をきたさないようにすることである。

⑥ 運用：システムを実際に稼働させることが運用である。システムが停止したり，障害などが生じると企業活動に多大なインパクトを及ぼすので，運用はCIO（最高情報責任者）にとって，実は極めて重要な課題である。運用管理として，1)システム管理，2)ネットワーク管理，3)業務運用管理などがあげられる。ちなみに，この運用において，情報要求に対する改善を行うことを保守という。すなわち，運用と保守は，実務上表裏一体の関係にある。運用と保守をうまく連動させることによって，システムの効果性・効率性を維持・向上することが重要である。

⑦ 改定：導入した経営情報システムに対して，機能の追加などの改定を行うプロセスである。大きな改定の場合，現状・要求分析フェーズまで戻るなど，改定の大小によって，フィードバック・ループが異なる。改定は，上で述べた保守と密接不離の関係にある。具体的な作業としては，1)修正作業，2)変更作業，3)改良作業，などがあげられる。

⑧ 廃棄：経営情報システムは，保守を繰り返すプロセスにおいて，システム自体が劣化することは避けられない。そのため，保守コストは増大し，効果性・効率性の回復も鈍くなる。保守を実施するよりも，むしろシステムを廃棄して，新規開発を行うことのほうが，コストダウンが期待でき，より効果性・効率性の高いシステムが生まれる場合がある。

❸ 共通フレーム2013

近年，システムのライフサイクル管理にも，標準化・グローバル化の波が押し寄せてきた。ISO（国際標準化機構：International Organization for Standardization）/IEC（国際電気標準会議：International Electrotechnical Commission）は，

第7章 経営情報システムの管理

ソフトウェア開発工程を含むライフサイクルを明確にし，ソフトウェアの提供側と依頼側が同じ土俵の上で話合いができるように，1995年8月に，標準的な作業項目を規定したSLCP（Software Life Cycle Process）に関する国際規格を制定した（ISO/IEC12207）。日本では，これを受けて1996年7月に，規格（JIS X 0160）が策定された。その後，全体的な見直しを踏まえて，2007年・2009年に改定版の「共通フレーム2007」が策定され，さらに2013年には「共通フレーム2013」が策定・公表された。

「共通フレーム2013」は，①超上流の重視，②モジュール性の採用，③責任の明確化，④責任範囲の明確化，⑤工程・時間からの独立性，⑥開発モデル・技法・ツールからの独立性，⑦ソフトウェアを中心としたシステム関連作業までを包含，⑧システムライフサイクルプロセスとの整合性，⑨文章の種類・書式の非規定，⑩テーラリング（修整）の採用，などISO/IEC12207（JIS X

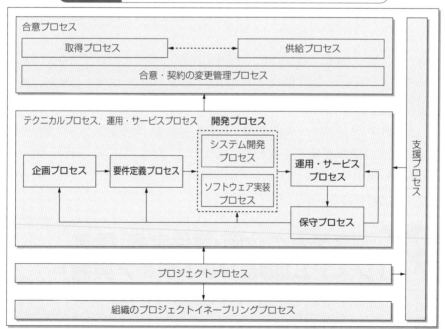

図表7-2　ISO/IEC12207に基づく共通フレーム2013

（出所）情報処理推進機構ソフトウェア・エンジニアリング・センター編［2013］53頁。

0160）の基本原則に基づいた内容になっている[5]。

　ISO/IEC12207（JIS X 0160）に準拠した「共通フレーム2013」では，図表7-2に示されるように[6]，ソフトウェアのライフサイクル管理の共通フレームとして，①企画プロセス，②要件定義プロセス，③開発プロセス（システム開発プロセス，ソフトウェア実装プロセス），④運用・サービスプロセス，⑤保守プロセス，の5段階のプロセスを提示している。

　まだ定着しているわけではないが，本書では，この「共通フレーム2013」を適宜参考にしながら，第2節システムの企画・要件定義，開発（システム開発，ソフトウェア実装），第3節システムの運用・サービス，保守について考察する。

　「共通フレーム2013」は，システムライフサイクルにおける作業の範囲と内容をまとめたものであり，システム開発や運用の手順をまとめたものではない。また，情報システムのライフサイクルモデル（SLCP）として，ISO/IEC15288（JIS X 0170）が，別途存在する。ISO/IEC15288（JIS X 0170）では，システムライフサイクル（SLCP）として，①企画プロセス，②エンタプライズプロセス，③プロジェクトプロセス，④テクニカルプロセス，の4つのプロセスがあげられる。

　現在，上述したISO/IEC12207（JIS X 0160）に準拠したソフトウェアライフサイクルプロセス（SLCP）と，ISO/IEC15288（JIS X 0170）に準拠したシステムライフサイクルプロセス（SLCP）は，専門家の間においても，混同されている場合が多い。2つの国際規格のスペル（SLCP）からしてそもそも紛らわしい。2つの国際規格，すなわち，ISO/IEC12207（JIS X 0160）とISO/IEC15288（JIS X 0170）は，2008年に同時に改定されるなど，現在，統合化の作業が進められている。

2　システムの企画・要件定義，開発（システム開発，ソフトウェア実装）

❶ システムの企画・要件定義

「共通フレーム2013」の企画プロセスは，①システム化構想，②システム化計画，によって構成される。以下，簡潔にみてみよう。

システム化構想は，経営上のニーズの確認，課題の確認からスタートする。併行して，事業環境・業務環境の調査分析，現行業務・システムの調査分析，情報技術動向の調査分析を行い，それらを踏まえて，対象となる業務を明確化する。業務の全体像を作成すると同時に，投資目標を併せて策定する。

システム化計画は，システム化構想に基づいて策定される。まず，全体システム化計画を策定する。全体システム化計画は，対象とする業務の範囲を決め，システムの課題を洗い出す。ビジネスモデルの作成も必要に応じて行う。その際，対象業務・システム・利用可能な情報技術に関する調査分析，情報システムに関するリスク分析などを行う。また，費用対効果分析，投資対効果分析も行う。これらの調査分析を踏まえて，さらに経営戦略，情報戦略，システム化構想との整合性の検証を踏まえて，全体の開発スケジュールや要員計画などを含めたシステム化計画をとりまとめる。

「共通フレーム2013」の要件定義プロセスは，業務の要件（以前の要求事項から要件に用語が変更された）および制約条件の分析（識別・抽出・評価）に基づいて，あるべきシステム要件を策定することである。要件分析で大事なことは，要件を漏れなく洗い出した後で，システム要件を整理することである。これによって，開発するシステムの枠組みを決め，システム化の適用範囲や機能が明確になる。要件定義では，業務要件，機能要件，性能要件，セキュリティ要件，インターフェース要件，データ要件，運用要件，保守要件などが最低限必要になる。要件定義の表現方法としては，構造化分析手法やオブジェクト指向分析手法が用いられる。最後に，各要件の実現可能性，妥当性，情報システム戦略との整合性などを検証する。

❷ 開発（システム開発，ソフトウェア実装）

「共通フレーム2013」によれば[7]，開発は，①システム開発，②ソフトウェア実装，の2つのプロセスに大別される。従来，この2つのプロセスは，内容が混在していたが，「共通フレーム2007」からシステム関連のプロセスとソフ

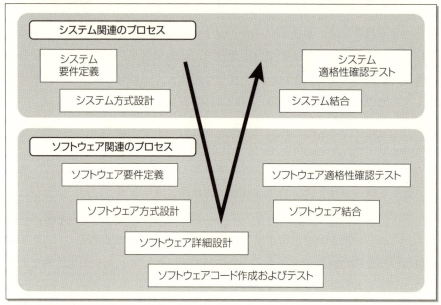

図表7-3 システム関連のプロセスとソフトウェア関連のプロセス

(出所) 情報処理推進機構ソフトウェア・エンジニアリング・センター編 [2013] 29頁。

トウェア関連のプロセスに区分された。

　システム開発は，1) システム要件定義，2) システム方式設計，に細分化される。それぞれについて簡潔にみてみよう。

　システム要件定義の目的は，先の要件定義プロセスで洗い出した業務要件，機能要件，性能要件，セキュリティ要件，インターフェース要件，データ要件，運用要件，保守要件などを詳細に評価・レビューし，最終的にシステム要件を定義することである。具体的には，システム要件定義では，システム化の目標や業務の対象範囲に基づいて，システム機能要件や性能要件，業務処理要件，入出力情報要件，システム操作要件などを明確にする。また，ソフトウェア要件定義では，業務分析に基づいて，データ構造，インターフェースなどを決定する。ちなみに，業務分析において，実体と実体との間の関連（リレーションシップ）を表現するE-R図（Entity Relationship Diagram）や，オブジェクト指向設計の標準表記法であるUML（Unified Modeling Language）が用いられるこ

とが多い。

システム方式設計は，従来の概念でいえば，システム概要設計に該当する。システム方式設計では，先の要件定義プロセス，さらにシステム要件定義で洗い出したすべてのシステム要件を，ハードウェアに関するものと，ソフトウェアに関するものに分類し，システムの構成（ハードウェア構成，ソフトウェア構成）を決定する。その際，各システム要件がどの程度実現できるか，リスクの程度を評価しつつ，複数の代替案を検討する。

「共通フレーム2013」によれば[8]，ソフトウェア実装プロセスは，1)ソフトウェア要件定義，2)ソフトウェア方式設計，3)ソフトウェア詳細設計，4)ソフトウェア構築，5)ソフトウェア結合，6)ソフトウェア適格性確認テスト，7)ソフトウェア導入，8)ソフトウェア受入れ支援，に細分化されている。まだ概念が必ずしも明確ではないので，従来の概念であるシステム詳細設計，プログラム設計，プログラミング，テストと関連づけながらみてみよう。

「共通フレーム2013」のソフトウェア方式設計およびソフトウェア詳細設計は，従来のシステム詳細設計に該当する。すなわち，上述したシステム方式設計/システム概要設計に基づいて，ハードウェア構成の制約を考慮しつつ，ソフトウェアの構造と，どのような種類のプログラムによって構成するかを定める。具体的には，ソフトウェアをプログラムに分割し，各プログラムの機能やプログラム間の処理手順，さらにプログラム間のインターフェースを設計する。

従来のプログラム設計は，システム詳細設計（ソフトウェア方式設計およびソウトウェア詳細設計）で定められた各プログラムを，階層的かつ機能単位にモジュールのレベルまで分割し詳細化する。なお，モジュールとは，ある機能を実現するプログラムの束のことである。モジュールは，コーディング・コンパイル・テストを実施する際の単位であり，モジュール間の関連も明確にしなければならない。つまり，モジュール間のインターフェース設計を行う。

従来のプログラミングは，プログラム設計で分割したモジュールごとに，アルゴリズムを設計し，定められたコーディング基準とプログラム言語の仕様に基づいてモジュールの作成を行う。モジュールの作成は，「モジュールの作成⇒モジュールテスト⇒デバック（修正）」というサイクルを繰り返す。

従来のテストは，モジュール・プログラム・システム構造に誤りがないかどうかを確認することである。テストは，具体的には，単体テスト⇒結合テスト⇒システムテスト⇒運用テストの順に行われる。

❸ システム開発方法論

経営情報システムを開発する際に，最もシステムに適したシステム開発方法を採用する必要がある。情報システムの開発方法は，1970年頃から次々と生み出されて今日に至っている。ここでは，紙幅の制約もあるので，図表7-4に示されるように[9]，開発方法論のモデルを時系列に沿って，①ウォーターフォール型，②プロトタイピング型，③スパイラル型（反復型），の3つについて考察する。

① ウォーターフォール型：情報システムの開発プロセスを，現状・要求分析，企画・概要設計，詳細設計，プログラミング，テスト，運用，改定，廃棄，などの工程に区切り，各工程における成果物を作成し，それを次の工程に引き渡すプロセスによって開発を行う開発モデルのことである。上述した「共通フレーム2013」のような新たな開発モデルも次々に開発されている。

開発に必要な一連の工程が，滝の水の流れのように上流から下流へ進んでいくため，ウォーターフォール型と呼ばれる。このモデルの背景として，1)情報システムが次第に大規模化・複雑化し，開発の固定費が増大するようになったこと，2)システムライフ（寿命）が短くなったこと，3)開発要員の不足に伴い，標準化によって未熟練者を有効活用する必要性が高まったこと，などがあげられる。しかし，ウォーターフォール型の開発モデルによる開発には，長時間が必要なため，環境変化が激化している近年のネットワーク社会（高度情報社会）では遅れをとりやすいという欠点がある。

② プロトタイピング型：上述したウォーターフォール型の開発方法論の諸問題に対応するために考案された開発モデルのことである。具体的には，工業製品の生産と同様に，まず試作品（プロトタイプ）を作り，そこで機能・性能，生産上の問題点などを検討し，実現可能性を見極めてから量産品の生産に入るというアプローチである。プロトタイピング型の開発方法論は，ユー

第7章 経営情報システムの管理

図表7-4 システム開発方法論

モデル	メリット	デメリット
ウォーターフォール型	①システムの作業工程を標準化・体系化	①稼働局面まで長時間必要 ②費用がかさむ ③情報要求の不明確 ④システムの非柔軟性
プロトタイピング型	①ユーザーを交えて評価改善 ②要求の漏れや誤解を防ぐ	①ユーザーの要求に応じて開発コスト・期間の増大 ②共有化の困難性 ③人間的な感性が必要
スパイラル型(反復型)	①早期にユーザーの要求や漏れをシステムへ ②コミュニケーションの円滑化	①アウトソーシングの場合は円滑が困難 ②システム構築目的などの固め具合により成否が決まる

(出所) 遠山暁=村田潔=岸眞理子 [2003] 117-131頁,宮川公男編 [2004] 234-241頁を参考にして筆者作成。

ザーを交えながら,要求事項を早急に把握し,要求事項の漏れや誤解を防ぐことができる。

③ スパイラル型(反復型):ソフトウェアを開発する場合,往々にしてクライアントの要求が不明確なことが多い。そこで,スパイラル型(反復型)モデルは,最初から完全なソフトウェア全体を開発することはせずに,まず部分的な機能を開発し,それを評価した後でさらに次の機能を開発するというまさにスパイラルな方法論である。開発した部分から段階的に運用することができるという利点があるものの,ウォーターフォール型と比較すると,経営情報システムに関する管理が複雑化するという欠点がある。

システム開発方法論については,図表7-4に示されるように,それぞれのメリットとデメリットを考慮した上で,自らに適した開発方法を採用しなければならない。近年,データ指向型,オブジェクト指向型,コンティンジェンシー型など,新たなシステム方法論の開発も増加しつつあるが,紙幅の制約上ここでは省略する。

3 システムの運用・サービス，保守

❶ システムの運用・サービス，保守

「共通フレーム2013」では，システムの運用・サービスは，1)運用テスト，2)業務・システムへの移行，3)システム運用，4)利用者教育，などに細分化される[10]。また，保守は，1)問題把握，2)修正の実施，3)保守レビュー，などに細分化される[11]。この細分化は，実務的にはやや具体性に欠けると思われる。

システムが所期の効果を生み出すためには，効果的・効率的な運用・サービスと保守が欠かせない。システムの運用・サービスとは，システムを安定的かつ継続的に稼働させることである。システムの運用・サービスには，システムの停止や障害など様々なトラブルがつきものである。運用・サービス上のトラブルが発生すると，日本の巨大金融機関の例にみられるように，企業活動に多大なインパクトを及ぼす。

したがって，運用・サービス管理は極めて重要である。運用・サービスのための管理項目として，資源（ハードウェア・データ・ネットワークなど），設備・施設，障害，セキュリティ，性能，運用コストなど，多種多様な項目があげられる。運用管理では，システム管理，ネットワーク管理，業務運用管理，が特に重要である。

紙幅の制約があるので，システム管理について絞って簡潔にみてみよう。ISO/IEC7498-4 ITU-T X.700シリーズ勧告によれば，システム管理の機能として，1)構成管理（ハードウェアとソフトウェアの資産管理，パッケージ管理など），2)セキュリティ管理（アイデンティティ管理，ポリシー管理など），3)障害管理（トラブルシューティング，エラーログ，障害発生時のデータ復旧など），4)性能管理（ソフトウェアの性能測定，イベント監視など），5)課金管理（課金情報や統計情報の収集），などがあげられる。

次に，視点を変えて，情報システムの品質についてみてみよう。デイビス=

第7章 経営情報システムの管理

図表7-5 情報システムの品質指標例

データの完全性	利用に有効なデータ項目がすべて捕捉され，貯蔵されているか。データ項目は，期限内に適切に識別されているか。
データの正確性	正しいデータ値が記録されているか。
データの的確性	変数の尺度がユーザー要求に的確に適合しているか。
出力の理解容易性	システムの出力がユーザーにとって理解容易か。
出力の適時性	出力が行動と決定に間に合うか。
出力の目的適合性	出力内容が所定の行動や決定に適合しているか。
出力の有意味性	出力形式，ラベル付け，データ提供の方法が行動や意思決定にとって意味あるものになっているか。
操作の親和性	システムは，理解可能で，人間的能力に合うよう設計されたユーザーインタフェースを提供しているか。
エラーの排除性	適切なエラー防止・発見手続きが所定の箇所に存在するか。エラーの報告・修正の手続きがあるか。多様な監査手続きが適用されているか。
利用権限の的確性	権限のある者だけが機器，ソフトウェア，データにアクセスできるか。
システムと操作の保護	システムとその操作が多様な環境と操作上のリスクから保護されているか。誤りや破壊に対する回復方法が準備されているか。

(出所) Davis, G.B.=Olson, M.H.［1985］p.605を筆者が一部加筆修正。

オルソン［1985］によれば，図表7-5に示されるように[12]，情報システムの品質指標として，1)データの安全性，2)データの正確性，3)データの的確性，4)出力の理解容易性，5)出力の適時性，6)出力の目的適合性，7)出力の有意味性，8)操作の親和性，9)エラーの排除性，10)利用権限の的確性，11)システムと操作の保護，の11項目をあげている。この11項目の指標に基づいて情報システム管理を行えば，情報システムの品質向上に資することは間違いない。

システムの保守とは，上述したシステムの運用・サービスにおいて，所定の効果や品質が維持されているかどうかをレビューし，不完全かつ不正確な設計やプログラミングによって引き起こされる欠陥や，予期しない環境変化による情報要求に対する改善を行うことである。

システムの保守については，JIS X 0161（ソフトウェアライフサイクルプロセス－保守）において，保守のプロセスが詳細に規定されている。また，JIS X 0161において，1)適応保守，2)是正保守，3)緊急保守，4)完全化保守，5)予防保守，の5種類の保守が定義されている。ちなみにSLCPでは，JIS X 0161の定義の内，3)緊急保守を除いて4種類の保守が定義されている。

　先述したように，システムの運用・サービスと保守は，表裏一体の関係にある。運用・サービスと保守をうまく連動させ，情報システムの効果性・効率性を維持することは極めて重要な課題である。情報システムでは，①企画プロセス，②要件定義プロセス，③開発プロセス，④運用・サービスプロセス，⑤保守プロセス，のシステムライフサイクルの内，企画プロセスや要件定義プロセスのような上流工程が「初め良ければ半ばよし」で極端に重視され，下流工程の運用・サービスプロセスや保守プロセスは，往々にして軽視されることが多いが，システムの現実を知ればそうでもないことが理解できるであろう。

❷ システム監査

　システムの運用サービス・保守だけでなく，システムの企画・要件定義・開発・運用サービス・保守のすべてのプロセスにおいて，システム監査の重要性が認識されつつある。システムの停止や障害，コンピュータ犯罪，プライバシーの侵害，災害など様々なトラブルは，企業活動や社会活動に多大なインパクトを及ぼす。また，情報システムは多大な投資を伴うので，システムに関するリスクに対して体系的かつ客観的に対応する必要がある。

　システム監査の目的は，経済産業省が策定した「システム監査基準」によれば[13]，「組織体の情報システムにまつわるリスクに対するコントロールが，リスクアセスメントに基づいて適切に整備・運用されているかを，独立かつ専門的な立場のシステム監査人が検証又は評価することによって，保証を与えあるいは助言を行い，もってITガバナンスの実現に寄与すること」である。なお，「システム監査基準」は，1985年（昭和60年）に策定され，その後，1996年（平成8年），2004年（平成16年）の2回にわたって改定されている。ここでの定義は，もちろん2004年（平成16年）の改定版の定義である。

第7章 経営情報システムの管理

　「システム監査基準」では，リスク，リスクアセスメント，リスクコントロールなど，リスクを極めて重視しているが，リスクの内容として，1)システム構築の遅延，予算超過，2)IT戦略としての誤り，コスト回収不能，3)システム運用障害，障害による顧客サービス低下・停止，4)システムへの不正アクセス，情報漏洩，5)委託先における問題，6)IT人材確保，人材育成の問題，などがあげられる。これらのリスクを評価（アセスメント）し，リスクコントロール（リスク除去のための是正措置）につなげることがシステム監査の目的である。

　システム監査は，専門的なシステム監査人が，監査対象から独立した客観的立場から行わなければ意味がない。すなわち，妥協やお手盛りの点検・評価，助言・勧告であれば，システム監査の意義はまったくない。システムの企画・要件定義・開発・運用サービス・保守に関係のない第三者としてのシステム監査人が，独立かつ専門的な知識と能力に基づいて監査を行う必要がある。システム監査は，公認会計士による財務諸表監査のような法定の外部監査ではなく，任意の内部監査であるが，現実には外部の専門家に委託することも多い。システム監査人に求められる能力として，1)状況判断能力，2)リスク分析能力，3)コミュニケーション能力，4)業務関連法規に関する知識，などが求められる。また，システム監査人には，高い倫理性が欠かせない。

　「システム監査基準」として，1)一般基準（目的，権限と責任，独立性，客観性と職業倫理，専門能力，業務上の義務，守秘義務，品質管理），2)実施基準（監査計画の立案，監査役の手順，監査の実施，監査業務の体制，他の専門化の利用，情報セキュリティ監査），3)報告基準（監査報告書の提示と開示，監査報告書の根拠，監査報告書の記載事項，監査報告についての責任，監査報告に基づく改善指導＝フォローアップ），の3つの基準が定められている。

　現状のシステム監査は，基本的に情報システムを監査対象としている。しかし，情報システムの信頼性や安全性だけでなく，情報システムの効果性・効率性を監査目的として掲げるならば，基本的に情報技術をベースとして情報システムを監査するシステム監査には限界があることは当然のことである。このように，システム監査の目的を広義にとらえると，システム監査と業務監査や経

営監査を区別することは困難になる。特に，情報セキュリティ・マネジメントもシステム監査の目的に含めると，経営情報システムに限定して，情報技術による自己完結的なシステム監査では現実的に無理がある。体系的な情報セキュリティ監査の導入が望まれる。

❸ アウトソーシング

　近年，企業活動を取り巻く環境は激変しており，競争も激化の一途をたどっている。このような環境下，アウトソーシング（outsourcing）を行う企業が増えている。アウトソーシングは，企業活動に必要な機能（活動）の一部を，外部の企業に継続的に委託することであり，経営資源の外部調達の新たな方法である。類似の用語として，業務請負，外注，外製などがあるが，国立国語研究所の「外来語言い換え提案」では「外部委託」と言い換えるように提案されている。

　アウトソーシングの効果としては，①外部の企業に競争原理を導入することによって，高品質で迅速なサービスを安価に得ることができる，②固定費の変動費化によって，変化に対する柔軟な対応力を得ることができる，③自社の機能（活動）を本業に特化させることによって，より深いコア・コンピタンス（独自能力）を蓄積することができる，④外部の企業を活用することによって，必要な投資を削減することができる，などのメリットを得ることができる。

　情報システムの企画・要件定義・開発・運用サービス・保守において，アウトソーシングが様々な企業で積極的に行われている。アウトソーシングの語源は，Out（外部の）＋Sourcing（資源利用）であり，「外部資源利用」または「外部資源の有効活用」といった意味があり，単に「外注（仕事を外に出す）」より「外部資源の有効活用」の意味合いが強い。

　情報通信産業では，ITアウトソーシングという用語がすでにあるように，ハードウェア・ソフトウェア・ネットワーク製品の資源提供サービス，システムの運用サービス，システムの保守サービス，ソフトウェアの開発，アプリケーションの構築サービスなど，多種多様なアウトソーシングの形態がある。また，アウトソーシングに対応する企業も，情報処理サービス企業，システムインテグレータなど多くの企業形態が存在する。システムインテグレータとは，

第7章 経営情報システムの管理

情報システムのコンサルティング・設計・開発・運用・保守・管理などを一括して請け負う企業のことである。ソリューション・プロバイダといわれることもある。日本では，メーカー系（日立製作所系，NEC系，富士通系，日本IBM系など），ユーザー系（野村総合研究所，日本総合研究所，新日鉄住金ソリューションズ，伊藤忠テクノソリューションズ，NTTコムウェアなど），独立系（TISインテックグループ，大塚商会，富士ソフト，内田洋行，オービックなど）など，多くのシステムインテグレータが存在する。世界でも，アクセ

図表7-6　システム部門の5つの壁とITアウトソーシング

①開発の壁	②技術の壁	③コミュニケーションの壁	④システム要員の壁	⑤費用の壁
・情報システムの大規模化，複雑化 ・バックログ ・保守運用 ・トラブル	・広がるIT領域，IT革新スピード ・マルチベンダー化	・利用部門との意思疎通が悪い ・経営者にとってシステムはみえにくい ・他部門からはわかりにくい集団	・本業と離れた技術専門家集団 ・処遇，モチベーション ・高齢化，社内ポジション低下	・固定費化・増加（設備・社員・関連会社人員） ・費用評価尺度難
ソフトウェア資産という名の負債	技術進歩のスピードについていけない	利用部門や経営者に理解されない	優良な人材が確保・育成できない	経営者に対して妥当性が説明できない

ITアウトソーシングによるブレークスルー

①増力化	②技術力・専門性の活用	③新たな運営の組立て（アウトソーサーのノウハウ活用）	④システム要員の流動化・活性化	⑤コストコントロール力の向上
・要件定義力，開発力，マネジメント力等 ・必要なときに必要なリソースを確保 ・バックログからの解放 ・経営，利用部門への迅速な対応	・最先端のIT利用技術の活用 ・メーカー制約からの解放と最適な機能や機器の活用 ・専門技術力の活用により品質向上とリスク低減	・システム化プロセスの刷新 ・システム部門の戦略部門化 ・マネジメントノウハウ確立	・他部門との人事ローテーション ・エンドユーザー支援，システム企画等にパワーを集中 ・日々の開発・保守・運用業務からの解放 ・コストセンターの規模縮小	・変動費化，コストの平準化など ・固定費の変動化，平準化 ・コストの適正化（コスト構造明確化によるムダの削減） ・資産売却による一時的収入

（出所）　野村総合研究所システムコンサルティング事業本部［2000］275頁。

ンチュア，SAP，オラクルなどのシステムインテグレータが数多く存在する。

システム部門は，図表7-6に示されるように[14]，今まで開発の壁，技術の壁，コミュニケーションの壁，システム要員の壁，費用の壁など，多くの壁に悩まされてきた。これをITアウトソーシングによって，増力化，技術力・専門性の活用，新たな運営の組立て（アウトソーサーのノウハウ活用），システム要員の流動化・活性化，コストコントロール力の向上，につなげようとしている。アウトソーシングによって，外部資源の迅速な獲得，固定費の変動費化による柔軟な変化対応力，本業に特化することによるコア・コンピタンス（独自能力）の蓄積，必要な投資の削減，などのメリットを得ることができれば，情報システムの範囲を超えて企業経営においても大いに有効な手段であるといえよう。

4 情報化投資

❶ 情報化投資のマクロ動向

経営情報システムの管理において，情報化投資の問題は，決め手がないだけに多くの困難性を有する。投資対効果，費用対効果の測定がある程度可能であれば，情報化投資の管理も手掛かりがつかめるが，まだ投資対効果も費用対効果も概念レベルの考察にとどまっており，現実の情報化投資分析の基本ツールまでには至っていないといえよう。

まず，情報化投資のマクロ動向についてみてみよう。図表7-7に示されるように[15]，総務省［2015］によれば，2013年（平成25年）の日本の情報化投資は，2005年（平成17年）価格で約16.3兆円（前年比4.7％増）であった。

情報化投資関連の投資は，①通信用インフラ（通信用電線・ケーブル，通信用光ファイバ製品），②情報通信機器（デジタル・フルカラー複写機，ボタン電話装置，ファクシミリ，電子交換機，デジタル伝送装置，固定通信装置，携帯電話，PHS，基地局通信装置），③電子計算機（汎用コンピュータ，ミッドレンジコンピュータ，パーソナルコンピュータ，外部記憶装置，入出力装置，

第7章 経営情報システムの管理

図表7-7　日本の情報化投資の推移

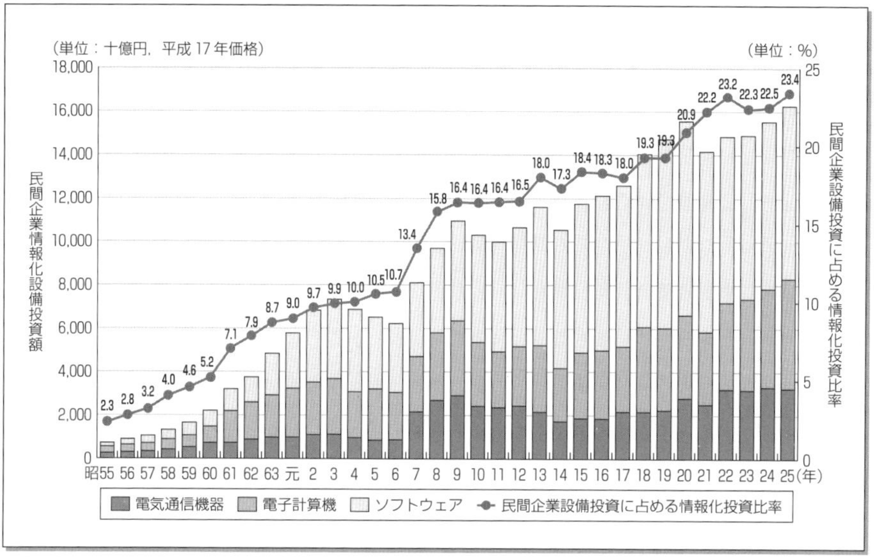

(出所)　総務省［2015］345頁。

端末装置），④情報サービス（受注ソフトウェア，ソフトウェアプロダクト），⑤産業用機械（半導体製造装置，フラットパネル・ディスプレイ製造装置）の5つの分野に大別される。5つの投資分野について簡潔にみてみよう。

①通信用インフラは，1995年～1996年（平成7年～8年）頃のインターネットの普及，2001年～2002年（平成13年～14年）頃のブロードバンドの普及などによって，設備投資額は急増した。しかし，2003年（平成15年）末にはインフラ整備が進み，設備投資は落ち着いてきた。通信用インフラの情報化関連投資への寄与度は，「情報通信機器」「電子計算機」などと比較すると小さい。

②情報通信機器は，1994年～1997年（平成6年～9年）にかけてデジタル伝送装置，固定通信装置などが順調に増加し，「電子計算機」と並んで情報化関連投資拡大に大きく寄与した。しかし，2000年（平成12年）以降は情報化投資が減少した。一方，2005年（平成17年）頃からは，携帯電話関連の投資が着実に増大している。

③電子計算機は，1994年～2001年（平成6年～13年）にかけて堅調な推移が

続き，情報化関連投資を牽引した。その後，2005年（平成17年）頃までやや停滞が続いたが，2006年～2007年（平成18～19年）頃から再度投資が拡大傾向にある。電子計算機は，情報化関連投資の約1/3を占めている。

④情報サービスは，1994年（平成6年）以降，安定した情報化投資が続いている。特に，受注ソフトウェアやソフトウェアプロダクトなどの「情報サービス」によって構築される情報システムは，企業のビジネスモデルと直結していることが多く，旧来システムの更新や新規ビジネスの立上げにおいて，今後も引き続き堅調な投資活動が期待されている。

⑤産業用機械は，半導体製造装置にみられるように，景気の影響を受けやすく，設備投資が大きく増減している。例えば，1998年～2000年（平成10年～12年）までの2年間で設備投資は3倍に増加したが，1年後の2001年（平成13年）にはその半分に落ち込んだ。一方，フラットパネル・ディスプレイ製造装置は，2002年（平成14年）以降右肩上がりの成長を続けている。

❷ 情報化投資の目的

上で，情報化投資のマクロ動向はある程度把握できたであろう。しかし，ミクロの企業レベルの情報化投資は，情報化投資のマクロ動向にそのまま比例する訳ではない。情報化投資の目的によって，企業規模によって，業種によって，企業の情報化投資は各社各様である。まず，情報化投資の目的についてみてみよう。

情報化投資の目的は，日本企業と北米企業では大きく異なる。図表7-8(A)に示されるように[16]，日本企業の情報化投資の目的は，業務プロセスの効率化，業務コストの削減，社員の生産性向上，ペーパーレス化など，どちらかといえば「守り」の動機が多く見受けられる。「守り」とは，従来の業務を前提とした効率性の向上を目的とした情報化投資のことである。

他方，北米企業の情報化投資の目的は，業務プロセスの効率化，業務コストの削減，社員の生産性向上，ペーパーレス化など「守り」の投資を重視すると同時に，顧客満足度の向上，競争優位の獲得，売上の増加，新規顧客獲得，新規ビジネス・製品の開発など，「攻め」の動機を併せ持っていることが大きな特徴としてあげられる。「攻め」とは，情報システムの戦略的利用による効果

第7章 経営情報システムの管理

図表7-8 情報化投資の目的

(A) 情報化投資目的の日本・北米比較

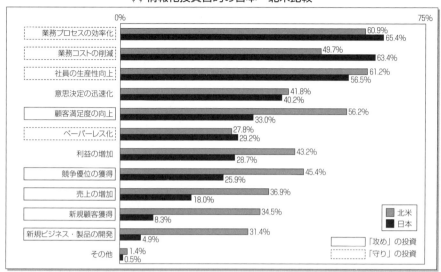

（資料）ガートナーITデマンド調査室（2006年調査）。
（出所）東山尚［2008］202頁。

(B) 企業規模別情報化投資課題

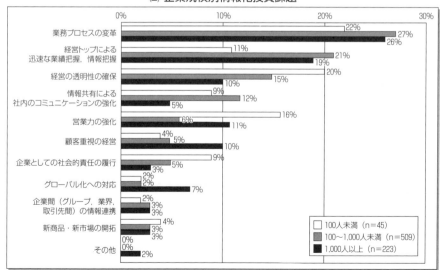

（資料）JUASI企業IT動向調査（2007年調査）。
（出所）東山尚［2008］210頁。

性の向上を目的としていることである。もっとも，このような複数回答の場合，一般的に日本人は，確からしいもの以外は選択しないという傾向があるので，このことを勘案して調査結果を評価する必要がある。

次に，企業規模と情報化投資目的との関連について考察する。図表7-8(B)に示されるように[17]，企業規模を，①100人未満，②100人～1,000人未満，③1,000人以上の3つに区分すると，情報化投資の目的が大きく異なることが分かる。

①100人未満の企業では，経営の透明性の確保，営業力の強化が，情報化投資の目的として特に注目されている。トップが企業全体の動きを容易に把握でき，営業力の強化に寄与する情報システムを望んでいることは，企業規模からみて容易に理解できる。②100人～1,000人未満の企業では，業務プロセスの変革，経営トップによる迅速な業績把握・情報把握が，情報化投資の目的として特に注目されている。③1,000人以上の企業では，業務プロセスの変革，顧客重視の経営，グローバル化への対応などが，情報化投資の目的として注目されていることが分かる。1,000人以上の企業では，具体的にいえば，グローバル市場で事業展開をするために，顧客と直結したSCM（サプライチェーン・マネジメント）の構築などを目指して情報化投資を進めていることが伺える。

❸ 投資対効果測定の困難性

情報化投資について，今まで多くの理論書・実践書において，投資対効果，費用対効果について多くの指標を用いて説明がなされてきた。経営情報システムの管理において，情報化投資の問題は，決め手がないので多くの困難性を有すると前に述べたが，仮に，投資対効果，費用対効果の測定が科学的で客観的であれば，情報化投資の問題はかなり解決することは間違いない[18]。

しかし，①情報化のための投資，②情報化投資の効果，③情報化の費用，のいずれをとっても，多くの未解決の問題がある。それぞれについて簡潔にみてみよう。

① 情報化のための投資：先述したように，情報化関連投資には，1)通信用インフラ（通信用電線・ケーブル，通信用光ファイバ製品），2)情報通信機器（デジタル・フルカラー複写機，ボタン電話装置，ファクシミリ，電子交換機，

第7章 経営情報システムの管理

デジタル伝送装置，固定通信装置，携帯電話，PHS，基地局通信装置），3) 電子計算機（汎用コンピュータ，ミッドレンジコンピュータ，パーソナルコンピュータ，外部記憶装置，入出力装置，端末装置），4) 情報サービス（受注ソフトウェア，ソフトウェアプロダクト），5) 産業用機械（半導体製造装置，フラットパネル・ディスプレイ製造装置）など，多種多様な要素が含まれる。

　この中で，当該企業にとってどの範囲までを情報化投資というのか，また，自社の情報システム部門の人件費，企画・開発費用，運用・保守費用などの情報化投資をどのように見積もるのか，対象範囲の選択・見積もりの方法など，情報化のための投資を測定するのは意外と難しい。

② 情報化投資の効果：業務プロセスの効率化，業務コストの削減，社員の生産性向上，ペーパーレス化など，前に「守り」と述べた従来の業務を前提とした効率性の向上が情報化投資の目的の場合，業務工数，コスト，生産性，帳票数など，効果を算定するための定量化がある程度可能であるので，それらの指標（業務工数，コスト，生産性，帳票数など）を金額に直接的・間接的に換算すれば，効果の測定は可能である。

　しかし，顧客満足度の向上，競争優位の獲得，売上の増加，新規顧客獲得，新規ビジネス・製品の開発など，前に「攻め」と述べた効果性の向上が情報化投資の目的の場合，顧客満足度の向上，競争優位の獲得，売上の増加，新規顧客獲得，新規ビジネス・製品の開発のいずれをとっても，情報システムの効果がどれだけかを確定することは容易なことではない。例えば，顧客満足度の向上に，情報システムは確かに寄与するかもしれないが，製品の品質・性能の向上，営業マンの接客なども顧客満足度の向上には寄与するはずである。どこまでが情報システムの効果であるかは，多分に測定者の主観の問題になるであろう。

③ 情報化の費用：上の情報化のための投資，情報化投資の効果と比較すると，情報化の費用の測定は比較的容易である。ただし，費用は「費用収益対応の原則」により，収益と対応させようとすると，これはこれで難しいものがある。情報化投資をせずに，システムインテグレータにアウトソーシングをすれば，アウトソーシング費用として計上するので，費用対効果も比較的測定

しやすくなる。投資から費用へ，固定費から変動費へという流れの一部はここからきていると思われる。

上述したように，①情報化のための投資，②情報化投資の効果，③情報化の費用，のいずれをとっても，測定そのものが難しい。まして，投資対効果，費用対効果のように，それらの変数を組合せると，科学的で客観的な指標としては現段階では用いづらい。情報化ポートフォリオのような一見非科学的な，トップダウン型のツールが開発される背景はここらにあるといえよう。もちろん，①情報化のための投資，②情報化投資の効果，③情報化の費用，の測定方法を研究し確立するための工夫は今後も欠かせない。経営情報システムの情報化投資の問題はまだ道半ばの状態にあるといえよう。

5 CIO（最高情報責任者）

❶ CIOとは

今まで，経営情報システムの管理について，システムのライフサイクル管理，システムの企画・開発，システムの運用・保守，情報化投資，について考察してきた。本章の最後に，経営情報システムの管理の主体であるCIOについて考察する。

CIO（Chief Information Officer）とは，①経営戦略，②業務・プロセス改革，③情報戦略，④IS（情報システム）管理，の４つの分野を横断する業務を統括する最高情報責任者のことである。情報統括役員ともいう。

日本の政府機関では，2000年の高度情報通信ネットワーク社会推進本部（IT推進本部）令によって，情報通信を所管する経済産業省や総務省をはじめとする全中央政府が，情報統括責任者（CIO）や情報統括責任者補佐官（CIO補佐官）を設置した。当時選任されたCIOには，縦割りや能力のばらつきが指摘されており，2016年以降はその反省に基づいて，改正された内閣法に基づいて，CIOに法律上の根拠を付与するとともに，厳格な採用基準を課することになった。当初は，国際テロ操作情報の流出など政府中枢を震撼させる状況の中で，取り

第7章 経営情報システムの管理

急ぎCIOを設置したというのが実態であろう。

　民間企業においても，中央政府に劣らず，CIOの設置は喫緊の課題である。民間企業においては，中央政府よりも15年ほど早くCIOが設置されはじめた。具体的には，1985年（昭和60年）の電電公社の民営化の頃から，情報通信システムの重要性が高まり，情報通信システムの善し悪しが企業の業績を規定する事例が多く発生したことから，多くの企業で次々とCIOが設置された。実際に，セブンイレブン，花王，ヤマト運輸などでは，優秀なCIOのもとで業績を飛躍的に伸ばした。

　CIOには，情報通信システムや情報戦略に関する知識や経験は当然のこととして，経営戦略や経営管理などの経営に関する高い見識も併せて要求される。第6章において考察したBPR（ビジネスプロセス・リエンジニアリング）を例にとると，企業間情報ネットワークの構築，エンドユーザー・コンピューティングなどの情報通信システム分野の知識と経験に加えて，ビジネスシステム戦略，ビジネスモデル特許，プロセス・イノベーションなどの経営分野の知識と経験がないと，CIOの機能を果たすことはできない。米国のCIOには，情報工学分野の工学修士，MBA（経営学修士）の双方を保持している事例が増えている。果たして日本にCIOに適した人材は存在するのであろうかという論議は，1985年頃からほぼ30年間も続いている。

❷ CIOの役割

　CIOの役割・機能は，図表7-9に示されるように[19]，①経営戦略，②業務・プロセス改革，③情報戦略，④IS（情報システム）管理，の4つの分野を横断する業務を，最高情報責任者として統括することである。4つの分野におけるCIOの役割について簡潔にみてみよう。

① 経営戦略：経営戦略の策定自体は，CEO（最高経営責任者）の管轄であるが，CIOの役割は，IT/ICTの戦略的活用を基軸とした情報戦略と，CEOが管轄する経営戦略の整合性を保ちつつ，競争優位の獲得・保持を実現することである。具体的には，ビジネスモデルの変革を伴うビジネスシステム戦略を管轄することが多い。

図表7-9　CIOの機能

ITの戦略的活用		
ITを経営や事業に活用するための戦略の立案及びその戦略の実行を行う。ITによる仕組み自体が、その事業の競争優位性となり、新たな付加価値の提供が可能となる。	経営戦略	情報戦略を連携されるために必要となる経営戦略を提案する。経営戦略では主にITを活用したビジネスモデルの変革を担う。
	事務・プロセス改革	事業戦略の実現に向け、業務改革・プロセス改革（組織改革、BPR等により新たに業務・プロセスの仕組みを変えること）を立案・実行する。業務・プロセス改革では主にITを活用した業務システムの変革を担う。
	情報戦略	CIO機能の中核をなす情報戦略を立案・実行する。情報戦略とは経営・事業戦略を実現するための、組織の情報システムに関わる戦略を指す。
ITの事業基盤強化		
ITを企業における事業基盤としての価値を最大化するために、IT組織・人材などをはじめガバナンスの強化や情報システム（IS）の管理強化を行う。事業基盤の強化により、従来の経営資源をより効率的に活用できるようになる。	IT組織戦略	企業の情報戦略を遂行するための組織・人材の構造を決定・計画し、それらを実行することにより組織としての総合力を高める。
	IT人材育成	企業のIT人材の育成、評価、及び組織運営を構築、管理する。情報システムを企画・導入・保守・運用する人材だけでなく、企業のIT活用を円滑に行うために人材の育成、管理を行う。
	ITガバナンス	企業の競争強化や利益向上、及び、日々の企業活動を支えることを目指し、情報システムの導入・運営に関するメカニズムの確立、運用、見直しを実施する。
	IT投資管理	企業全体およびプロジェクト単位の視点から、情報システムに関する投資管理の仕組みを構築し、コストおよび効果の見直しや調整を行う。
	IS管理	IS（情報システム）の最適化を行うためにプログラム単位及びプロジェクト単位で適切な管理を行う。
	IT調達管理	情報システムの適切な調達を行うための調達戦略立案、外部委託管理等を行う。
	ITプロジェクト管理	情報システム構築のプロジェクトの管理、システムの安定稼動の管理を行う。
	ITリスク管理	企業のITに関するリスク（情報セキュリティ・個人情報保護等）を管理する。

（資料）　日本情報システムユーザー協会（ワーキンググループ資料）。
（出所）　根来龍之＝経営情報学会編［2010］193頁。

② 業務・プロセス改革：業務の再編成、プロセス・イノベーションを主軸とするBPR（ビジネスプロセス・リエンジニアリング）を推進し、ビジネスモデルやビジネスシステムそのものが新たな競争優位の源泉となるように、その事業基盤を確立する。現実に、BPRは、新たなビジネスシステム戦略の基盤となることが多い。

③ 情報戦略：情報戦略の策定・推進は、CIOの役割の中核であることはいま

でもない。情報戦略は，IT/ICTの戦略的活用によって，競争優位の獲得・保持を実現することが主目的であるが，情報戦略を推進するために，CIOは，IT組織戦略，IT人材育成，ITガバナンス，IT投資管理，などの機能を果たさねばならない。

④ IS（情報システム）：経営戦略，業務・プロセス改革，情報戦略を効果的に推進するためには，その基盤であるIS（情報システム）が効果的・効率的なものでなければならない。CIOは，効果的・効率的なIS（情報システム）を獲得・維持するために，IT調達管理，ITプロジェクト管理，ITリスク管理，などの機能を果たさねばならない。

❸ ITガバナンス

近年，CIOの役割を考察する中で，ITガバナンスの議論が増えてきた。経済産業省（当時は通商産業省）によれば[20]，「ITガバナンスとは，企業が競争優位性の構築を目的として，IT戦略の策定および実行をコントロールし，あるべき方向へと導く組織能力のこと」である。

また，ITガバナンス協会は，「ITガバナンスとは，経営陣および取締役会が担うべき責務であり，ITが組織の戦略と組織の目標を支えあるいは強化することを保証するリーダーシップの確立や，組織構造とプロセスを構築することである」と定義している[21]。

本書では，上述した経済産業省やITガバナンス協会の定義を参考にしつつ，「ITガバナンスとは，CIOを中心とする経営陣が，IT/ICTの戦略的活用によって，経営目標を効果的・効率的に実現するための仕組み」と定義して議論を進める。

ITガバナンスは，第2章で考察したコーポレート・ガバナンス（corporate governance）の一環として生まれた概念である。すなわち，従来のように情報戦略や情報システムを，情報システム部門任せにするのではなく，経営陣主体の仕組みを構築することを目指したものである。

ちなみに，コーポレート・ガバナンスの背景は，近年の不正や不法などの企業犯罪をはじめとする企業不祥事が，コーポレート・ガバナンスに関する構造

的な要因にあるという問題意識がその根底にあげられる。2006年5月から新会社法が施行されたことに伴って，社会的関心が一気に広まった概念である。新会社法では，コーポレート・ガバナンス，内部統制制度，コンプライアンス（法令遵守），情報開示，などがすでに施行されている。

　コーポレート・ガバナンスの一環としてのITガバナンスでは，一般的に，1)経営目標から情報戦略への落とし込み，2)情報戦略の情報システム部門責任者に対する正確な伝達，3)情報システム部門責任者に対する支援，4)情報投資の優先順位づけ（情報化ポートフォリオ），5)リスク管理，6)システム資源の調達支援，7)情報システム構築プロジェクトの進捗管理，などがITガバナンスの機能として期待されている。先に定義した「ITガバナンスとは，CIOを中心とする経営陣が，IT/ICTの戦略的活用によって，経営目標を効果的・効率的に実現するための仕組み」の具体的内容といえよう。

　ITガバナンスにおけるIT/ICTの戦略的活用について，視点をかえてみてみよう。図表7-10に示されるように[22]，企業革新の4つの潮流として，①キャッシュフロー…株主利益最大化の経営，②顧客との共存…CS経営，③社員との共存…インセンティブ経営，④取引先・社会との共生…コア・コンピタンス経営，があげられる。この4つの潮流について簡潔にみてみよう。

① キャッシュフロー…株主利益最大化の経営：グローバル経営への対応，国際会計基準に基づく企業業績の透明な開示，自己資本利益率の向上など，キャッシュフローを中心とした株主利益最大化の経営が要請されている。

② 顧客との共存…CS経営：顧客満足度の向上，顧客満足度の向上による顧客ロイヤルティの向上，ワントゥワンマーケティング，マスカスタマイゼーションなど，CS経営が要請されている。

③ 社員との共存…インセンティブ経営：日本型雇用システムの崩壊への対応，社員の就業意識の変化，新たなインセンティブの必要性など，インセンティブ経営が要請されている。

④ 取引先・社会との共生…コア・コンピタンス経営：本業の強みを通じた社会貢献，フリー，フェア，グローバル化の下での共生ルール，Win-Win関係の確立など，コア・コンピタンス経営が要請されている。

第7章　経営情報システムの管理

　次に，図表7-10の右半分には，IT/ICTの果たす役割として，①オートメイト（自動化・効率化），②インフォメイト（増力化），③コラボレイト（協働），④クリエイト（創造），があげられている。この4つの役割について簡潔にみてみよう。
① 　オートメイト（自動化・効率化）：業務プロセスの効率化，高速化，高品質化など。
② 　インフォメイト（増力化）：人間の知的活動の増幅など。

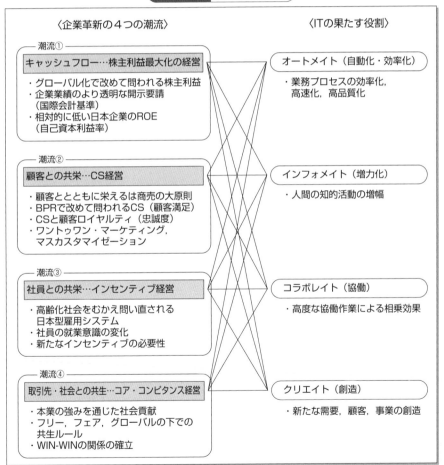

図表7-10　ITガバナンス

（出所）　野村総合研究所システムコンサルティング事業本部［2000］31頁，33頁を参照して筆者作成。

③　コラボレイト（協働）：高度な協働作業による相乗効果など。
④　クリエイト（創造）：新たな需要，顧客，事業の創造など。

　上述した企業革新の4つの流れと，IT/ICTの果たす役割を相互に結びつけると，濃淡はあるものの，図表7-10に示されるように，16通りの組合せができる。CIOを中心とする経営陣は，この16通りの組合せによって，経営戦略と情報戦略を効果的・効率的に結びつけ，所期の目的を実現することができよう。何事も目的と手段の合致が重要である。

1）高原康彦=高津信三編［1991］93頁。
2）大阪市立大学商学部編［2003］156頁。
3）遠山暁=村田潔=岸眞理子［2003］118頁。
4）大阪市立大学商学部編［2003］の8つのプロセスを枠組みとして採用し，内容については，多くの先行研究に基づいて筆者が要約。
5）情報処理推進機構ソフトウェア・エンジニアリング・センター編［2013］23-31頁。
6）同上書53頁。
7）同上書29頁。
8）同上書63-66頁。
9）遠山暁=村田潔=岸眞理子［2003］117-131頁，宮川公男編［2004］234-241頁を参考にして筆者作成。
10）情報処理推進機構ソフトウェア・エンジニアリング・センター編［2013］67-69頁。
11）同上書66-67頁。
12）Davis, G.B.=Olson, M.H.［1985］p.605を筆者が一部加筆修正。
13）システム監査について，経済産業省の「システム監査基準」の他にも，日本システム監査人協会編［2016］など多くの文献を適宜参照した。
14）野村総合研究所システムコンサルティング事業本部［2000］275頁。
15）総務省［2015］345頁。
16）東山尚［2008］202頁。
17）同上書210頁。
18）投資対効果測定について，野村総合研究所システムコンサルティング事業本部［2000］，東山尚［2008］，根来龍之=経営情報学会編［2010］などの多くの文献を参照したが，いずれも投資対効果測定について決め手に欠けると述べている。
19）根来龍之=経営情報学会編［2010］193頁。
20）経済産業省（当時は通商産業省）［1999］の定義が，ITガバナンスに関する数少ない公的な定義である。
21）Information Systems Audit and Control Association/IT Governance Institute「COBIT 4.1」
22）野村総合研究所システムコンサルティング事業本部［2000］31頁，33頁を参照して筆者作成。

第8章 eビジネス

本章では，eビジネスについて考察する。eビジネスは，従来の経営情報システム（業務の自動化，構造的意思決定の支援，半構造的・非構造的意思決定の支援，競争優位の獲得・維持，プロセス・イノベーションの推進）とは次元が異なり，事業基盤そのものという特徴がある。

第一に，eビジネスの意義について考察する。まず，eビジネスの概念について理解する。次いで，eビジネスの環境について理解を深める。さらに，eビジネスの課題について言及する。

第二に，eコマース（電子商取引）について考察する。まず，eコマースの概念について理解する。次に，eコマースの利点・欠点について理解を深める。さらに，eコマースの課題について言及する。

第三に，ビジネスモデルについて考察する。まず，ビジネスモデルの概念について理解する。次いで，eマーケットプレイス（電子市場）について言及する。さらに，ビジネス・アーキテクチャについて理解を深める。

第四に，SCM（サプライチェーン・マネジメント）について理解する。まず，SCMの概念について理解する。次に，SCMと競争優位について言及する。さらに，DCM（ディマンドチェーン・マネジメント）について理解を深める。

第五に，情報空間の拡大・複合化について考察する。まず，情報空間の再認識を行う。次いで，移動体通信について理解を深める。さらに，ネットワーク社会のインフラストラクチャの1つであるEDI（電子データ交換）とCALS（継続的な調達とライフサイクルの支援/光速電子商取引）について言及する。

1 eビジネスの意義

❶ eビジネスの概念

　eビジネスは，ICTが進化して社会に浸透するにつれ，急速に進展してきた事業分野である。その言葉の由来は，IBMのガースナー会長が，1997年10月に提唱したウェブなどのインターネット技術を取り込んだ新しいビジネス形態の名称である"e-business"に端を発すると言われている[1]。

　IBMコンサルティング・グループ［2000］の定義によれば，eビジネスとは，「ネットワーク技術の活用によりまったく新しいビジネスモデルを創出し，顧客価値を最大化するとともに市場における企業価値を最大化し，競争優位を確立すること[2]」である。

　また，ターバン=リー=キング=チャング（Turban, E.=Lee, J.=King, D.=Chung, H.M.）［2000］は，「eビジネスとは，単に売り買いばかりでなく，顧客にサービスを提供し，ビジネス・パートナーと協働し，組織内における電子的なやり取りを実行すること[3]」と述べている。

　本書では，上述した各種の定義を参考にして，eビジネスを「インターネットを中核としたICTの強みを生かし，従来のビジネスのあり方を変革させることによって競争優位を生み出し，企業が様々なステークホルダーと協働で新たな価値を創造することによって対価を獲得する事業活動」と定義して議論を進める。

　eビジネスは，当初，組織内の効率化を図る手段として取り入れられた。しかし，情報，物流に関するインフラストラクチャが整備され，新たな情報空間における市場規模が拡大したため，企業はeビジネスを他社との差別化戦略の一環として利用し，また競争優位の源泉として，その形態を多様化させながら急激に事業分野が拡大しつつある。

　eビジネスの対象範囲は，図表8-1に示されるように[4]，1）後述するeコマー

第8章 eビジネス

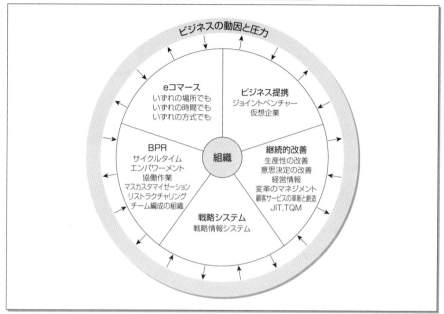

図表8-1 eビジネスの対象範囲

(資料) Turban, E.=Mclean, E.=Wetherbe, J. [1999] から転載。
(出所) Turban, E.=Lee, J.=King, D.=Chung, H.M. [2000] 訳書29頁。

ス（電子商取引）を中核として包含しつつ，2)BPR（ビジネスプロセス・リエンジニアリング）を推進し，3)従来のSIS（戦略情報システム）に代替する新たな戦略的情報システムを確立し，4)TQMなどの継続的改善を続け，5)仮想企業など新たなビジネス提携を推進するなど，経営環境の変化に対応するために年々拡大している。また，eビジネスは，各種ステークホルダーとの協働の中で，新たな価値を提供するためのビジネスモデルとして確立されつつある。

❷ eビジネスの環境

eビジネスの環境について考察するとき，情報空間の拡大・多様化は避けては通れない問題である。情報空間の拡大・多様化については，本章の第5節で節を独立して考察するが，eビジネスの最大の原動力は，図表8-2に示されるように[5]，インターネット・イントラネット・エクストラネットの普及であるこ

図表8-2　eビジネスの環境

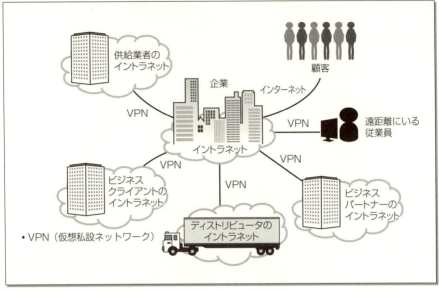

（資料）　Szuprowicz, B.［1998］p.6から転載。
（出所）　Turban, E.=Lee, J.=King, D.=Chung, H.M.［2000］訳書336頁。

とは間違いない。

　インターネット・イントラネット・エクストラネットの普及によって，時間的制約，空間的制約，組織的制約など，各種の制約を意識することが極めて少ない情報・物理空間を有することができるので，顧客・原材料供給企業・物流企業・金融機関など各種ステークホルダーとの協働の中で，新たな価値を提供するためのビジネスモデルを確立することができるようになった。

　一方，eビジネスの環境として，顧客サイド（需要・ニーズ）の変化も大きな要因としてあげられる。具体的には，消費者の需要や顧客のニーズが，従来と比較して激変しつつある。紙幅の制約もあるので，①ワントゥワンマーケティング，②カスタマイズ／パーソナライゼーション，についてみてみよう。

　マーケティング管理において，マーケティング・ミックス（marketing mix）は中心的な概念の1つである。マーケティング・ミックスの概念は，多くの研究者によって提唱されているものの，マッカーシー（McCarthy, E.J.）による4

Ｐ（①product：製品，②price：価格，③place；流通チャネル，④promotion：販売促進）が，ネーミングのよさもあって圧倒的な支持を得ている。

近年では，ローターボーン（Lauterborn, R.）［1990］による顧客志向のマーケティング・ミックスとして，4 C（①customer solution：顧客ソリューション，②customer cost：顧客コスト，③convenience：利便性，④communication：コミュニケーション）なども重要視されている[6]。ちなみに，4 Pは供給サイドのマーケティング・ミックス概念であり，4 Cは顧客サイドのマーケティング・ミックス概念であるので，両者は実は，表裏の関係にあるといえよう。

マーケティングの対象となる顧客の範囲も変わりつつある。不特定多数の人数をターゲットにし，同一製品を大量生産するマス・マーケティングから，企業は徐々に細分化されたレベル（セグメント，ニッチ，地域，個人）に目を向けるようになった。消費者の趣向やライフスタイルが多様化したため，価値をそれぞれのセグメントにカスタマイズして提供することが必要になってきた。

このように細分化が究極まで進んだマーケティング手法の1つとして，ペパーズ=ロジャーズ（Peppers, D.=Rogers, M.）［1993］／［1997］によって提唱されたワントゥワンマーケティングがあげられる。ワントゥワンマーケティングは，「思想面」「戦略面」「手法面」において，従来のマーケティングとは大きく異なっている[7]。それぞれについて簡潔にみてみよう。

ワントゥワンマーケティングは，「思想面」では，顧客を平均的・標準的な人間ではなく，異質な個別的人間とみている。そのために，マスメディアではなく，デジタル・メディアによる個人の表出と個別対応を重視する。また，ワントゥワンマーケティングでは，モノよりも意味と価値の創出を重視する。具体的には，関係・参加・相互作用を通じた需要の創発を目指す。

ワントゥワンマーケティングは，「戦略面」では，従来の顧客獲得よりもむしろ顧客維持にポイントをおく。そのために，長期的関係づくり・顧客生涯価値を重視する。また，ワントゥワンマーケティングでは，従来の市場シェアではなく，顧客シェアを重視する。具体的には，標準化大量生産ではなく，マス・カスタマイゼーションに取り組む。さらに，従来の競争志向ではなく，ワントゥワンマーケティングでは，協働・共創・共生志向を重視する。

ワントゥワンマーケティングは，「手法面」では，従来の販売促進中心ではなく，顧客サービスに重点をおく。そのために，製品差別化ではなく，顧客差別化を重視する。また，従来の製品マネジメントよりも顧客エンパワーメントに取り組む。さらに，顧客満足度の測定ではなく，顧客との継続的対話を重視する。そのために，プロダクト・マネジャーではなく，顧客マネジャーを設置する。情報面では，効率化のためのITではなく，ネットワークのためのITに取り組む。

　ワントゥワンマーケティングと同様に，近年，急速に台頭しつつあるマーケティング手法としてリレーションシップ（関係性）・マーケティングがあげられる。リレーションシップ（関係性）・マーケティングは，顧客との相互作用，価値共創，双方的対話を重視する。具体的には，個々の顧客データベースをもとに，製品・サービス，アプローチ・メッセージ，出荷・支払い方法などをカスタマイズして，それによって顧客ロイヤリティの効果を上げることができるマーケティング手法である。リレーションシップ（関係性）・マーケティングによって，①時間のギャップ，②空間のギャップ，③所有のギャップ，④情報のギャップの克服が一歩進展すると思われる。

　次に，カスタマイズ／パーソナライゼーションについて簡潔にみてみよう。カスタマイズとは，顧客・ユーザーの好みに合わせて，製品のデザイン・機能・性能・構成などを作り変えることである。いわば特別注文による特製である。パーソナライゼーション（personalization）とは，何かを個々人向けにカスタマイズすることである。すなわち，「あなた用のもの」を作るということである。もともとは，コンピュータのソフトウェアの分野で，限定された使い方をされてきた用語であるが，次第に自転車のサドルや自動車のエアロパーツなど，カスタマイズ／パーソナライゼーションの概念は急速に広がり始めた。

　顧客・ユーザーの好みに合わせて，製品のデザイン・機能・性能・構成などを作り変えるためには，顧客・ユーザーの好みという主観的な領域にまで踏み込んだ詳細な情報が必要である。まさに，顧客・ユーザーを平均的・標準的な人間ではなく，異質な個別的人間とみなければ，特別注文による特製はできない。そうなると，従来のビジネスのやり方では限界があり，インターネット・

第8章 eビジネス

イントラネット・エクストラネットで顧客・ユーザーと直接的につながり，関係・参加・相互作用を通じた協働・共創・共生志向による顧客・ユーザー特有の意味と価値の創出が必須の要件となる。

上で，インターネット・イントラネット・エクストラネットの普及と，カスタマイズ／パーソナライゼーションについて概観したが，従来のビジネスではなく，eビジネスの環境が進展していることが明らかになったであろう。

❸ eビジネスの課題

eビジネスの進展に伴って，解決すべき課題も山積している。ここでは，様々な課題の中から，①電子決済，②個人情報保護，③情報倫理，の3つに絞って考察する。

① 電子決済：電子決済とは，商取引によって発生する購入代金やサービス使用料などの決済を，ネットワークやICカードを利用して行うことである。eビジネスにおいて，財・サービスに関する情報の流れが電子上で行われるので，対価の流れも電子上で行われることが必然的に重要になった。いわゆる決済の電子化である。電子決済において，電子マネーが進展したものの，セキュリティの観点からみると，多くの課題が残っている。ターバン=リー=キング=チャング［2000］は，セキュリティ対策として，1)暗号化，2)電子署名と証明書，3)ファイア・ウォール，の3つをあげている[8]。

第一の暗号化は，メッセージの機密性を保証することを目的としており，機密の情報が漏れないように，コンピュータ・アルゴリズムに基づいて情報が変換され，鍵を持っているものだけが，暗号化された情報を解読することができる。暗号を解読する鍵は，秘密鍵暗号と公開鍵暗号の2種類があり，それぞれ特徴が異なる。

第二の電子署名と証明書のうち，電子署名は，インターネット上の身分証明として活用される。電子署名は，公開鍵暗号に基づいて行われる。仕組みは，送信者が自分だけが知っている秘密鍵で暗号化したデータを送り，受信者は，送信者が公開している公開鍵で復号する。しかしこの時点では，送信者が実際の送信者である保証はない。例えば，秘密鍵を盗んだ可能性もある。

そこで，公開鍵と秘密鍵の持ち主が本人であることを保証するのが，デジタル認証局と呼ばれる第三者機関によって発行されるデジタル証明書である。

第三のファイア・ウォールは，ハッカーなどの侵入に対して，内外のネットワーク上のすべてのやり取りを，防火壁の役割を担うサーバーを経由させることによって，特に外部から内部に入ってくる利用者をチェックして不正を防止するというものである。

② 個人情報保護：eビジネスが社会に浸透するにつれ，企業はICTを活用して，顧客1人ひとり（個客）のニーズに合わせたビジネスを推進するようになった。ICTの進化に伴って，企業が顧客の個人情報を入手しやすくなったことが背景にあることはいうまでもない。

しかし，顧客情報の適切な管理を怠ったために，顧客情報が外部に流出するという事件が近年続発している。そのため，2005年4月から個人情報の保護に関する法律が施行された。この個人情報保護法によって，企業に個人情報を保護する義務が課せられた。個人情報とは，「生存する個人に関する情報で，特定の個人を識別することができるもの」と法律では定義している。

ICTの進化に伴って，今後もeビジネスは，さらに進展するであろう。顧客の個人情報を用いて顧客のカスタマイズ化はますます加速し，企業は，より多くの付加価値をつけた財・サービスを提供することが可能になる。一方，個人情報の悪用などに対する法や規制の遅れが目立つので，早急な対策が望まれる。対策の遅れは，eビジネスの健全な発展の阻害要因となる。

③ 情報倫理：近年，ディープ・パケット・インスペクション（以下，DPI）という技術が，上で述べた個人情報保護との関連で話題になった。DPIは，プロバイダーのサーバーに専用の機械を接続し，利用者がサーバーとの間でやり取りする情報を読み取る技術である。利用者がサーバーとの間でやりとりする情報を読み取り，分析することによって，例えば，利用者の趣味や志向に合致した広告を配信することができる。DPIは従来の技術に比べて，より多くの利用者のデータを集めることができるので，ターゲティング戦略における活用が期待される。一方，行き過ぎた個人情報を知られる危険性も含んでいる。そのため，企業には，「情報を取り扱う際に個人や組織がとるべ

き行動律」,すなわち,情報倫理を意識し,得られる情報を適切に使用すること,また,得られた情報を守る姿勢が強く求められる。なお,個人情報保護と情報倫理については,第10章（経営情報論の今日的課題）において詳しく考察する。

2 eコマース（電子商取引）

❶ eコマース（電子商取引）の概念

　eビジネスにおいて,企業は,eコマース（電子商取引）を基本的な要素として事業を推進する。ターバン=リー=キング=チャング［2000］によれば,取引の性質によって,eコマース（電子商取引）の形態を,次の6つに分類している[9]。

① BtoB：Business to Business,すなわち,企業間取引のことである。企業と企業の取引が対象で,不特定多数の企業間で商談,見積り,受発注さらに請求書の発行や決済をネット上で行う。

② BtoC：Business to Consumer,すなわち,企業消費者間取引のことである。企業と消費者（個人）間との取引において,企業が消費者にインターネットを利用して商品やサービスを提供するもので,オンラインショッピングがその代表例である。

③ CtoC：Consumer to Consumer,すなわち,消費者間取引のことである。消費者（個人）と消費者との間における電子商取引で,個人同士が行うサービス活動である。ウェブサイト上での個人的な売買やオークションなどが代表例であり,ネット上の個人売買型の取引を意味している。

④ CtoB：Consumer to Business,すなわち,消費者企業間取引のことである。売り手を求め,彼らと相互に話し合い取引を完了する個人と同時に,製品あるいはサービスを組織に売り込む個人を意味している。

⑤ ノンビジネスeコマース：研究機関,非営利組織,宗教組織,社会的な組織や政府エージェンシーのようなノンビジネス機関において,諸種のeコマ

ース（電子商取引）を活用して経費を減少したり，利用度を改善したり，あるいはオペレーションやサービスを改善する事例が増えている。
⑥　イントラビジネス（組織内）eコマース：商品，サービス，あるいは情報

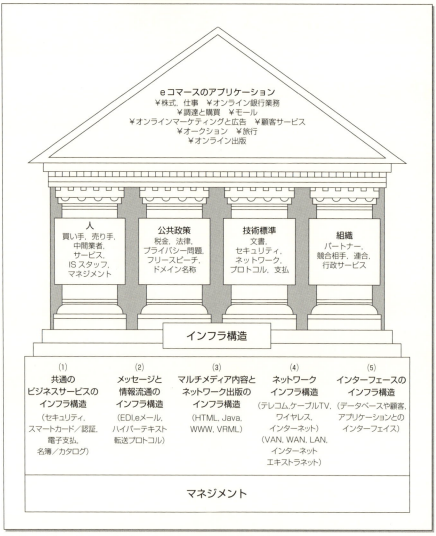

図表8-3　eコマースの枠組み

（出所）Turban, E.=Lee, J.=King, D.=Chung, H.M. [2000] 訳書11頁。

の交換を含み,通常イントラネットで行われるすべての内部的な組織活動を含む。それらの活動は,当該企業の製品の社員への販売,オンラインによる教育訓練,費用節減活動などがあげられる。

さらに,現在のeコマース(電子商取引)には,上記の6つの分類に加えて,政府と企業の取引であるGtoB(Government to Business)や,政府と消費者の取引であるGtoC(Government to Consumer)なども存在する。

eコマース(電子商取引)の枠組みは,図表8-3に示されるように[10],①マネジメント,②インフラ構造(共通のビジネスサービス,メッセージと情報流通,マルチメディア内容とネットワーク出版,ネットワークインフラ,インターフェース),③事業推進要素(人,公共政策,技術標準とプロトコル,組織),④eコマースのアプリケーション,の4つの構成要素によって成り立っている。

❷ eコマース(電子商取引)の利点・欠点

eコマース(電子商取引)は,図表8-4に示されるように[11],企業および消費者に対して,様々な恩恵をもたらしている。eコマースの利点・欠点について簡潔にみてみよう。

eコマースは,インターネット・イントラネット・エクストラネットの普及によって,時間的制約,空間的制約,組織的制約など,各種の制約を意識することが極めて少ない情報・物理空間を有することができるので,eコマースの利点として,第一に,全国市場や海外・国際市場へと市場の拡大が可能になる。現実に,従来ならば全国市場や海外・国際市場に進出することができなかった中小企業・中堅企業が,eコマースを武器として新たな事業を推進している事例が急増している。

eコマース(電子商取引)の利点の第二として,受発注時のミスの削減,ペーパーレス化,事務処理コストの削減,在庫費用の削減,調達コストの削減など,事業の電子化に伴う利点をそのまま顕著に得ることができる。

eコマースの利点の第三として,カスタマイズ/パーソナライゼーションによって,顧客との長期的関係づくりが可能になり,効果的な顧客サービスの提供が可能になる。そのことが,新製品や新市場セグメントの創出につながる。

図表8-4　eコマースによる企業および消費者にとっての利点

企業	①全国市場や海外・国際市場へと，市場の拡大。
	②ペーパーレス化や書類の作成，配布・蓄積などの電子化による費用の削減。
	③販売機能を多くの顧客に移転可能。
	④情報処理にかかわる間接費用の削減。
	⑤製品の受発注データのやり取りの際のミスの削減。
	⑥製品の発注から納品までのリードタイムの短縮。
	⑦在庫費用の削減。
	⑧デジタル製品の場合には，その流通費用をゼロにまで縮減可能なこと。
	⑨産業ユーザーの調達コストが削減されること。
	⑩効果的なカスタマイズされた広告・販売促進の展開や，効果的でカスタマイズされた顧客サービスの提供が可能。
	⑪新市場や新市場セグメントが創出されること。
消費者	①ほとんどこからでも，年中無休，1日24時間，ショッピングなどのサービスを受けられること。
	②見つけにくいか，手に入りにくい商品が入手可能である。
	③関心のある有形製品やサービス製品についての詳細な情報が入手できること。
	④デジタル製品の場合には，即時の配達がなされること。

（出所）　高橋秀雄［1998］11-13頁に基づいて筆者作成。

　このようなeコマース（電子商取引）の利点によって，経済産業省「平成27年我が国経済社会の情報化・サービス化に係る基盤整備（電子商取引に関する市場調査）」によれば，平成27年（2015年）の日本国内のBtoC市場規模は，13.8兆円（前年比7.6％増）まで拡大している。また，日本国内の狭義のBtoB市場規模は，203兆円（前年比3.5％増），広義のBtoB市場規模は，288兆円（前年比3.0％増）に拡大している。なお，狭義のBtoBとは，インターネット技術による電子商取引に限定した取引であり，広義のBtoBとは，コンピュータネットワークのすべてを介した電子商取引のことである。ET化率（電子商取引市場規模/全ての商取引市場規模）は，BtoCで4.75％（前年比0.38ポイント増），

狭義のBtoBで19.2%（前年比0.7ポイント増），広義のBtoBで27.3%（前年比0.8ポイント増）と，年々増加傾向にあり，商取引の電子化が引き続き進展している。企業消費者間取引の約1/20，企業間取引の約1/5～1/4がeコマースによる取引であることは注目に値する。

　eコマースにも欠点はある。特に，先述したインフラ構造がインターネット・イントラネット・エクストラネット中心であるので，特有の構成（オープンネットワーク）に起因して，商取引の安全性保持や消費者保護（具体的には，個人データの流出やクレジットデータなどの外部流出の問題）に特別の対策が必要である。その他，回線そのものやプロバイダーの設備トラブルに対する問題も意外と多い。また，販売サイトを装ってID/パスワードなどの個人データを騙し取ることが目的のフィッシング詐欺が後を絶たない。販売業者が外国にある場合，消費者側の国の法律の適用が困難な場合が多く，取引上のトラブルの原因になることがある。eコマースの最大の欠点は，もしもコンピュータシステム自体に不具合があれば致命的である。eコマースがインターネット・イントラネット・エクストラネットなどのインフラ構造を基盤とし，インフラ構造に全面的に依拠する以上，システムのトラブルは絶対に避けなければならない。

❸ eコマース（電子商取引）の課題

　eコマースにおいて，eビジネスの節で述べた電子決済，個人情報保護，情報倫理などの課題に加えて，情報通信技術上の課題，国境を越えるeコマースの課題など，解決すべき課題が山積している。ここでは，情報通信技術上の課題として，①インターネットマーケティング，②電子資金移動，③オンライントランザクション処理，④電子データ交換（EDI），⑤ユーティリティコンピューティング，の5つについて考察する。eコマースは，情報通信技術の集合・複合体でもあるので，情報通信技術に関する課題は重要である。また，国境を越えるeコマースの課題について考察する。まず，情報通信技術上の課題からみてみよう[12]。

① 　インターネットマーケティング：インターネットマーケティングは，オンラインマーケティング・ネットマーケティング・Webマーケティング・eマ

ーケティングなどとも呼ばれるように，インターネットを用いたマーケティングのことである。狭義には，電子メールなどを利用したマーケティングのことをいうが，広義には，デジタル化された顧客データ管理システムや電子的な顧客関係管理（CRM）システムを含む。インターネットマーケティングの最大の利点は，情報の伝達コストが安いこと，空間的制約がなく世界中の顧客（潜在顧客を含む）に発信できること，顧客との相互作用が可能なこと，顧客に関する統計データが取り易いこと，などがあげられる。インターネットマーケティングにおける技術的な課題は，検索エンジンマーケティング（ユーザーが入力した検索キーワードに対応した広告など）の洗練化，検索エンジンの最適化，バナー広告の最適化などがあげられる。インターネットマーケティングにおいて，セキュリティ問題は最大の課題である。顧客の多くは，個人情報の漏洩を恐れている。

② 電子資金移動：電子資金移動（ETF：Electronic Fund Transfer）は，1960年代に米国の銀行間の資金決済を電子化したことから始まったとされている。その後，金融機関・預金者・小売り業者を含めたネットワークに次第に拡大した。わが国においても，手形・小切手以外の資金移動手段として，古くから銀行振込がある。この銀行振込の最も電子化されたシステムが電子資金移動（ETF）である。振込依頼人が自分の保有するコンピュータ（端末）に，必要な情報を入力すると，全銀システムや日銀ネットを経由して，リアルタイムで受取人の銀行の口座に入金がなされる。近年では，デビットカード，ATM取引，オンライン請求支払い，電子送金，自動振替など，電子資金移動（ETF）の範囲が拡大しつつある。電子資金移動（ETF）は，eコマース（電子商取引）の「金流」機能を担うので，振替完了時点，銀行の責任範囲，コンピュータ記録の法的価値，カード犯罪の取り扱いなど，法的な課題の整備が必要不可欠である。

③ オンライントランザクション処理：オンライントランザクション処理（OLTP：Online Transaction Processing）は，コンピュータシステムの処理方式の一種で，利用者の操作などに応じて提起された互いに関連する複数の処理要求を，一体化して確実に実行するトランザクション処理のことである。具

体的には，端末などからの処理要求に基づいて，通信回線などを通じてホストコンピュータやサーバに送信し，即座に処理を開始して，密接に関連する複数の処理（トランザクション）を一体的に実行し，結果をすぐに返答する。オンライントランザクション処理（OLTP）は，銀行・航空会社・通信販売・スーパーマーケット・製造業など様々な産業で利用されている。OLTPの実例として，インターネットバンキング・注文処理・タイムレコーダーシステム・電子商取引・電子株取引などがある。OLTPの課題は，大量の処理要求が一斉に集まっても，停止や遅延しない高い性能や拡張性を保持することである。

④ EDI（電子データ交換）：EDI（Electronic Data Interchange：電子データ交換）とは，経済産業省の定義によれば，「異なる組織間で，取引のためのメッセージを，通信回線を介して標準的な規約を用いて，コンピュータ間で交換すること」である。取引のためのメッセージとは，具体的には文書（注文書や請求書など）のことであり，標準的な規約とは，プロトコルのことである。EDIを利用すると，注文書や請求書などの書類を作成・処理するためのコストを削減することができる。しかし，電子データ交換の規格は，国・地域・業界によっていくつかの規格があり統一されているわけではない。欧州で開発されたUN/EDIFACT（行政，商業および運輸のための電子データ交換）（ISO9735，JIS X 7011）や，日本の標準であるCII標準（JIS X 7012），米国の標準であるANSI ASC X12，さらに，日本チェーンストア協会標準データ交換フォーマット，家電協会標準EDIフォーマットなど，多くの規格が併存している。業界標準EDI，業界横断EDIは，eコマースにおいて極めて重要なインフラストラクチャであるので，中小企業に対する配慮，業際への配慮，国際への配慮が必要不可欠である。

⑤ ユーティリティコンピューティング：ユーティリティコンピューティング（utility computing）とは，電気・ガス・水道などの公共サービス（ユーティリティ）のように，必要な時に必要な分だけ利用して料金を課すコンピュータの利用方法のことである。ユーティリティコンピューティングを利用すれば，システムの構築費用はほとんどかからないので，誰もがeコマースに進

出することができる。クラウドコンピューティングやグリッドコンピューティングなど，ある意味で類似の概念がいくつか存在する。ユーティリティコンピューティングやクラウドコンピューティングは，車のレンタカー，小型船舶のレンタルボートのように，一定の発展が期待できるが，成否は事業者・利用者双方の取組み姿勢にかかっている。

　上で，eコマースの情報通信技術に関する課題について考察したので，次に，国境を越えるeコマースの課題についてみてみよう。国境を越えるeコマースの課題については，経済産業省が2010年に，「国境を越える電子商取引の法的問題に関する検討会」報告書を公表している[13]。報告書（概要を含む）は，日本の電子商取引事業者の国際展開の進展，国境を越える電子商取引への期待と法的リスク，BtoB取引における基本ルール，BtoC取引における基本ルール，製造物責任関連の適用，国境を越える電子商取引に取り組む上での留意点，海外IT関連法規，電子商取引に関する国際的な議論などによって構成されており，極めて適切な内容となっている。

　報告書では，国境を越えるeコマースの留意点として，取引に係る契約締結に際し，トラブルが生じた場合「日本の裁判所」で争うこと，適用される法規（準拠法）は「日本法を適用すること」などがあげられている。ただし，消費者向けの電子商取引については，国際裁判管轄・準拠法に関する事前合意が無効になる場合があるなど，国際的な法的問題は相手国の実情に詳しい専門家に相談することが求められている。

3　ビジネスモデル

❶ ビジネスモデルの概念

　近年，米国や日本において，ビジネスモデル特許が脚光を浴びていることもあり，ビジネスモデルという用語が日常的に多用されるようになってきた。しかしながら，ビジネスモデルという概念は，極めて多様性があり，その定義も

定かではない。そこでまず，ビジネスモデルの定義に関する主な先行研究について，時系列的に考察する。

國領二郎［1999］は，「ビジネスモデルとは，①誰にどんな価値を提供するか，②そのために経営資源をどのように組み合わせ，その経営資源をどのように調達し，③パートナーや顧客とのコミュニケーションをどのように行い，④いかなる流通経路と価格体系のもとで届けるか，というビジネスのデザインについての設計思想である」と定義した[14]。

江上豊彦［2000］は，ビジネスモデルを事業活動の形態と捉えた上で，事業活動を推進するために，①顧客（顧客は誰なのか），②顧客価値（顧客に対してどのような価値を提供するのか），③提供手段（その方法はどうするのか），④対価の回収手段（顧客に提供した価値の対価を誰からどのように受け取るのか），という要素を述べて，「ビジネスモデルとは，ビジネスの仕組み，ビジネスの構造である」と定義した[15]。

片岡雅憲［2003］は，「ビジネスモデルとは，経済活動において，①誰にどんな価値を提供するか，②その価値をどのように提供するか，③提供するにあたって必要な経営資源をいかなる誘因のもとに集めるか，④提供した価値に対してどのような収益モデルで対価を得るか，の4つの課題に対するビジネスの設計思想である」と定義している[16]。

加護野忠男=井上達彦［2004］は，ビジネスモデルの要素として，①どのような顧客に，②どのような価値を，③いかに提供すればいいのか，という3点をあげ，さらに類似用語として，①事業システム，②ビジネス・スキーム，③ビジネス・フォーマット，④ビジネス・パラダイム，⑤ビジネス・アーキテクチャ，の5つを指摘している[17]。

これらの先行研究におけるビジネスモデルの定義をみると，その概念は，①顧客，②顧客機能，③経営資源，④提供方法，⑤対価の回収方法，などの要素が重視されていることが分かる。

近年，わが国では，ミスミ，ブックサービスなど，独自に構築したビジネスモデルをベースとして，急成長している新たなタイプの企業が増えてきた。米国においても同様で，デル，フェデラル・エクスプレスなど，独自に構築した

図表8-5　ミスミのビジネスモデル

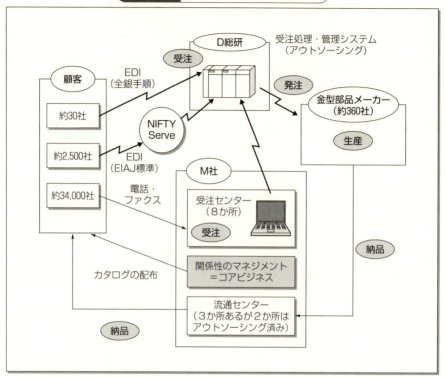

（出所）　岸川善光［1999］171頁。

ビジネスモデルをベースとして，急成長している企業が増えている。

　ミスミの事例を用いて，具体的にみてみよう。従来，ミスミの事業ドメインは金型卸であった。ところが，図表8-5に示されるように[18]，独自に構築したビジネスモデルをベースとして，金型用部品，FA用部品に加えて，医療用品，業務用食材など，事業ドメインは多面的かつ急速に拡大しつつある。

　ミスミでは，ビジネスモデルが主役であり，製品・市場戦略など他の要因は脇役のようにも見える。それはなぜか。結論的にいえば，従来，ミスミのコア・コンピタンスは「金型部品の企画・設計」であるといわれてきたが，現在のコア・コンピタンスは，情報通信ネットワークを中心とする事業基盤を活用して，顧客と生産者との「関係の再構築」を含む「関係性のマネジメント」にシフト

しているからである。

　すなわち,「関係のマネジメント」によって,顧客と生産者との双方に便益(価値)を提供しており,事業基盤上で取り扱う製品・サービスは,極端にいえば何にでも適用することができる。ミスミでは,ビジネスモデルが主役であり,製品・市場が脇役のようにも見えるのも不思議なことではない。

❷ eマーケットプレイス(電子市場)

　次に,ビジネスモデルを考える上で重要なeビジネス/eコマース(電子商取引)が行われる場,すなわち,eマーケットプレイス(e-Market Place：電子市場)について考察する。eマーケットプレイスとは,「複数の売り手,買い手が参加するオープンな電子商取引の共通プラットフォーム[19]」のことである。従来の取引では,不特定多数の企業同士のオープンな取引はなかなか困難であったが,eマーケットプレイスのような新たな取引の「場」が提供されることによって,取引の可能性は,リアル・ビジネスの成長率と比較すると大きく拡大しつつある。

　eマーケットプレイスは,もともとオフィス用品の購買から始まったが,次第に多種多様なeマーケットプレイスが増加しており,中には中核事業に直結する原材料の調達や最終製品の販売にも普及が広まりつつある。将来的には,eコマースの内,BtoB(企業間電子商取引)のほとんどは,eマーケットプレイスの形態によって実現するのではないかといわれている。

　eマーケットプレイスは,後述するサプライチェーン(Supply Chain：供給連鎖)を強化する役割を担っている。具体的には,eコマースが進むことによって,流通業者(卸・小売り)や商社などの伝統的な中間業者の「中抜き」現象が起こり,伝統的な中間業者が排除される一方で,新たな電子的中間業者が現れ,サプライチェーンの再構築が行われる。eマーケットプレイスは,製造業者から販売店までをダイレクトに結びつけるため,企業の収益性の向上やリードタイムの短縮に役立つ。また,顧客は比較的安価で迅速に製品を入手できるため,顧客満足度の向上にも効果がある。

　さらに,eマーケットプレイスでは,これまでにない新しい顧客との「接点」

が生まれるため，先述したワントゥワンマーケティングなど，新たなマーケティング戦略を重視する必要がある。カスタマイズ/パーソナライゼーションも，eマーケットプレイスでは比較的簡単にできる。

新たなビジネスモデルの構築にあたって，eコマースとeマーケットプレイスは，車の両輪として位置づけられる。前に，ビジネスモデルの典型例として金型卸（生産財流通業）のミスミを取り上げたが，情報検索で価値を生み出すビジネスモデルで急成長を続けるグーグル，バーチャルとリアルの融合で価値を生み出すミクシィ，ネットワーク多重利用で次々と新業態を開発するセコムなど，eコマースとeマーケットプレイスの組合せによって新たなビジネスモデルが生まれ，新たなビジネスモデルを基盤として急成長を実現する事例が後を絶たない。

❸ ビジネス・アーキテクチャ

ビジネスモデルについて考察する場合，ビジネス・アーキテクチャの視点は極めて重要な要素である。藤本隆宏=武石彰=青島矢一編［2001］によれば，「ビジネス・アーキテクチャとは，ビジネスプロセスの中にある様々な活動要素間の相互依存性もしくは関係性のあり方[20]」のことである。

ビジネス・アーキテクチャには，ビジネスプロセス，ビジネスの構造，ビジネスモデルなど，いくつかの類似用語がすでに存在する。ビジネス・アーキテクチャは，アーキテクチャに焦点をあてた概念である。ちなみに，アーキテクチャとは，1)どのようにして製品を構成部品や工程に分割し，2)そこに製品機能を配分し，3)それによって必要となる部品・工程間のインターフェースをどうするか，に関する基本的な設計構想のことである。端的にいえば，事業や製品の諸要素のつなぎ方に関する基本方針のことである。

ビジネス・アーキテクチャは，図表8-6に示されるように[21]，製品アーキテクチャ，生産（工程）アーキテクチャ，販売・サービスシステムのアーキテクチャとそれらの相互関係によって規定される。

アーキテクチャは，1)モジュラー型かインテグラル型か，2)オープン型かクローズド型か，の2つの軸によって区分される。

第8章 eビジネス

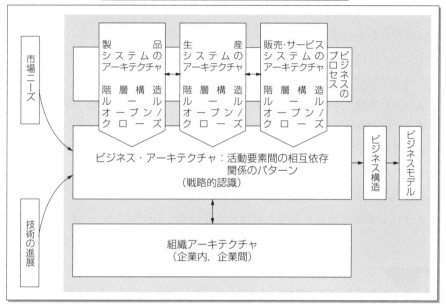

図表8-6 ビジネス・アーキテクチャの視点

(出所) 藤本隆宏=武石彰=青島矢一編 [2001] 32頁。

① モジュラー・アーキテクチャ：製品の内，機能と部品（モジュール）との関係が「1対1」に近く，各部品（モジュール）には，それぞれ自己完結的で独立性の高い機能が与えられている。部品間の「組合せの妙」が問われる。
② インテグラル・アーキテクチャ：製品の内，機能群と部品群との関係が錯綜しており，機能と部品との関係は「多対多」に近い。したがって，各部品（モジュール）の設計者は，互いに設計の微調整を行い，相互に緊密な連携をとる必要がある。部品間の「擦合わせの妙」が問われる。
③ オープン・アーキテクチャ：部品の内，基本的にモジュラー部品であり，なおかつ，インターフェースが企業を超えて業界レベルで標準化した部品のことを指す。
④ クローズ・アーキテクチャ：部品の内，基本的にモジュール間のインターフェースが1つの社内に閉じている部品のことを指す。

この2つの軸を組合せると，1)インテグラル/クローズ，2)インテグラル/オ

ープン，3)モジュラー/クローズ，4)モジュラー/オープン，の４つの象限ができる。日本の自動車・オートバイ・小型家電などは，1)インテグラル/クローズ，に含まれる。また，汎用コンピュータ・工作機械などは，3)モジュラー/クローズ，に含まれる。さらに，パソコン・パッケージソフト・自転車などは，4)モジュラー/オープン，に含まれる。

　従来，日本のビジネスモデルは，自動車・オートバイ・小型家電のように，1)インテグラル/クローズ，を得意としてきたが，これからのビジネスモデルは，一般的に，パソコン・パッケージソフト・自転車のように，4)モジュラー/オープンが増えると思われる。

　もちろん，すべての製品にあてはまるわけではないが，eコマースとeマーケットプレイスの組合せが増えれば増えるほど，4)モジュラー/オープンのビジネス・アーキテクチャでないと対応が困難になる。

4　SCM(サプライチェーン・マネジメント)

❶　SCM（サプライチェーン・マネジメント）の概念

　ビジネスには，「商流」・「物流」・「金流」・「情報流」の４つの流れが必要不可欠である。eビジネスも例外ではない。インターネット・イントラネット・エクストラネットを中核としたICTの進展によって，「情報流」がどんなに進展しても，他の３つの流れが十分でないと，eビジネスはうまくいかない。SCM（サプライチェーン・マネジメント）は，主として「商流」・「物流」・「情報流」の３つの流れを効果的・効率的に推進するために生まれた経営情報システムの応用版である。

　近年，競争環境は激変しており，企業レベルにおける競争だけでなく，提携，連合，統合，事業基盤共有，合併など，「企業間関係」の革新を伴う企業グループ間の競争も次第に熾烈さを増している。この熾烈な競争の背景には，サプライチェーン（supply chain：供給連鎖）をめぐる主導権争いがある。

第8章 eビジネス

　サプライチェーン（供給連鎖）とは，「生産者起点による製品の流れ，機能連鎖，情報連鎖のこと」である。具体的には，製品の開発から消費に至る一連のプロセスのことである。製造業の場合，通常，①調達，②製造，③マーケティング，④物流，⑤顧客サービス，の５つの機能の連鎖によって構成されることが多い。これに研究開発を加えて，６つの機能の連鎖とすることもある。サプライチェーンは，ビジネスシステムの典型例でもある。
① 　研究開発：研究（基礎研究，応用研究），開発（製品開発，技術開発），製品化（設計，試作，生産技術支援）など。
② 　調達：購買（原材料，部品），仕入，調達先の選定など。
③ 　製造：生産技術（固有技術，管理技術），製造（工程管理，作業管理，品質管理，原価管理），資材管理
④ 　マーケティング：市場調査（需要動向，競合動向），販売（受注，契約，代金回収），販売促進（広告，宣伝，代理店支援）など。
⑤ 　物流：輸送，配送，在庫管理，荷役，流通加工など。
⑥ 　顧客サービス：アフターサービス，カスタマイズ，クレーム処理など。
　サプライチェーンは，その性格上複数の企業にまたがるので，サプライチェーンの組替えを図ると，必然的に，連合，提携，事業基盤の共有，統合，合併など「企業間関係」の革新を伴うことになる。「企業間関係」の革新のプロセスは，具体的には，どの企業ないしは企業グループがサプライチェーンの主導権を握るかということであり，この競争の勝敗は各企業の経営に致命的な影響を及ぼす。
　サプライチェーンの概念は，図表8-7に示されるように[22]，①物流の時代（1980年代中頃以前），②ロジスティクスの時代（1980年代中頃から），③SCM（サプライチェーン・マネジメント）（1990年代後半から）の時代，という３つの段階を経て普及しつつある。
　SCM（サプライチェーン・マネジメント）について，①時期，②対象，③管理の範囲，④目的，⑤改善の視点，⑥手段・ツール，⑦テーマ，の相関関係を理解することは，ビジネスシステムの発展過程を理解することでもある。すなわち，①供給連鎖の全体最適，②顧客満足の視点，③企業間関係の構築，④

図表8-7 SCM（サプライチェーン・マネジメント）の発展過程

	物流	ロジスティクス	サプライチェーン・マネジメント
時期（日本）	1980年代中頃以前	1980年代中頃から	1990年代後半から
対象	輸送，保管，包装，荷役	生産，物流，販売	サプライヤー，メーカー，卸売業者，小売業者，顧客
管理の範囲	物流機能・コスト	価値連鎖の管理	サプライチェーン全体の管理
目的	物流部門内の効率化	社内の流通効率化	サプライチェーン全体の効率化
改善の視点	短期	短期・中期	中期・長期
手段・ツール	物流部門内システム 機械化，自動化	企業内情報システム POS，VAN，EDIなど	パートナーシップ，ERP，SCMソフト，企業間情報システム
テーマ	効率化（専門化，分業化）	コスト＋サービス 多品種，少量，多頻度，定時物流	サプライチェーンの最適化 消費者の視点からの価値 情報技術の活用

（出所） SCM研究会［1999］15頁を筆者が一部修正。

ＩＣＴの活用，というSCMの観点は，ビジネスシステムとして極めて妥当なのであることが分かる。

❷ SCM（サプライチェーン・マネジメント）と競争優位

　SCMには，競争優位の源泉として，様々な効果が存在する。まず，本書の編著者（岸川善光）が理事をつとめていた日本総合研究所SCM研究グループ［1999］によれば，SCMのメリット（効果）として，①売れ筋商品の充実，死に筋商品の排除，②トータル在庫（サプライヤー，メーカー，流通）の削減，③トータル・リードタイムの削減，④ローコスト・オペレーション，⑤キャッシュフローの改善，⑥市場の需要リスクの最小化，の６点をあげている[23]。
　SCM研究会［1999］は，SCMの効果として，①トータル在庫の減少，②ローコスト・オペレーション，③製品ライフサイクルの短縮への対応，④売れ筋商

品の品揃えによる商品回転率の向上，⑤古い商慣習（リベート制度，委託返品制度など）の近代化，⑥マーケティングの向上，⑦消費者主導の購買代理の実現，の7点をあげている[24]）。

　上述した日本総合研究所と，SCM研究会のICTコンサルタントによる2つのよく似た先行研究には，SCMによって，製造業がどのように変化すべきか，その思想が盛り込まれている。

　第一に，従来の市場は作れば売れる大量消費の時代であったが，これからは何が売れるか分からない不確実な市場であるので，売れ筋商品，死に筋商品を正確に把握する仕組みが組み込まれなければならない。POS端末の活用などがその裏付けになる。

　第二に，従来の生産思想は，少品種大量生産であったが，これからは変種変量生産が不可欠になる。そのためには，供給連鎖のすべてのプロセスにおいて「単品管理」の仕組みが組み込まれなければならない。

　第三に，従来の設備思想は，生産能力重視であったが，これからは需要変化への対応が不可欠である。そのためには，市場の需要リスクの最小化の仕組みが組み込まれなければならない。ここでも「単品管理」の仕組みが欠かせない。

　第四に，今までの生産形態は，少品種大量生産に適したライン生産であったが，これからは製品ライフサイクルの短縮や変種変量生産に備えて，ライン生産からセル生産に移行せざるを得ない。

　第五に，従来の納期対応は，在庫によって対応してきたが，これからは，リードタイムの短縮によって，極力在庫をもたない仕組みが不可欠である。そのことが，ローコスト・オペレーション，キャッシュフローの改善につながる。

　第六に，従来の在庫に対する考え方は，在庫は資産という考えであったが，これからは，在庫はリスクと考える必要がある。上述したように，極力在庫をもたない仕組みが不可欠である。在庫は，ローコスト・オペレーション，キャッシュフローの改善にとって障害以外の何物でもない。

　SCMには，上述したように，様々な競争優位の源泉が存在する。現実に，自動車業界におけるトヨタ，日産など，日用品業界におけるP＆G，花王など，コンピュータ業界におけるデルなど，SCMの先進企業の業績は例外なく高い。

❸ DCM（ディマンドチェーン・マネジメント）

近年，サプライチェーン（供給連鎖）と併行して，ディマンドチェーン（需要連鎖）が注目されている。ディマンドチェーンとは，「顧客起点による製品の流れ，機能連鎖，情報連鎖のこと」である[25]。ディマンドチェーンは，機能としてはサプライチェーンと同一であるものの，情報連鎖の方向がサプライチェーンとは全く異なる。ディマンドチェーンは，顧客起点，ニーズ起点にその最大の特徴があり，ニーズ主導型のビジネスシステムとして，近年飛躍的に増大しつつある。

ディマンドチェーンは，顧客の需要を満たすための機能（業務，活動）の流れであるので，顧客との「接点」が極めて重要になる。具体的には，①接点の形成，②接点のデータベース化，の２点が必要不可欠である。

ディマンドチェーンは，従来のビジネスシステムとは異なり，生産－販売型のビジネスシステムの形態をとらない。需要，ニーズを起点とするので，受注－生産型のビジネスシステムの形態になることが多い。具体的には，無在庫型

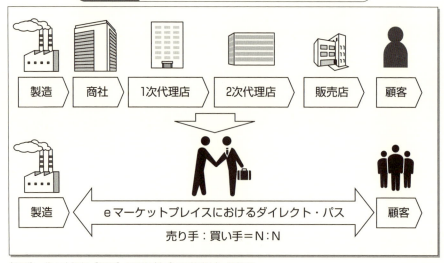

図表8-8　eマーケットプレイスによる流通の変化

（出所）　佐々木紀行［2001］15頁に基づいて筆者が一部修正。

のビジネスシステムを志向することになる。

　ディマンドチェーンが構築されると，図表8-8に示されるように[26]，eマーケットプレイスにおけるダイレクト・パスが可能になる。売り手と買い手の関係は，N：N（多対多）で，中間の企業間関係は消滅するかもしれない。

　ディマンドチェーンが可能になった背景としては，インターネットを中核とするICTの進展，情報ネットワーク化の進展があげられる。顧客のニーズが発生したその時点の情報を取り込んで，ビジネスの起点とするため，従来のビジネスシステムと比較して，「速度の経済」など多くのメリットがある。今後，ビジネスシステムの主流の1つになるであろう。そうなると，SCMによる企業間関係の構築は，やや時代遅れになるかもしれない。企業間関係の構築において，機能の連鎖，企業間連鎖よりも，情報連鎖のほうが重要になりつつある。

5 情報空間の拡大・複合化

❶ 情報空間の再認識

　eビジネスを考える上で，情報空間の拡大・複合化は，決定的に重要な要因の1つといえよう。従来のリアルスペース＝物理空間に加えて，サイバースペース＝情報空間が拡大しつつある現在，eビジネスと情報空間を関連づけて考察することは必須条件である。

　今日のネットワーク社会（高度情報社会）は，情報面からみると，次の10のキーワードに集約することができよう[27]。

① 広域化：時間的制約，空間的制約，組織的制約など，各種の制約の克服に伴う企業活動の広域化（グローバル化を含む）。
② 迅速化：情報通信技術の進展に伴う情報処理スピードの飛躍的な向上。
③ 共有化：情報の共有化に伴う意思決定，価値観，行動様式の共有。
④ 統合化：生産，マーケティング，物流など経営諸機能の再統合・再構築。
⑤ 同期化：情報の共有化に伴う意思決定，企業活動の同期化。

⑥ 双方向化：情報発信者と情報受信者との区別の曖昧さに伴う行動様式の変化。
⑦ 多様化：価値観，行動様式の個性化・多様化。
⑧ 組織化：新たな組織形態，新たな組織間関係の創出。
⑨ ソフト化：財貨中心ではなく，サービスなどソフト中心へのシフト。
⑩ 自働化：機械的発想・行動ではなく，生態的発想・行動へのシフト。

情報空間については，第3章において概観したように，シェパード（Sheppard, R.Z.）の情報空間－物理空間，ギブスン（Gibson, W.）のサイバースペース－リアルスペース，あるいは仮想空間－実体空間，ワイザー（Weiser, M.）のユビキタスなど，情報空間を物理空間の単なる「写像」としてではなく，ある意味で「実体的で先端的な空間」として認識するようになりつつある。

本書では，2004年の『平成16年版情報通信白書』などで，わが国発のネットワーク社会のパラダイムとして提唱された「ユビキタス社会」を極めて重視している。ユビキタスネットワーク社会は，図表8-9に示されるように[28]，X軸

図表8-9　ユビキタスネットワーク社会の概念

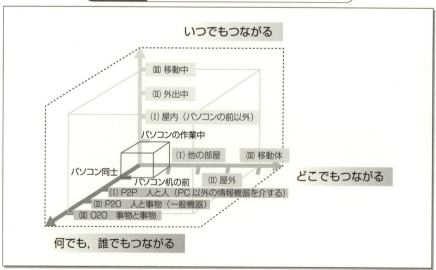

（出所）総務省［2004］『平成16年版情報通信白書』「ユビキタスネットワーク社会の概念」
〈http://www.soumu.go.ja/johotsusintokei/whitepaper/ja/h16/html/G1401000.html〉

に「何でも，誰でもつながる」⇒パソコン同士，Ｐ２Ｐ（人と人），Ｐ２Ｏ（人と事物），Ｏ２Ｏ（事物と事物）をとり，Ｙ軸に「どこでもつながる」⇒パソコン机の前，他の部屋，屋内，移動体をとり，Ｚ軸に「いつでもつながる」⇒パソコン作業中，屋内，外出中，移動中をとって，立体としてネットワーク社会の特徴をとらえている。

　ユビキタスネット社会のキャッチフレーズは，この図表とはやや異なり，「いつでも，どこでも，何でも，誰でも」ネットワークにつながると表現している。このほうが直観的で分かり易いかもしれない。
① いつでも：仕事中，外出中，移動中など。
② どこでも：オフィス，自宅，屋内，屋外，移動体など。
③ 何でも：自動車，飛行機，船舶，家電製品など。
④ 誰でも：ヒトとヒト，ヒトとモノ，ヒトと動物など。

　第3章でも考察したように，ユビキタスネット社会では，情報空間と物理空間が「融合」し，新たな情報・物理空間が生まれている。ユビキタスネット社会では，時間的制約，空間的制約，組織的制約など，各種の制約がゼロになることはあり得ないものの，制約を意識することが極めて少ない情報・物理空間になりつつある。このことが，eビジネスの進展に決定的なインパクトを及ぼしているのである。

❷ 移動体通信

　「いつでも，どこでも，何でも，誰でも」ネットワークにつながるという場合，ほとんどの人は移動体通信を思い浮かべるであろう。移動体通信とは，移動可能な通信端末（モバイル端末）を使用して行う通信のことである。移動通信とも呼ばれる。具体的には，携帯電話・スマートフォン・モバイルノートパソコンなどを使用する通信を指す。通信インフラとしては，第3世代（3G）移動通信システムの通信回線，モバイルWiMAXやLTEなどの無線ブロードバンド，Wi-Fiなどの公衆無線LAN，国際ローミングサービスなどがあげられる。

　この中で，スマートフォンを取り上げてみよう[29]。今後のeビジネスにおいて，スマートフォンの果たす役割は極めて大きいと思われる。スマートフォン

は，携帯電話の一種で，電話機能・メール機能以外に，多種多様な機能を利用できる携帯電話端末である。スマートフォンよりも，「スマホ」という略称のほうが今では違和感がないかもしれない。

スマートフォンのOSは，AndroidとiOSの寡占状態である。Androidは，Androidを買収したGoogleが開発したOSのことである。また，iOSは，アップルが開発したOSのことである。日本におけるOSではiOSが過半数を占めるが，世界的にみるとAndroidのシェアが圧倒的に大きい。

スマートフォンの機能は，1)電話（迷惑電話の拒否，留守電の書き起こしなどを含む），2)eメールの送受信，3)緊急地震速報などの受信，4)予約（レストランなど），5)コンテンツの閲覧（ウェブの閲覧，ニュースの閲覧，スライドショーの閲覧，電子書籍の閲覧，静止画の閲覧，動画の閲覧，音楽再生など），6)メモ，7)ペイント，8)デジタルカメラ，9)ムービーカメラ，10)サウンドレコーダー，11)音楽演奏，12)個人情報管理（スケジュール管理，To Do管理，住所録，名刺管理など），13)懐中電灯，14)時計（世界時計，アラーム，ストップウォッチなど），15)電卓，16)ヘルスケア（万歩計，心拍数モニターなど），17)地図（世界地図，仮想地球儀など），18)交通（ナビゲーション，GPS，渋滞情報，乗換案内，運行状況など），19)情報検索（電子辞書，Web検索，地図検索，電子書籍検索など），20)タグ読取り，21)機械翻訳，22)ゲーム，23)入力（手書き入力，音声入力，キーボード入力など），24)金融（電子マネー決済，オンラインバンク，個人間送金，株価表示など），25)測定・計測（水準器，放射線計，気圧高度計など），26)他デバイスとの連携（USBメモリー，パソコン，家電器具・ガス器具の操作，クラウド印刷など），27)セキュリティ管理（盗難対策，生体認証など），などあげればきりがない。まさに，smartな（聡明で利発で抜け目のない）携帯電話端末である。

上述したスマートフォンの機能を，仮に顧客の大半が100％使いこなして，その機能を発揮できるようになれば，eビジネス/eコマース（電子商取引）のBtoCにおける「商流」「金流」「物流」「情報流」の4つの流れの大半をカバーすることができるようになる。すなわち，受発注，広告・宣伝，電子決済，配送依頼・荷物追跡，ビジネス・コミュニケーションなど，eビジネス/eコマー

ス（電子商取引）のBtoCのほとんどの局面において，スマートフォンは「いつでも，どこでも，何でも，誰でも」ネットワークにつながり，必要とされる機能を実現することができる。すなわち，情報空間が飛躍的に拡大する。

❸ EDIとCALS

「いつでも，どこでも，何でも，誰でも」ネットワークにつながる社会を実現するためには，社会の多種多様な局面における標準化が必要不可欠である。特に，情報通信技術のインフラストラクチャの標準化は，ネットワーク社会の基盤そのものであるので重要である。インフラストラクチャの標準化が進まないと，情報空間の拡大・複合化は進まない。

EDIとCALSは，まさにこのインフラストラクチャの標準化にあてはまる。まず，EDI（Electronic Data Interchange：電子データ交換）からみてみよう。EDIについては，すでにeコマースの情報通信技術に関する課題として取り上げた。

EDIとは，経済産業省の定義によれば，「異なる組織間で，取引のためのメッセージを，通信回線を介して標準的な規約を用いて，コンピュータ間で交換すること」である。EDIの規格は，現在，国・地域・業界によっていくつかの規格があり統一されているわけではない。欧州で開発されたUN/EDIFACT（ISO9735，JIS X 7011）や，日本の標準であるCII標準（JIS X 7012），米国の標準であるANSI ASC X12，さらに，多くの業界標準EDIなど，多くの規格が併存している。

業界標準EDIはもちろんのこと，今後は，自動車業界と電気業界の業際領域において，電池をめぐる激烈な競争が始まったように，業際競争が避けられない。もちろん，業際競争だけでなく，業際協調も数多く生まれるであろう。そのとき，業界横断EDIは，eビジネス/eコマースにおいて，極めて重要なインフラストラクチャになることは間違いない。特に，BtoBのeコマースにおいて，業界横断EDIは必要不可欠である。

次に，CALSについてみてみよう[30]。CALSは，下記のように今まで4つの呼び名がある。頭文字のCALSはそのままで変化はないが，内容は時代の進展

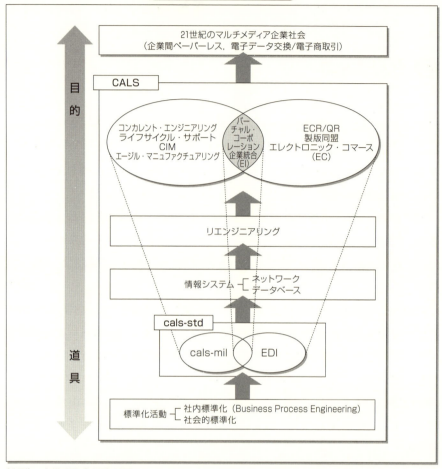

図表8-10 CALSの概念

(出所) 末松千尋 [1995] 18頁。

に伴ってその都度拡大した。

① 1985年 Computer Aided Logistics Support（ロジスティクスのコンピュータ支援）

② 1988年 Computer-aided Acquisition and Logistics Support（調達およびロジスティクスのコンピュータ支援）

③ 1993年 Continuous Acquisition and Life-cycle Support（継続的な調達と

第8章　eビジネス

ライフサイクルの支援）

④　1994年　Commerce At Light Speed（光速電子商取引）

CALSは，その根源をたどれば，1985年，米国国防総省の兵站・補給（ロジスティクス）における組織内標準であった。1988年に，それが後方補給だけではなく，資材・武器の調達（acquisition）にまで範囲が拡大した。さらに，1993年には，防衛産業全体にまで範囲が広がり，リエンジニアリングの要素をも取り込んで，軍需調達の生産性が飛躍的に向上した。さらに，1994年に，CALSの公式的な活動の所管が国防総省から商務省に移り，EDIとCALSを統合した形態で標準化活動が進められることになった。

石黒憲彦=奥田耕士［1995］によれば[31]，経済産業省（当時は通商産業省）では，当初，CALSを「生産・調達・運用支援統合情報システム」と訳している。「調達情報システム」「電子取引支援システム」と訳されることもあった。

いずれにしても，図表8-10に示されるように[32]，CALSはEDIとともに，企業間ペーパーレス，eコマースなどの基盤として，その標準化活動を形成した。CALSは技術系，EDIはビジネス系という区分をすることもある。情報通信技術のインフラストラクチャの標準化によって，情報空間の拡大・複合化が着実に進展したことは間違いない。

1）アーサー・アンダーセン［2000］18頁。
2）IBMコンサルティング・グループ［2000］200頁。
3）Turban, E.=Lee, J.=King, D.=Chung, H.M.［2000］訳書8頁。
4）同上書29頁（Turban, E.=Mclean, E.=Wetherbe, J.［1999］から転載）。
5）同上書336頁。
6）Lauterborn, R.［1990］p.26.
7）Peppers, D.=Rogers, M.［1993］，Peppers, D.=Rogers, M.［1997］，監訳者である井関利明の解説を参照した。
8）Turban, E.=Lee, J.=King, D.=Chung, H.M.［2000］訳書519-529頁。
9）同上書16頁。
10）同上書11頁。
11）高橋秀雄［1998］11-13頁に基づいて筆者作成。
12）情報通信技術について，各種情報辞書・事典，Wikipediaをはじめとするネット事典を適宜参照した。
13）経済産業省［2010］「国境を越える電子商取引の法的問題に関する検討会報告書」経済

産業省。
14) 國領二郎［1999］24頁。
15) 江上豊彦［2000］42頁（BMP研究会編［2000］，所収）。
16) 片岡雅憲［2003］110頁（國領二郎=野中郁次郎=片岡雅憲［2003］，所収）。
17) 加護野忠男=井上達彦［2004］7頁。
18) 岸川善光［1999］171頁。
19) 日本情報処理開発協会電子取引推進センター［2003］4頁。
20) 藤本隆宏=武石彰=青島矢一編［2001］31頁。
21) 同上書32頁。
22) SCM研究会［1999］15頁を筆者が一部修正。
23) 日本総合研究所SCM研究グループ［1999］34-45頁。
24) SCM研究会［1999］32-61頁。
25) 岸川善光［2006］191頁。
26) 佐々木紀行［2001］15頁に基づいて筆者が一部修正。
27) 岸川善光［1999］150-151頁。
28) 〈http://www.soumu.go.ja/johotsusintokei/whitepaper/ja/h16/html/G1401000.html〉
29) スマートフォンについて，日本・米国・韓国・台湾・スウェーデンのスマートフォンに関するカタログ・仕様書などを適宜参照した。
30) CALSの概念の変遷については，末松千尋［1995］6-15頁を参照した。
31) 石黒憲彦=奥田耕士［1995］10頁。
32) 末松千尋［1995］18頁。

第9章 経営と情報との関係性

本章では,経営と情報との関係性について考察する。具体的には,情報パラダイム,オープン・ネットワーク経営,組織間(企業間)情報ネットワーク,経済(マクロ)—産業(セミマクロ)—企業(ミクロ)の一体化,情報セキュリティ,の5つの観点から考察する。

第一に,情報パラダイムの変革について考察する。まず,パラダイムの変革について理解する。次に,情報パラダイムの変遷について理解を深める。さらに,知識創造企業について言及する。

第二に,オープン・ネットワーク経営について考察する。まず,オープン型経営の定義について理解する。次いで,オープン型経営の基盤であるビジネス・プラットフォーム,さらに,オープン型経営の1つの形態である戦略的提携について理解を深める。

第三に,組織間(企業間)情報ネットワークについて考察する。まず,組織間(企業間)情報ネットワークの進化について理解する。次に,組織間(企業間)情報ネットワークと経営戦略との関係性,さらに,組織間(企業間)情報ネットワークの構築について理解を深める。

第四に,経済(マクロ)—産業(セミマクロ)—企業(ミクロ)の一体化について考察する。まず,国の競争優位について理解する。次いで,多様性について理解を深める。さらに,統合ネットワークの形成について言及する。

第五に,情報セキュリティについて考察する。まず,情報セキュリティの意義について理解する。次に,情報セキュリティ・マネジメントについて理解を深める。さらに,ISO27001について言及する。

1 情報パラダイムの変革

❶ パラダイムの変革

　企業には，パラダイム（paradigm）が存在する。実際に，パラダイムは企業内において，企業の戦略思考，ビジョン，共通の思考前提，組織構成員の行動，企業の商品などに垣間見ることができる。各企業に独自のパラダイムが浸透するからである。

　まず，パラダイムの定義についてみてみよう。パラダイムの概念は，もともと科学の発展の歴史に関する研究から生み出された。パラダイムは，クーン（Kuhn,T.S.）[1962] によって提唱された概念である。クーン [1962] は，パラダイムを「一般に認められた科学的業績で，一時期の間，専門家に対して問い方や答え方のモデルを与えるもの[1]」と定義した。

　加護野忠男 [1988a] は，パラダイムの概念を，3つの意味にまとめた。①世界観やイメージを与え，共有させるパラダイム，②より具体的に価値・規範を示すパラダイム，③上述した2つの意味を具体的に体現する見本例あるいは手本としてのパラダイム，である。この3つは互いに関連し合う[2]。

　上述したパラダイムは，様々な局面において重要な機能を持つ。岸川善光 [1999] は，加護野忠男 [1988a] に準拠しつつ，パラダイムの機能を次の2つに分類した[3]。

① 知の編成原理：企業内の情報の共有と蓄積を促進する機能，すなわち知の編成原理を果たす。その結果，情報伝達の円滑化，学習成果の共有，知識の共有など，いわゆる組織学習が容易になる。
② 知の方法：人々が様々な状況に直面した時，状況に対し，人々がどのような捉え方をするかという思考前提，すなわち知の方法としての機能を果たす。その結果，問題の発見と創造など新たな意味の創出が容易になる。

　パラダイムの変革は，パラダイムをつくりあげることよりも難しい。難しさ

の理由について，岸川善光［1999］は，加護野忠男［1988a］に準拠して，次の6つに要約した[4]。

① 意味の固定化：パラダイムは，意味⇒行為⇒情報⇒意味のサイクルを固定化させる傾向がある。
② 内面化：パラダイムは通常，暗黙知として人びとの内部に深く内面化される場合が多い。
③ 代替パラダイムの必要性：パラダイムの変革のためには，新しいパラダイムが創造され，しかもそれが具体的な見本例として提示されなければならない。しかし，あるパラダイムを信奉する人びとにとって新しいパラダイムは自分の世界の喪失を意味するので，代替パラダイムを提示することは容易ではない。
④ 共約不可能性：共約不可能性とは，異なるパラダイムの間の対話は困難であり，論理的な説得はさらに困難であるという性質のことである。
⑤ 集団圧力：集団の中には，その集団の規範やそれを支えるパラダイムを維持しようとする圧力が働く。
⑥ 政治的プロセス：パラダイムの変革には，パラダイムの共約不可能性に起因して，複雑な政治的プロセスがつきまとう。

上述したように，パラダイムの変革はなかなか困難である。しかし，イノベーション（知識創造）の実現のためには，パラダイムの変革は必要不可欠である。企業内外の環境が変化すると，パラダイムの有効性が失われ，未解決問題が引き金となり，パラダイムの変革を必要とする。また，パラダイムは機能していても，時間とともに古くなるため，いずれにせよパラダイムの変革は必要である。パラダイムにも必ず寿命がある。

❷ 情報パラダイムの変遷

上述したパラダイムの変革の一環として，情報パラダイムの変革があげられる。経営と情報との関係性を考察する場合，経営パラダイムだけでなく，情報パラダイムについても考察が欠かせない。

近年，図表9-1に示されるように[5]，情報パラダイム（理論構築の前提とな

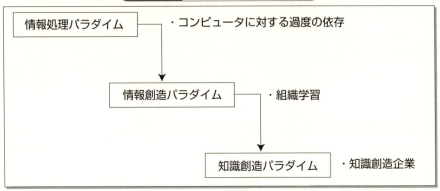

(出所) 岸川善光［2002］187頁。

る共通のものの見方）が情報処理パラダイムから情報創造パラダイムへ，さらに知識創造パラダイムへと大きく変わりつつある。それぞれについて簡潔にみてみよう。

〈情報処理パラダイム〉

　情報処理パラダイムは，ノーベル経済学賞受賞者サイモンによって提示されたパラダイムである。情報処理パラダイムは，組織の情報処理（情報収集・意思決定・伝達）という観点から，組織の効率的なあり方について，統一的で操作可能な説明を可能にした。

　サイモンによってもたらされた情報処理パラダイムは，その後，トンプソン（Thompson, J.D.），ガルブレイス（Galbraith, J.R.），野中郁次郎などによって受け継がれ，様々な理論モデルが開発された。

　情報処理パラダイムの基礎にあるのは，サイバネティクス分野におけるアシュビー（Ashby, W.R.）［1956］の「最小有効多様性」という概念である。アシュビーの「最小有効多様性」の概念は，環境の多様性に対応して組織も多様化し，その結果として，効率的な組織目標の達成が可能になるという考え方である。

　情報処理パラダイムは，今も多くの研究者によって支持されており，コンティンジェンシー理論を中心とした組織構造の分野だけでなく，リーダーシップ，パワー，調整，コントロールの分野においても広く適用されている。

第9章 経営と情報との関係性

しかし，情報処理パラダイムに関する研究が進展するにつれて，情報処理パラダイムには，①認識過程の軽視，②「意味」の解釈への無関心，③意思決定過程におけるコンピュータに対する過度の依存，④人間の認識過程と社会的な文脈との切り離し，⑤組織学習の軽視，など多くの問題が指摘されるようになった[6]。

情報処理パラダイムを提唱したサイモンは，テイラー（Taylor, F.W.）を始祖とする古典的管理論に対して，人間を単なる機械とみる「機械的な人間観」を採用しているとして痛烈に批判した。しかし，情報処理パラダイムでは，機械がコンピュータに置き換えられてはいるものの，機械的で形式的な色彩が色濃く残っている。その結果，一定の静態的な環境における最適な組織構造を説明するパラダイムとしては有効である一方で，組織の変動や進化などの動態的な問題を説明するパラダイムとしては限界があるといえよう。

〈情報創造パラダイム〉

次に，情報創造パラダイムについて概観する。情報創造パラダイムは，上述した情報処理パラダイムとは様々な面で大きく異なっており，いわば情報処理パラダイムのアンチテーゼともいえるパラダイムである。

すなわち，情報創造パラダイムでは，①認識過程の軽視，②「意味」の解釈への無関心，③意思決定過程におけるコンピュータに対する過度の依存，④人間の認識過程と社会的な文脈との切り離し，⑤組織学習の軽視，など上でみた情報処理パラダイムに対して投げかけられた諸問題について，いかにそれらの諸問題を克服するかが主な課題となっている。

情報創造パラダイムを考察する上で，加護野忠男［1988a］が提示した情報処理パラダイムの諸問題に対する解決の方向は極めて有益である。加護野忠男が提示した解決の方向は，まだ作業仮説として示されている段階ではあるものの，情報創造パラダイムの特性を考える際の基本的な枠組みの１つになるであろう。

ここでは，情報創造パラダイムの内容について，加護野忠男［1988a］の作業仮説を参考にしながら，①認識，②意味，③コンピュータの役割，④社会的な文脈，⑤組織学習，の５点に絞って概観することにする[7]。

① 認識：情報創造パラダイムでは，認識を「知識の利用」と「知識の獲得」

に区分して，前者を狭義の認識過程，後者を知識獲得過程と呼ぶ。情報創造パラダイムでは，この認識過程における「学習」を重要な概念として位置づけている。
② 意味：情報処理パラダイムでは，個人の意思決定過程において情報をインプットとして扱ったが，情報創造パラダイムでは，人間は情報ではなく意味に反応するとして，情報と意味を概念的に区分する。さらに，意味の解釈過程（ある情報がどのような事象をさすかを確定する過程）を重視する。このことによって，情報の解釈が多義的になり，意味そのものが大きく変化する要因になりつつある。
③ コンピュータの役割：情報処理パラダイムでは，コンピュータを用いたシミュレーションを重視するなど，コンピュータに対する過度の依存が前提とされた。他方，情報創造パラダイムでは，問題解決におけるコンピュータの役割をある程度限定する。すなわち，問題解決で重要なことは，コンピュータにみられる形式論理ではなく，組織文化や集団の雰囲気などの影響が大きいというのがその理由とされている。
④ 社会的な文脈：情報処理パラダイムでは，組織における個人の認識過程と社会的な文脈を切り離して考察するが，情報創造パラダイムでは，人間の思考においてアナロジーやメタファー（隠喩）が重視されるように，個人の認識過程と社会的な文脈を常に関連づけて考察する。
⑤ 組織学習：情報処理パラダイムでは，組織学習は漸進的かつ適応的に進展すると考えられていたが，情報創造パラダイムでは，組織における学習のダイナミズムを重視し，組織行動の変革などに活用するなど新たな意義が与えられている。

情報創造パラダイムは，まだ完全に定着したパラダイムとはいえないもの，今後ますますその重要性が増大するであろう。企業をはじめとする組織の進化の根源は，まさにこの情報の創造にあるからである。

〈知識創造パラダイム〉
　上で，情報処理パラダイムおよび情報創造パラダイムについて概観した。そして，情報創造パラダイムについては，まだ定説までには至っておらず，仮説

段階にあることを確認した。ところが今日では，情報創造パラダイムはさらに洗練化され，知識創造パラダイムとして多くの研究者によって研究されている。

知識創造パラダイムは，情報処理によって環境適合を図る，という従来の受動的なパラダイムから脱却し，新たに知識資産をつくり出すという創造のパラダイムに立脚している。具体的には，「組織がいかにして新たな知識をつくり出すのか」について説明しようとする試みであり，野中郁次郎を始めとして多くの研究者によって精力的に研究されている。

企業を取り巻く環境が急激に変化している現代では，イノベーションが企業経営において，ますますその重要性を増している。イノベーションは，新製品の開発，新生産方法の導入，新市場の開拓，新資源の獲得，新組織の実現，新ビジネスモデルの開発など，いずれも新しい「知識」を具現化したものである。現在では，「新しい知識をいかに創造するか」ということが経営戦略の鍵を握るようになり，知識創造パラダイムが台頭してきたのである。

❸ 知識創造企業

本書では，野中郁次郎=竹内弘高［1996］に従って，知識創造パラダイムに基づいて企業活動を遂行している企業を知識創造企業と呼ぼう。知識創造企業では，当然のことながら組織的知識創造を何よりも重視する。野中郁次郎=竹内弘高［1996］は，組織的知識創造の促進要因として，①組織の意図，②個人とグループの自律性，③ゆらぎ（fluctuation）／カオス（chaos），④情報の冗長性，⑤最小有効多様性，の５つの要因をあげている[8]。

① 組織の意図：知識創造において，「目標への思い」と定義される組織の意図が第一の要件である。企業が知識を創り出すためには，組織の意図を明確にし，それを組織構成員に提示しなければならない。

② 個人とグループの自律性：知識創造には自律性（autonomy）が不可欠である。企業の中で個人が自律的に行動できるような状況を創り出す手段の１つとして，自己組織化（self-organizing）チームがある。

③ ゆらぎ（fluctuation）／カオス（chaos）：ゆらぎとは完全な無秩序ではなく，「不可逆的な秩序」のことである。ゆらぎが組織に導入されると，組織構成

員は様々な面で「ブレイクダウン」に直面する。カオスは，本当の危機の他に，経営者が意図的に危機感を創り出すことによって生じる場合がある。このゆらぎ/カオスは，組織の内部に「ブレイクダウン」を引き起こし，そこから新しい知識が生まれる。このような現象は，「カオスからの秩序の創造」と呼ばれる。
④ 情報の冗長性：冗長性（redundancy）は通常，重複や無駄を暗示するため有害と思われることが多いが，情報を重複共有することは「暗黙知」と「形式知」の共有を促進し，相互の知覚領域に侵入することによって相互の学習をもたらす。
⑤ 最小有効多様性：アシュビー［1956］によれば，複雑多様な環境からの挑戦に対応するには，企業内部に同じ程度の多様性をもつ必要がある。最小有効多様性を増大するには，フラットで柔軟な組織構造を開発し，すべての組織構成員が情報を平等に利用できるようにしなければならない。

知識創造企業では，イノベーションを組織的情報創造のプロセスとしてとらえている[9]。すなわち，組織的情報創造のプロセスを「環境の変化を主体的に受け止めて，新しい情報が創られ，それが組織に共有され，組織全体の意識や行動が一斉に変わること」と定義している[10]。

さらに，野中郁次郎［1986］は，図表9-2に示されるように[11]，組織的情報創造プロセスを，①組織のゆらぎ，②矛盾の焦点化，③矛盾解消への協力現象，④組織的慣性，⑤成果の不可逆性，の5つのステージに分割して，そのポイントを次のように説明している。
① 組織のゆらぎ：ゆらぎ（動的で創造的なカオス）を意図的に創出し情報創造を誘発するステージ。
② 矛盾の焦点化：自己超越の手段として，挑戦的な高い目標を設定するステージ。このステージのことを「引き込み」あるいは「同期化」ともいう。
③ 矛盾解消への協力現象：矛盾解消に向けて，組織内の協力を引き出すステージ。
④ 組織的慣性：情報創造のエネルギーを組織内に増幅するステージ。
⑤ 成果の不可逆性：情報を組織化し蓄積するステージ。

第9章 経営と情報との関係性

図表9-2 情報創造プロセスのダイナミクス

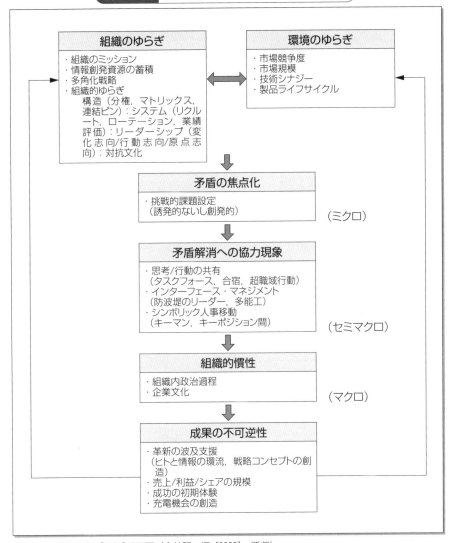

(出所) 野中郁次郎 [1986] 171頁（今井賢一編 [1986], 所収）。

　組織的情報創造のマネジメントにおいて，より専門的にいえば「情報創造」と「自己組織化」との関連性が鍵概念（キーコンセプト）としてあげられるが，本書では「要論」という特性上，詳細な説明は省略する。

野中郁次郎=竹内弘高［1996］の知識創造企業という概念は，今後，経営戦略，経営管理，経営組織，イノベーション，経営情報など，様々な経営学関連分野において，鍵概念（キーコンセプト）になる可能性を秘めており，研究の進展が期待される。

2 オープン・ネットワーク経営

❶ オープン型経営とは

従来，わが国の企業経営は，図表9-3に示されるように[12]，クローズド型経営とオープン型経営に大別することができる。クローズド型経営とは，人材，ノウハウ，販売網，系列など，1社で経営資源の独占または寡占を目指す経営のことである。他社との関係性が希薄で，独占的・寡占的なクローズド型経営

図表9-3　クローズド型経営とオープン型経営

「囲い込み」型経営	オープン型経営
人材/ベンダ/チャネルの囲い込み	自社の中核業務に資源を集中投入 外部資源の徹底利用
独自仕様インターフェース 　　囲い込み型ネットワーク分業 　　高固定費＝高成長（シェア）志向	標準インターフェース徹底利用 　　開放構造型ネットワーク分業 　　低固定費＝高利益志向
多角化・総合化へのプレッシャー 　　フルライン商品戦略 　　人を養うために事業を増やす 　　チャネル維持の為に商品増やす	専門化・分業化 　　外注化 　　戦略的提携 　　M&Aによる再編成
複雑な組織構造 複雑な人事体系 増大する下部組織間の矛盾 増大する組織の自己防衛	単純明快で効率的な構造 明解な人事効果 矛盾の少ない組織 風通しの良い人的ネットワーク

（出所）　國領二郎［1995］15頁。

は，日本的経営の基盤ともなってきた。國領二郎［1995］は，クローズド型経営を「囲い込み」型経営と表現した上で，中核企業を中心とする強力な取引関係ネットワークが展開され，きめ細かな調整メカニズムが企業間に形成されて，他の企業が入り込む隙のない「持続可能な競争優位」のメカニズムをつくり上げてきたと指摘した[13]。

他方，オープン型経営は，他企業との良好なネットワークを構築し，経営資源を相互に補完しながら，自社のコア・コンピタンスを向上しようとする経営手法である。

オープン型経営を採用すると，情報ネットワークによって企業間関係をオープンにせざるを得ない。ネットワークによる外部資源の活用がオープン型経営の最大のポイントになるからである。

これらの外部資源の活用を実現するための戦略をオープン・アーキテクチャ戦略という。國領二郎［1999］によれば，「オープン・アーキテクチャ戦略とは，本来複雑な機能をもつ製品やビジネス・プロセスを，ある設計思想（アーキテクチャ）に基づいて，独立性の高い単位（モジュール）に分解し，モジュール間を社会的に共有されたオープンなインターフェースでつなぐことによって汎用性を持たせ，多様な主体が発信する情報を結合させて価値の増大を図る企業戦略のことである」と定義している[14]。

オープン・アーキテクチャ戦略を採用すれば，企業と企業，企業と顧客とのコラボレーションが欠かせない。企業と企業，企業と顧客とのコラボレーションなど，ビジネス・プラットフォームに関わる事例は，近年急速に増加しつつある。

❷ ビジネス・プラットフォーム

ビジネス・プラットフォームについては，すでに第3章において概観した。すなわち，プラットフォームとは"土台"を意味する言葉であり，ビジネス・プラットフォームとは，自らを礎として，様々な知の結合，新たな価値の創造，というビジネスを行うための基盤のことである。いわばビジネスの「場」ともいえよう。近年，この「場」が極めて重要になりつつある。

ビジネス・プラットフォームには，國領二郎［1999］が指摘するように，①取引相手の探索，②信用（情報）の提供，③経済価値評価，④標準取引手順，⑤物流など諸機能の統合，の5つの機能が要求される[15]。

従来，「囲い込み」型経営を前提としてきた日本では，社会的に中立な経済評価や信用評価に基づいて，流動的な経営資源の移動が行われてきたとは言い難い。図表9-3で明らかなように，「囲い込み」型経営では，中核企業によって人材／ベンダ／チャネルが囲い込まれ，中核企業の「微調整」のもとにすべてがコントロールされてきた。そして，中核企業による独自仕様のインターフェースが確立され，高固定費体質が付着した。

「囲い込み」型経営では，自己完結型の構造にならざるを得ないため，多角化・総合化へのプレッシャーが高く，フルライン戦略がとられやすい。社員を養うために事業を増やし，チャネルを維持するために商品を増やすという本末転倒の経営が行われた。その結果，複雑な組織構造，複雑な人事体系，増大する下部組織の自己防衛などが発生し，一度は追いついたかに見えた米国企業に太刀打ちできないほど大きな差をつけられる原因となったのである。日本企業の相対的競争力の低下の主な原因は，この「囲い込み」型経営にあるといえよう。

「囲い込み」型経営からオープン型経営に脱皮するためには，自社の中核事業に経営資源を集中的に投入し，外部資源の徹底利用によるシンプルな経営を目指す必要がある。事業も組織もチャネルも複雑にしてはいけない。オープン型経営を推進するためには，標準インターフェースを徹底的に利用する必要がある。これが開放構造型ネットワーク分業につながる。開放構造型ネットワーク分業を推進すれば，低固定費体質を実現することができる。

オープン型経営では，専門化・分業化が不可欠である。端的にいえば，何事も得意分野に集中するということである。具体的には，アウトソーシング，戦略的提携，M＆Aなど，外部資源の有効活用を図らねばならない。シンプルな組織構造，明快な人事体系，風通しの良い人的ネットワークなど，オープン型経営の基盤を早急に確立すべきである。

オープン型経営を推進する基盤の1つがビジネス・プラットフォームであることはいうまでもない。①取引相手の探索，②信用（情報）の提供，③経済

値評価，④標準取引手順，⑤物流など諸機能の統合，の5つの機能が整備されれば，各企業は，自社の得意分野（コア・コンピタンス）を磨き，標準インターフェースを徹底的に利用しながら，開放構造型ネットワーク分業による高利益体質を実現することができる。

❸ 戦略的提携

上で，オープン型経営では，専門化・分業化が不可欠であると述べた。専門化・分業化を推進するためには，アウトソーシング，戦略的提携，M&Aなど，外部資源の有効活用を図らねばならない。紙幅の制約もあるので，ここでは戦略的提携に絞って考察する。

1980年代の後半以降，石油，化学，繊維，鉄鋼などの業界において，企業間協働関係の一種である戦略的提携（strategic alliance）が急速に増大しつつある。戦略的提携には，広義・狭義の定義があり，しかも極めて定義が曖昧なまま，戦略的提携という用語が独り歩きをしている。

そこで，まず広義の定義からみてみよう。浅川和宏［2003］は，戦略的提携を，「パートナー同士がお互いに競争優位を築くために，互いのリソースや能力などを共有し，継続的に協調関係に入ることを意味する」と定義している[16]。また，戦略的提携の組織形態を，組織論（組織間関係論）に準拠して，階層（hierarchy）と市場（market）の中間に位置すると述べている。さらに，広義の戦略的提携には，階層と市場との間のあらゆる中間形態が含まれると述べている。その場合，階層により近いところに，M&A，合弁（ジョイント・ベンチャー）など「所有比率」の高いものが該当する。そして，広義の戦略的提携に含まれるものとして，技術移転，製品ライセンス供与，ジョイント・ベンチャー，買収などをあげている。

安田洋史［2006］は，広義の戦略的提携を，①資本関係（M&A，合併，資本スワップなど），②契約関係（従来型契約，非従来型契約），に大別している[17]。ちなみに，②契約関係（従来型契約，非従来型契約）の中で，従来型契約には，フランチャイズ，ライセンス，クロス・ライセンスなどが含まれ，非従来型契約には，共同研究開発，共同製品開発，生産委託，研究コンソーシア

ムなどが含まれる。

　上で，広義の戦略的提携について，浅川和宏［2003］，安田洋史［2006］の2つの先行研究について概略レビューを行った。従来，曖昧な定義が多かったが，整理すると，浅川和宏［2003］のいう所有比率の高低，安田洋史［2006］のいう資本関係（M＆A，合併，資本スワップなど）が，曖昧な定義を避けるポイントであることが分かる。

　次に，狭義の戦略的提携について，いくつかの先行研究を時系列的にみてみよう。ドーズ＝ハメル（Dos, Y.L.=Hamel, G.）［1998］は，戦略的提携は企業買収とは異なると述べている[18]。また，戦略的提携はジョイント・ベンチャーとも異なると述べている。ドーズ＝ハメル［1998］は，戦略的観点にたち，戦略的提携について狭義の定義を採用している[19]。

　神戸大学大学院経営学研究室編［1999］は，「戦略的提携とは，企業間の協働関係の一種であり，企業合併や企業合同あるいは事業譲渡という形にとらわれずに行われるより緩やかな企業間協働の様式を指す。生産委託，販売委託，共同開発，共同生産，相互技術援助，部品供給，ノウハウ提供などの形態がある」と定義している[20]。個別企業の独立性と自律性を維持したまま，企業間関係を固定しない狭義の戦略的提携の定義を採用している。

　大阪市立大学商学部編［2001］は，「2つ以上の企業が1つの企業になる合併や，一方の企業が他方の企業の全部または一部を取得する買収，合併や買収を意味するM＆A（Merger & Acquisition）は，戦略的提携から除外する」と述べており[21]，意識的に狭義の定義を採用していることが分かる。

　本書では，先行研究のレビューを踏まえて，「戦略的提携とは，個別企業の独立性と自律性を維持したまま，企業間関係を固定せず緩やかな企業間協働を維持する企業間協働関係の様式を指す。生産委託，販売委託，共同開発，共同生産，相互技術援助，部品供給，ノウハウ提供などの形態がある」と狭義の定義を採用して議論を進める。

　上述したように，具体的にどの範囲までを戦略的提携と捉えるのかについて，明確な定義は少ない。しかし，戦略的提携の捉え方は曖昧なままでも，多くの研究者は，他企業と協調・協働することによって，競争優位を獲得することが

第9章 経営と情報との関係性

できるという点では共通している。

この背景として,江夏健一=桑名義晴編［2006］は,「他企業との関係が重視されてきたことの裏には,企業は1社のみで事業を展開するのが難しくなってきたということがある」と述べている[22]。経営資源の獲得や研究開発など,企業1社のみの力では限界がある。特に多国籍企業の場合,1社のみの力では,事業展開がより一層困難になることはいうまでもない。したがって,多国籍企業間競争において,戦略的提携の重要性の高まりを無視することはできないのである。

戦略的提携の主な目的とリスクについてみてみよう。戦略的提携の主な目的としては,図表9-4に示されるように[23],①経営資源（補完的スキル,技術,商品など）の獲得,②市場アクセス（新市場開拓,新地域開拓など）の獲得,③規模やスピードの獲得（規模の経済,速度の経済など）,④主要顧客やサプライヤーとの共同（共同研究開発,共同生産,相互技術援助など）,⑤学習（情報,ノウハウの獲得など）,⑥リスクの分散（コスト負担,イノベーションの遅れなど）,⑦競争ルール（デファクト・スタンダードなど）への対応,⑧競

図表9-4　戦略的提携の主な目的とリスク

主な目的	典型的なリスク
補完的スキル・技術・商品の獲得	それに縛られ自由度が減る
市場アクセスや資金の獲得	相手に発言権がいく
規模やスピードの獲得	逆に調整に時間がかかる
主要顧客・サプライヤーとの共同R&D	ノウハウや顧客情報の流出の可能性 他社との関係や多事業に悪影響も
リスク分散	コミットメントの低下,責任の所在の曖昧化
市場や競争ルール（業界標準など）の明確化・確立	その標準が勝てればよいが,間違った相手と組んでしまうと…
競合や補完者の取り込みによる競争のコントロール	囲い込むほどのメリットが供給できなければ,「庇を貸して母屋を取られる」ことも

（出所）グロービス経営大学院編［2010］46頁。

争のコントロール（防衛的提携など），などがあげられる。

　一方，戦略的提携のリスク・デメリットとしては，①独立性，自律性の喪失，②情報資源（自社技術など）の流失，③コミットメントの低下，責任の所在の不明確化，④マネジメントの難しさ（最悪の場合，乗っ取りなどの被害を被る），⑤社内組織の複雑化，などがあげられる。

　伊丹敬之=加護野忠男［2003］は，戦略的提携は，「市場取引や組織的統合によっては得ることのできないメリットがあるからこそ，戦略的提携という中間的な結びつきが選ばれる。あるいは，戦略的提携に意義があるとすれば，市場と組織の中間的な形態が意味をもつときである」と述べている[24]。

　一般的に，市場取引よりも，戦略的提携のように他企業と協調関係を結ぶ方が優遇されることが多い。しかし，他企業との協調関係から組織的統合にまで戦略的提携が進展すると，企業文化（組織文化）などの違いによるマネジメントの困難性が懸念される。特に，多国籍企業によるグローバルな組織的統合の場合，企業文化（組織文化）の融合は困難な場合が多いので，マネジメントに多大な影響を及ぼす。

　このように，オープン型経営にも解決すべき課題が山積しており，オープン型経営は，一朝一夕には実現できないと思われる。しかし，クローズド型（「囲い込み」型）経営からオープン型経営への脱皮は，日本企業にとって喫緊の課題であることは間違いない。オープン型経営では，標準インターフェースの徹底利用など，経営と情報との関係性は極めて密接なものがある。

3　組織間（企業間）情報ネットワーク

❶　組織間（企業間）関係の進化

　組織間（企業間）関係（inter-organizational relations）とは，相互に自律的であり，組織間における直接的かつ間接的な依存関係をもつ組織の結びつきのことを指す。現代社会において，組織はほぼ例外なくクローズド・システムでは

第9章 経営と情報との関係性

なく，オープン・システムであり，他の組織との相互依存性を前提として成立している。具体的には，組織が存続・発展するためには，企業と企業，企業と銀行，企業と地域社会など，多種多様な利害関係者（ステークホルダー）と，ヒト・モノ・カネ・情報の相互依存関係を効果的に継続する必要がある。

昨今のグローバル化，企業の大規模化・複雑化に伴って，企業が影響を受ける範囲は拡大するとともに多様化している。今日の組織間（企業間）関係は，従来の企業グループ，系列などに加えて，戦略的提携，M＆A，製販同盟，アウトソーシングなど，様々な手法によって展開されることが一般的なものとなっている。そして，このような組織間（企業間）関係のマネジメント（経営管理）が，企業経営において極めて重要な課題となりつつある。

山倉健嗣［1993］は，この組織間（企業間）関係が，なぜ形成されるのか，どのように展開されていくのかについて，体系的かつ簡潔にまとめている[25]。山倉健嗣［1993］に準拠して，組織間（企業間）関係論について，①成立期（1960年代初頭），②展開期（1960年代後半），③確立期（1970年代），④新たな展開期（1980年代以降），の4つの時代区分ごとに概観する。

① 成立期（1960年代初頭）：組織間（企業間）関係論の成立時期は，1950年代の終わりから1960年代初期に求められる。「環境の発見」と連動して，ディル，トンプソン，レヴィンらなど，主として社会学者によって発展の素地がつくられた。さらに，1960年代に入り，レヴィンらによって，資源の稀少性を踏まえつつ，組織間交換の概念が提示された。この頃，トンプソンは，組織の対環境戦略として，競争戦略と協調戦略に区分した。成立期において，組織間（企業間）関係論が組織論の重要な分野になりうること，組織間交換，組織間調整メカニズムなど，組織間（企業間）関係論の重要なテーマがすでに示されている。

② 展開期（1960年代後半）：エヴァンの「組織セット・パースペクティブ」が提示され，焦点組織（分析の対象となる組織），組織セット（焦点組織と相互に関連のある複数の組織），ネットワーク構造，対境責任者（対境管理者）などの概念が示された。この展開期には，エヴァンの他にも，組織間システム，組織間ネットワークに焦点をあてた研究成果が次々に提唱された。

③ 確立期（1970年代）：組織間（企業間）関係論が，有名な組織論の教科書に独立した章として取り上げられるなど，組織間（企業間）関係論の公認化が進展した。また，組織間（企業間）関係論の支配的なパースペクティブとされているフェファー＝サランシックの「資源依存パースペクティブ」が提唱された。「資源依存パースペクティブ」は，なぜ組織間（企業間）関係が形成されるのか，どのように組織間（企業間）関係のマネジメントがなされるのか，など組織間（企業間）関係の根本的な問いに答える学説といえる。この時期には，組織間（企業間）関係の議論は，組織間システム，組織間ネットワークへと射程が広まり，組織間（企業間）関係論は組織論の一分野として定着した。

④ 新たな展開期（1980年代以降）：1980年代に入り，組織間（企業間）関係の分析単位が，「ミクロからマクロ」へと変化した。すなわち，組織間（企業間）関係論は，組織と環境（他の組織を含む）という捉え方ではなく，組織間（企業間）関係の全体的特性（組織間の構造特性，組織間の共同行動など）に焦点をあてた研究が増えた。また，アストレイ＝フォムブランによって提示された「協同戦略パースペクティブ」およびマイヤー＝スコットやディマジオ＝パウエルなどによって展開された「制度化パースペクティブ」が，フェファー＝サランシックの「資源依存パースペクティブ」のオルタナティブ（代替理論）として位置づけられた。新たな展開期（1980年代以降）における組織間（企業間）関係論は，「組織の組織」に焦点をあわせており，「組織間システムの組織化」が主要な研究課題となっている。

❷ 組織間（企業間）関係と経営戦略

上で，組織間（企業間）関係の進化について考察し，組織論では「組織の組織」・「組織間システムの組織化」に研究の焦点が移りつつあることを確認した。また，本書では，経営情報システムにおいて，「ネットワークのネットワーク」であるインターネットが極めて重要な研究課題であることを繰り返し確認している。組織論の研究課題である「組織の組織」・「組織間システムの組織化」と，経営情報論の研究課題である「ネットワークのネットワーク」は，どちらが原

第9章 経営と情報との関係性

因で，どちらが結果か，という因果律が明確でないほど，相互に密接な関係性をもち，相互浸透の関係にある。すなわち，「ネットワークのネットワーク」がなければ，組織間（企業間）関係の構築はほとんど困難であろう。組織間（企業間）関係が進展しなければ，「ネットワークのネットワーク」の用途は，かなり限定されたものになるであろう。

組織間（企業間）関係と経営戦略の関係性はどうであろうか。本書では，すでに第2章において，「経営戦略とは，企業と環境とのかかわり方を将来志向的に示す構想であり，組織構成員の意思決定の指針となるもの[26]」と定義した。そして，経営戦略の要素として，①ドメイン，②製品・市場戦略，③経営資源の蓄積，④競争戦略，⑤ビジネスシステム戦略，の5つの構成要素を選択している[27]。組織間（企業間）関係と経営戦略の5つの構成要素の関係性について簡潔にみてみよう。

① ドメイン：ドメインの定義・再定義とは，自社の戦略空間は何か，自社の事業は何か，自社の事業領域・事業分野は何か，自社の事業の再構築をいかに行うか，などのことである。従来の日本企業のドメインは，フィルム，日用雑貨品，通信機器など，製品本位の「物理的定義」によるドメインが多かったが，今日では，富士写真フィルムのＩ＆Ｉ（映像と情報），花王の界面化学，ＮＥＣのＣ＆Ｃ（コンピュータとコミュニケーション）など，「機能的定義」によるドメインに進化している。

② 製品・市場戦略：製品・市場戦略では，どのような製品・市場分野を選択するか，どのようなセグメンテーション（具体的には，製品差別化と市場細分化）を行うか，新製品開発・新市場開拓をいかに行うか，などが主要な課題となる。製品・市場戦略において，製品別情報（売上，利益，コスト，競合状況，強み・弱みなど）および市場別情報（売上，利益，コスト，シェア，市場規模，市場成長率，セグメンテーション別データなど）は必須情報である。製品別情報，市場別情報が不足したり欠落していれば，製品・市場戦略は「絵に書いた餅」になることは間違いない。

③ 経営資源の蓄積・配分：経営資源の蓄積・配分において，必要な経営資源をどのように蓄積するか，限られた経営資源を何にどのように配分するか，

259

独自の資源展開によってどのようなコア・コンピタンスを形成するか，などが主要な課題である。経営資源情報（人的資源管理情報，生産管理情報，財務管理情報など）の裏づけが必須であることはいうまでもない。

④ 競争戦略：競争戦略では，誰を競合企業（競争相手）とするか，何を競争力の源泉として戦うか，競争力をどのように利用するか，競争力をいかに効率的につくるか，などが主要な課題となる。競争戦略において，競合情報（競合企業情報，競合分析データなど）は必須情報である。昔から「敵を知り，己を知れば，百戦危うからず」といわれているとおりである。

企業を全体として捉えても，競争優位を獲得することはできない。競争優位は，企業における研究開発・製造・マーケティング・物流・サービスなど，企業のすべての活動の中から生まれる。具体的には，それぞれの活動のコスト・ビヘイビア，活動の差別化などによって，競争優位を獲得することがで

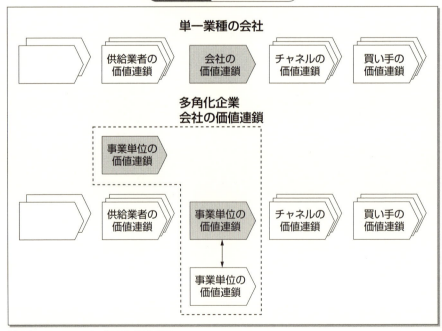

図表9-5 価値システム

(出所) Porter, M.E. [1985] 訳書46頁。

きる。したがって，競争優位の獲得のためには，企業のすべての活動およびその相互関係を体系的に検討するためのフレームワーク（分析枠組み）が必要である。第2章で考察した価値連鎖（value chain）は，ポーター［1985］が競争戦略の基本的なフレームワーク（分析枠組み）として提示したものである。

　価値連鎖は，世界中のビジネススクールや経営学部で教えられている有名な理論であるが，企業内部の活動だけでなく，近年では，図表9-5に示されるように[28]，企業間の連結関係が重要な要因になりつつある。「価値連鎖」の上位概念である「価値システム」における連結関係は，原材料供給企業（川上），流通チャネル（川中），買い手・顧客（川下）など，多くの企業・顧客との間で，様々な連結の形態が存在する。組織間（企業間）関係と，経営戦略（ここでは競争戦略）との密接な相互関係がよく理解できるであろう。

⑤　ビジネスシステム戦略：ビジネスシステム戦略では，ビジネスシステムをいかに構築するか，組織間（企業間）関係をどのように変革するか，などが主要な課題である。ビジネスシステム戦略は，すでに第2章や第8章において，SCM（サプライチェーン・マネジメント）をその典型として取り上げて考察した。組織間（企業間）関係とビジネスシステム戦略は，まさに表裏一体の関係性を有する。

　上述したように，組織間（企業間）関係と経営戦略の関係性は，近年，特に密接なものになりつつある。組織論における「組織の組織」・「組織間システムの組織化」，経営情報論における「ネットワークのネットワーク」，経営戦略論におけるビジネスシステム戦略などは，「三位一体」の関係にあるといっても過言ではないであろう。

❸ 組織間（企業間）情報ネットワークの構築

　上述した組織論における「組織の組織」・「組織間システムの組織化」，経営情報論における「ネットワークのネットワーク」，経営戦略論におけるビジネスシステム戦略など，「三位一体」の関係の具現化が組織間（企業間）情報ネットワークであることはいうまでもない。特に，eビジネスは，組織間（企業

図表9-6　eマーケットプレイス（電子市場）

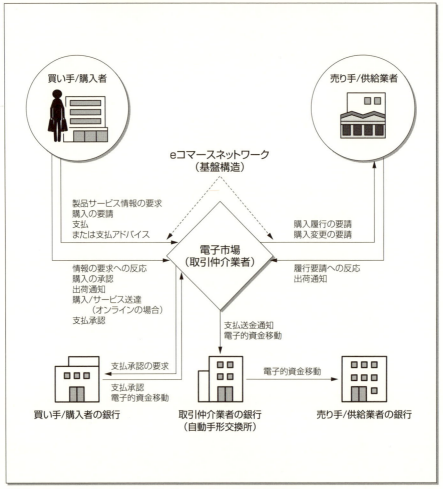

（出所）　Turban, E.=Lee, J.=King, D.=Chung, H.M.［2000］訳書12頁。

間）情報ネットワークの具現化によって成り立っている。

　第8章（eビジネス）において，eビジネスの意義，eコマース，ビジネスモデル，SCM，情報空間の拡大・複合化について考察した。eビジネスにおいては，インターネット・イントラネット・エクストラネットが決定的に重要な要因であることを多くの図表を用いて確認した。具体的には，eマーケットプレイス

において，SCMなど，eビジネスを具体的に推進するための仕組みが構築されている。また，移動体通信，EDI，CALSにみられるように，eビジネスにおける新たな情報空間の拡大・複合化が継続的に進展しつつある。eビジネスを推進するためには，「商流」・「金流」・「物流」・「情報流」の4つの流れが，組織間（企業間）情報ネットワークを基盤として，一体的・統一的に運用されなければならない。図表9-6は，電子資金移動（EFT）など「金流」を強調した組織間（企業間）情報ネットワークの概念図である[29]。

4 経済(マクロ)−産業(セミマクロ) −企業(ミクロ)の一体化

❶ 国の競争優位

　近年，グローバル化（グローバリゼーション）の急激な進展によって，情報空間は拡大し複合化しつつある。従来の国内経営中心の時代とは異なり，グローバル経営では多くの課題が発生する。

　グローバル経営とは，企業が国境を越えて，あるいは企業が国境をまたいで経営を行うことである。一時期，グローバル経営になれば，国境はなくなる（ボーダーレス）という議論が盛んになったことがある。しかし，現実にはグローバル経営においても，国境は厳然として存在するのみならず，国境の重要性はますます重要性を帯びつつある。

　グローバル経営は，国内経営と分離することのできない密接な関係にあるとはいえ，グローバル経営は，国内経営の単なる延長ではない。グローバル経営は，国内経営とどこが本質的に違うのだろうか。グローバル経営の特質として，ここでは国の競争優位との関連性について考察する。

　国内経営の場合，本拠地としての自国の法，制度，文化などの環境要因は，いわば国内経営にとって所与の条件である。それも周知の条件となる。一方，グローバル経営の本拠地としての自国は，グローバル経営のプラットフォームであり，そのプラットフォームの優劣がグローバル経営の優劣につながる。

図表9-7 国の競争優位の決定要因

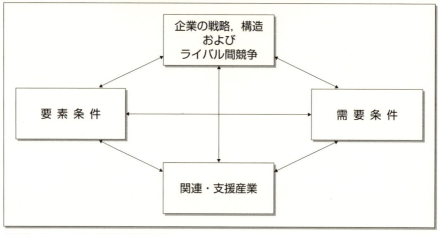

(出所) Porter, M.E.[1990] 訳書106頁。

　ポーター (Porter, M.E.) [1990] は，ある国が特定産業において，国際的に成功するのはなぜか，という問いに対して，図表9-7に示されるように[30]，国の競争優位の決定要因として，①要素条件，②需要条件，③関連・支援産業，④企業の戦略，構造およびライバル間競争，の4つの要素をあげた[31]。この4つの要素は，図表の形状から「ダイヤモンド」と名付けられた。

① 要素条件：ある任意の産業で競争するのに必要な熟練労働またはインフラストラクチャなど生産要素における国の地位。

② 需要条件：製品またはサービスに対する本国市場の需要の性質。

③ 関連・支援産業：国の中に，国際競争力をもつ供給産業と関連産業が存在するかしないか。

④ 企業の戦略，構造およびライバル間競争：企業の設立，組織，管理方法を支配する国内条件および国内のライバル間競争の性質。

　ポーター [1990] は，この「ダイヤモンド・モデル」を用いて，ドイツの印刷機産業，米国の患者モニター装置産業，イタリアのセラミック・タイル産業，日本のロボット産業の4つを取り上げ，丁寧な実証分析を行っている[32]。また，10カ国（デンマーク，シンガポール，ドイツ，スウェーデン，イタリア，スイ

第9章 経営と情報との関係性

ス,日本,英国,韓国,米国)を調査対象として,6年間にわたって詳細に調査を行い,国の競争優位について,体系的かつ実証的な考察を行っている[33]。

上述した各国は,国の競争優位の決定要因として,①要素条件,②需要条件,③関連・支援産業,④企業の戦略,構造およびライバル間競争,の4つの要素(ダイヤモンド)について,それぞれの制約の中で多様な取組みを行っている。ポーター[1990]によって,本拠地である自国のダイヤモンドの良否は,グローバル経営にとって,従来の常識を覆すほど大きな役割を果たしていることが判明した。グローバル経営になれば,国境はなくなる(ボーダーレス)という議論が盛んになったことがあるが,それは全く根拠のない主観的なイメージに過ぎない。

❷ 多様性との対応

次に,経済(マクロ)-産業(セミマクロ)-企業(ミクロ)の関係性について考察する。特に,経済(マクロ)-産業(セミマクロ)-企業(ミクロ)の多様な関係性についてみてみよう。

日本人は,島国で単一民族のせいか,多様性との対応において,個人も組織も昔から不得手といわれる。しかし,グローバル経営の特質は,まさしく多様性との戦いでもあるので,多様性に関する理解と,理解に基づいたあらゆる局面における冷静な対応が必要不可欠である。

多様性について考察する「切り口」は枚挙にいとまがないほど多いが,上でポーター[1990]の名著である『国の競争優位』を取り上げたので,ポーター[1990]に準拠して,国の競争優位の決定要因として,①要素条件,②需要条件,③関連・支援産業,④企業の戦略,構造およびライバル間競争,の4つの要素に対して,各国の政府がどのような影響を与えるか,「政府の役割」に絞って考察する。そして,日本,米国,韓国の課題について考察する[34]。

① 要素条件に与える政府の役割:政府の役割は,専門的な人的資源,科学的知識,経済情報,インフラストラクチャ,その他の生産要素を創造しグレードアップすることである。政府は,要素創造の主要な原動力である。
② 需要条件に与える政府の役割:伝統的な政府の政策は,政府による支出(購

入），信用供与などである。防衛向け調達はほぼすべての国で，政府の製品規格や製造工程への規制などが需要条件に影響を与える。買い手に関する情報提供などは需要の質を高めることに寄与する。

③　関連・支援産業に対する政府の役割：重要な政府の役割の1つとして，関連産業，支援産業を育成し，クラスター（産業集積）を形成することがあげられる。具体的には，地理的に集中させるための地域政策を推進・実施する。

④　企業の戦略，構造およびライバル間競争に対する政府の役割：従来の通貨に関する規制，海外投資に対する規制など，グローバル化に対する規制ではなく，グローバル化の支援が重要である。国内のライバル間競争は，グローバル経営にとって最も望ましいので，政府は競争に対する規制を行わないことが肝要である。従来，国内のライバル間競争を緩和するために，競争に対する規制が各国で行われてきたが，大半が生産性の向上に寄与していない。

〈日本の課題〉

　日本経済は，70年代〜80年代に，世界的なサクセス・ストーリーを享受した。いわゆる「ジャパン・アズ・ナンバーワン」である。日本政府を主役として，日本的経営が寄与したというのがお決まりの解説である。しかし，ダイヤモンド・モデルを用いて具体的に考察すると，①要素条件，②需要条件，③関連・支援産業，④企業の戦略，構造およびライバル間競争，の4つの要素に対して，日本政府の働きかけは絶妙で，イノベーションとグレードアップによる生産性の向上こそが成功の鍵であった。ただし，90年代に入り「失われた10年」を経験し，さらに，世紀をまたいで「失われた20年」も経験した。2014年の1人あたりGDPは世界27位にまで後退し，先進国としての面影が薄れつつある。政府の役割としては，流通システム，医療保健サービス，情報関連サービス，サービス全般など，世界的にみて生産性の低いセクターに対して新たなビジョンを示す必要がある。近年，従来と比較して働かなくなった日本人のモティベーションの変容は，果たして日本政府の役割であろうか。

〈米国の課題〉

　米国は，第二次世界大戦の戦勝国として，かつ戦争の被害が米本土に全く及ばなかったことによって，大戦後，米国の競争優位は確立した。米国政府は，

①要素条件，②需要条件，③関連・支援産業，④企業の戦略，構造およびライバル間競争，の4つの要素に対して，直接的に干渉することはほとんどなかった。まさに，ビジネスにおいて競争するのは企業であり，①要素条件，②需要条件，③関連・支援産業，④企業の戦略，構造およびライバル間競争，の4つの要素に対する企業の取組みの強さが米国の競争力の基盤であった。1970年代から1980年代にかけて，米国の競争力の衰退が観察されたが，その後，政府も企業も的確な対応によって，再び競争力が回復しつつある。

〈韓国の課題〉

韓国は，政府と財閥による開発主義的な経済運営によって，1980年代以降，目覚ましい成功を実現した。しかし，今後の韓国の政府の役割は，大きく軌道修正をする必要がある。個々の産業への直接介入，財閥に対する依存，広範な保護政策などは，初期については有効であったが，今後も有効という保証はない。効率のよい資本市場，需要サイドの確立，多角化パターンの修正，競争戦略の修正，クラスターの深耕，中小企業の育成，などが今後の課題といえよう。

上で，国の競争優位の決定要因として，①要素条件，②需要条件，③関連・支援産業，④企業の戦略，構造およびライバル間競争，の4つの要素に対して，各国の政府がどのような影響を与えるか，「政府の役割」に絞って考察した。そして，各国（日本，米国，韓国）の課題について概観した。グローバル経営に関する多様性について，政府の役割という一点に絞っても，驚くほどの多様性があることが分かる。米国・韓国は，国をあげてICTの進展に取り組んでいる。グローバル経営は，まさに国ごとの多様性との戦いなのである。

❸ 統合ネットワークの形成

グローバル経営では，①世界規模の効率，②柔軟な各国対応，③世界規模の学習とイノベーション，の実現を目的とする。そのためには，図表9-8に示されるように[35]，1)各部門に分散され，専門化された資源と能力，2)相互に関連づけられた部門間で，部品・製品・資源・人材・情報の広範な交換，3)意思決定を共有しあう環境で，調整と協力が進む複雑なプロセス，という特性をもつ「統合ネットワーク」が不可欠である。

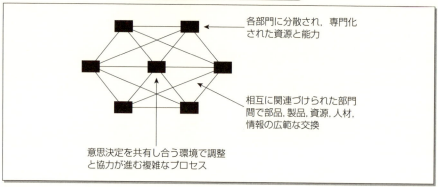

図表9-8 統合ネットワーク

（出所）Bartlett, C. A.=Ghoshal, S. [1995] 訳書129頁。

　グローバル経営組織において，本社－海外子会社関係は，すでに多くの研究成果が蓄積されている。まず，コントロールについてみてみよう。従来，本社は海外子会社に対して，標準化，公式化などの公式メカニズムを用いてコントロール（支配）を行ってきた。ここでの関係は，本社対海外子会社というダイアディック（一対一）な関係であることが多かった。ところが，グローバル化の進展に伴って，複数の海外子会社間関係が同時に進展するにつれて，本社の役割は，コントロールからコーディネーションに移行せざるを得ない。複数の海外子会社をすべてダイアディック（一対一）にコントロール（支配）することは，本社の能力を超えるばかりでなく，効果性・効率性の面でも問題が大きすぎる。本社とすべての海外子会社の「統合ネットワーク」を構築できれば，本社によるコーディネーションのあり方，海外子会社の戦略的役割，などが大きく変わってくる。

　ところで，「統合ネットワーク」は，先端的な組織論とされるグローバル・マトリックス構造と同様に，まだ現段階では，理念型モデルの域を脱していないといえよう。製品軸と地域軸のマトリックス構造でさえ，成功事例がほとんどないとされている中で，ネットワーク構造になれば，より調整や協力の仕方は複雑になる。しかし，解決の方法がないわけではない。ICT（情報通信技術）を活用した「統合ネットワーク」（グローバル最適生産ネットワーク，人的資

源ネットワーク，グローバル会計ネットワークなど）は，ICT（情報通信技術）の急速な進展に伴ってかなり高度なレベルに到達しつつある。

　国の違いによる多様性を克服して，経済（マクロ）－産業（セミマクロ）－企業（ミクロ）の一体化・統合化を実現するためには，「統合ネットワーク」およびその基盤となるグローバル情報ネットワークが必要不可欠である。

5 情報セキュリティ

❶ 情報セキュリティの意義

　企業には，ハードウェア・ソフトウェア・ネットワーク・データベース・ノウハウなど，多くの情報資産が存在する。その情報資産は，多種多様なリスクに遭遇している。まず，下記の方程式からみてみよう。
- リスク＝価値×脅威×脆弱性

　次に，リスク，脅威，脆弱性の各用語について，ISO/IEC13335-1（JIS Q 13335-1）による定義をみてみよう。
- リスクとは，「ある脅威が，資産または資産のグループの脆弱性につけ込みそのことによって組織に損害を与える可能性」のことである。
- 脅威とは，「システムまたは組織に損害を与える可能性があるインシデントの潜在的な原因」のことである。
- 脆弱性とは，「一つ以上の脅威がつけ込むことのできる，資産または資産グループがもつ弱点」のことである。

　脆弱性については，第10章において考察するので，ここでは，脅威についてみてみよう。情報資産に損害を与える可能性がある脅威として，Ⅰ.物理的脅威（①自然災害，②物理的故障・障害，③破壊，テロ，戦争），Ⅱ.技術的脅威（技術的破壊，侵入），Ⅲ.人的脅威（①サイバーテロ，②不正，③人的ミス），の3つに大別することができる。それぞれについて簡潔にみてみよう。

Ⅰ．物理的脅威

① 自然災害：地震，火災，暴風，豪雨，豪雪，落雷，地滑り，温度・湿度の異常，施設異常，電力異常，漏水など。
② 物理的故障・障害：ハードウェア障害，ソフトウェア障害，端末障害，回線障害，空調設備障害，電源設備障害など。
③ 破壊，テロ，戦争：コンピュータシステムの破壊，施設の爆破・破壊，放火など。

Ⅱ．技術的脅威
① 技術的破壊，侵入：データ・プログラムの破壊，不正アクセス，不正侵入，コンピュータウイルスの侵入，スパム，フィッシングなど。

Ⅲ．人的脅威
① サイバーテロ：クラッカー，ハッカー，成りすまし，成り代わり，プライバシー侵害など。
② 不正：CPU・端末・データ・プログラム・ドキュメントの不正使用，媒体・データ・プログラム・ドキュメントの持ち出し，備品の流用など。
③ 人的ミス：操作ミス，データ入力ミス，施錠ミス，チェックミスなど。

ネットワーク社会（高度情報社会）では，「いつでも，どこでも，何でも，誰でも」ネットワークにつながるので，上述した各種脅威によって発生したリスクは，瞬く間に他の組織（企業など），ひいては社会全体に広まる。自社の情報資産の保護はもちろんのこと，社会に対する責任としても，企業における情報セキュリティ・マネジメントは欠かせない。情報セキュリティ（個人や組織の情報資産の安全を確保すること）が維持できないと，安全・安心な社会を維持することもできない。

❷ 情報セキュリティ・マネジメント

情報セキュリティとは，上述したように，個人や組織の「情報資産の安全を確保すること」である。もう少し具体的にみてみよう。OECDは1992年に，「情報セキュリティに関するガイドライン」において，情報セキュリティとは，機密性（Confidentiality），完全性（Integrity），可用性（Availability），の3要素を維持・改善し，不正行為・災害・障害といった様々な脅威から情報資産を保護

第9章 経営と情報との関係性

図表9-9 情報セキュリティ

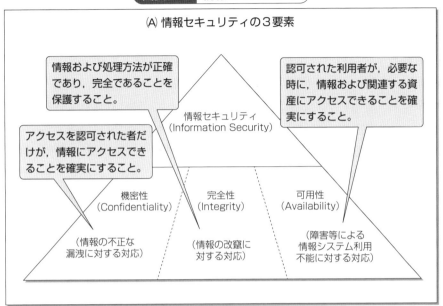

(出所) OECDホームページ〈http://www.oecd.org/〉から内容を抜粋。

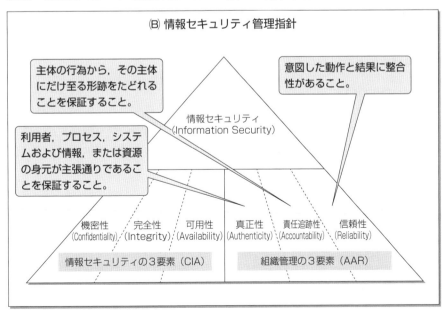

(出所) ISO/IEC TR13335（テクニカルリポート）から内容を抜粋。

することである，と述べている。その後，見直し作業を経て，2002年に「情報システムおよびネットワークのためのガイドライン－セキュリティ文化の普及に向けて」という改定版を公表している。

情報セキュリティの3要素は，図表9-9(A)に示されるように[36]，①機密性（Confidentiality），②完全性（Integrity），③可用性（Availability），のことをいう。情報セキュリティの3要素は，その頭文字をとってCIAと呼ばれている。それぞれの主な内容については，図表中の枠内に抜粋して示されている。

また，ISO/IEC TR13335（テクニカルリポート）では，図表9-9(B)に示されるように[37]，「情報セキュリティ管理指針」として，上述したCIAとともに，④真正性（Authenticity），⑤責任追跡性（Accountability），⑥信頼性（Reliability），の3要素を追加して，情報セキュリティの内容を深めている。情報セキュリティ管理指針は，その頭文字をとってAARと呼ばれている。それぞれの主な内容については，図表中の枠内に抜粋して示されている。

情報セキュリティ・マネジメントは，図表9-9(A)および図表9-9(B)の枠内に示されている6つの要素，すなわち，①機密性（Confidentiality），②完全性（Integrity），③可用性（Availability），④真正性（Authenticity），⑤責任追跡性（Accountability），⑥信頼性（Reliability），の具体的な内容を実現し，様々な脅威から情報資産を保護することである。

❸ ISO27001

ネットワーク社会における情報は，その特性上，国境の壁を簡単に越えるので，グローバルな情報セキュリティ・マネジメントを実現するためには，国際規格が必要不可欠である。

情報セキュリティ・マネジメントに関する元祖は，図表9-10に示されるように[38]，1995年に制定されたBS7799である。BS7799-1は，後でISO17799になった。BS7799-1は，ISO17799として国際規格になったので，日本では，JIS X 5080としてJIS化された。ちなみに，JIS X 5080のXは，JISの分類では「情報処理」を表している。また，後述するJIS Q 27001のQは「管理システム」のことである。

第9章　経営と情報との関係性

図表9-10　BS7799からISO27001の誕生まで

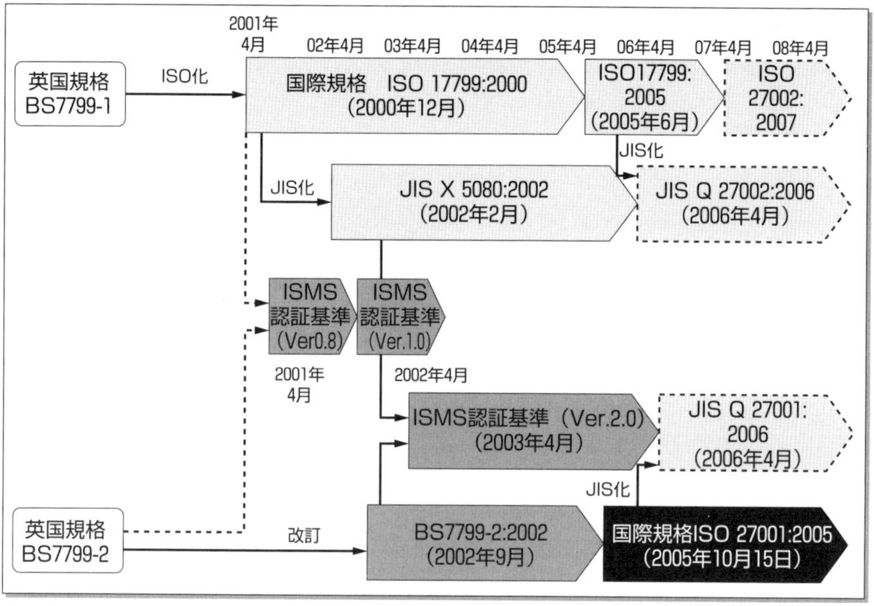

（出所）　日本情報処理開発協会ISMS制度推進室[2005]を筆者が一部修正。

　ISO17799から5年後の2005年に，BS7799-2がISO27001となった。図表9-10に示されるように，2006年にJIS化され，ISO27001は，予定通りJIS Q 27001として制度化された。情報セキュリティ・マネジメントに関するISO27001/JIS Q 27001は，時代の要請に応えるため，ISO9001（品質マネジメントシステム），ISO14001（環境マネジメントシステム）に続いて，日本企業にも浸透していくものと思われる。

　ISO27001は，0)序文，1)適用範囲，2)引用規格，3)用語および定義，4)情報セキュリティマネジメントシステム，5)経営陣の責任，6)ISMSの内部監査，7)ISMSの改善，8)付属書A・B・Cから構成される。ISMSという用語は，情報セキュリティマネジメントシステムの略語のことで，ISO27001の本文の中でも使用されている。

---

1) Kuhn, T.S.[1962]訳書Ⅴ頁。

2）加護野忠男［1988a］95頁に基づいて筆者が要約。
3）岸川善光［1999］208頁。
4）同上書208-209頁。
5）岸川善光［2002］187頁。
6）加護野忠男［1988a］55-59頁。
7）同上書60-82頁。
8）野中郁次郎=竹内弘高［1996］109-124頁。
9）情報創造パラダイムでは，イノベーションを自己革新，進化という用語を用いて説明していることが多いが，ここではそれらをイノベーションの類似概念として取り扱う。
10）野中郁次郎=寺本義也編［1987］16頁。
11）野中郁次郎［1986］171頁（今井賢一編［1986］，所収）。
12）國領二郎［1995］15頁。
13）國領二郎［1999］12頁。
14）同上書21頁。
15）同上書147-149頁。
16）浅川和宏［2003］217頁。
17）安田洋史［2006］29頁。
18）Dos, Y.L.=Hamel ,G.［1998］訳書3頁。
19）同上書7頁。
20）神戸大学大学院経営学研究室編［1999］573-574頁。
21）大阪市立大学商学部編［2001］158頁。
22）江夏健一=桑名義晴編［2006］89頁。
23）グロービス経営大学院編［2010］46頁。
24）伊丹敬之=加護野忠男［2003］139頁。
25）山倉健嗣［1993］2-32頁を筆者が要約。
26）岸川善光［2006］10頁。
27）同上書69頁。
28）Porter, M.E.［1985］訳書46頁。
29）Turban, E.=Lee, J.=King, D.=Chung, H.M.［2000］訳書12頁。
30）Porter, M.E.［1990］訳書（上巻）106頁。
31）同上書（上巻）106-107頁。
32）同上書（上巻）261-343頁。
33）同上書（上巻）399-533頁，同上書（下巻）3-121頁。
34）同上書の該当箇所について，筆者が要約した。なお，一部用語を修正した。
35）Bartlett, C.A.=Ghoshal, S.［1995］訳書129頁。
36）OECDホームページ〈http://www.oecd.org/〉から内容を抜粋。
37）ISO/IEC TR13335（テクニカルリポート）から内容を抜粋。
38）日本情報処理開発協会ISMS制度推進室［2005］を筆者が一部修正。『ISO/IEC27001への移行計画』から内容を抜粋。

第10章 経営情報論の今日的課題

　本章では，経営情報論の今日的課題について考察する。紙幅の制約上，独立した章として扱うことはできなかったものの，近い将来，テキストの独立した章として記述されるかもしれない重要なテーマを5つ選択した。

　第一に，ネットワーク社会（高度情報社会）の脆弱性について考察する。まず，リスク＝価値×脅威×脆弱性の方程式およびISOによる方程式の用語の定義について理解する。そして，脆弱性の内容について理解を深める。さらに，今後の課題として脆弱性分析について言及する。

　第二に，知的財産権について考察する。まず，知的財産権の定義および種類について理解する。また，日本の「プロパテント政策（特許重視政策）」について言及する。さらに，今後の課題として，ナレッジ・マネジメントの中核的な課題である特許戦略とブランド戦略について理解を深める。

　第三に，情報リテラシーについて考察する。まず，情報リテラシーの定義および内容について理解する。さらに，情報リテラシー教育の中からeラーニングを選択し，その内容について理解を深める。

　第四に，情報倫理について考察する。まず，情報倫理の定義および主要な領域について理解する。さらに，情報倫理の中からプライバシーの尊重を選択し，その内容についていくつかの観点から理解を深める。

　第五に，知識社会について考察する。まず，知識社会における知識および知識創造の重要性について理解する。さらに，多国籍企業のグローバル経営を事例にとりながら，知識創造（イノベーション）の重要性について理解を深める。

1 ネットワーク社会（高度情報社会）の脆弱性

❶ 現状

　第9章の第5節（情報セキュリティ）において，下記の方程式およびリスク，脅威，脆弱性の各用語について，ISO/IEC13335-1（JIS Q 13335-1）に準拠した定義を検討した。

- リスク＝価値×脅威×脆弱性
- リスクとは，「ある脅威が，資産または資産のグループの脆弱性につけ込み，そのことによって組織に損害を与える可能性」のことである。
- 脅威とは，「システムまたは組織に損害を与える可能性があるインシデントの潜在的な原因」のことである。
- 脆弱性とは，「一つ以上の脅威がつけ込むことのできる，資産または資産グループがもつ弱点」のことである。

　第9章では，情報資産に対する脅威について考察したので，本章では，ネットワーク社会（高度情報社会）の脆弱性について考察する。

　ネットワーク社会（高度情報社会）における情報資産（ハードウェア・ソフトウェア・ネットワーク・データベース・ノウハウなど）に対して，図表10-1(A)に示されるように[1]，多種多様な脅威（物理的脅威・技術的脅威・人的脅威）が存在する。

　多種多様な脅威（物理的脅威・技術的脅威・人的脅威）が，なぜネットワーク社会（高度情報社会）において発生するのか。それは，図表10-1(B)に示されるように[2]，1)人・組織，2)物理・環境，3)通信・運用，4)アクセス，5)ネットワーク，6)システム，7)順守，の各局面において脆弱性があるからである。図表10-1(B)には，脆弱性の例が示されているが，脆弱性があると，先述した方程式に従って，情報資産が脅威に曝されたとき，リスクが現実化するのである。例えば，人・組織に人的不足・認識不足などの脆弱性があると，機密の漏洩・

第10章 経営情報論の今日的課題

図表10-1 ネットワーク社会（高度情報社会）における脆弱性

(A) 脅威と攻撃の対象（脆弱性）

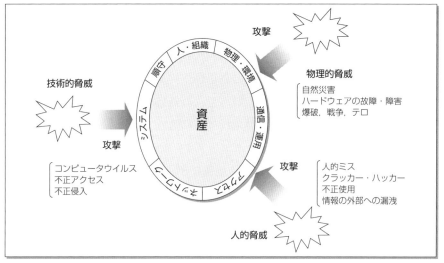

（出所） 畠中伸敏編［2008］45頁。

(B) 脆弱性の一覧

攻撃の対象	脆弱性の例	現実化されるリスク
人・組織	人的不足 訓練不足 業務の社会的重要性を認識しない担当者と組織	機密の漏洩 個人情報の漏洩 情報の持ち出し，不正
物理・環境	隔離されていない情報資産やコンピュータ 管理されていない不安定な電源 不審者が往来する管理されていない居室や通路	故障，障害 盗難，破壊，業務の停止
通信・運用	運用監視がない，保守のないハードウェア 異常事態に対して無対応，剥き出しの通信回線 バックアップの不備，迂回路のない通信回線	回線ジャック，回線のダウン 障害から復帰のできないシステム
アクセス	管理されないIDとパスワード アクセス管理されないファイルシステム	不正アクセス，改ざん，ファイル破壊 不正コピー，DoS攻撃
ネットワーク	ネットワーク監視の仕組みがない ファイウォールがない 認証の仕組みがない，ノード管理がない	不正アクセス，DoS攻撃 業務の停止
システム	開発と運用の区別がない 無試験で導入 変更管理がない	システム障害，システムダウン 事業の停止
順守	著作権，特許法，機密漏洩法，個人情報保護法， 不正アクセス防止法の無視 社会的な遵守事項を無視する組織風土	社会的批判，事業停止 ブランドイメージの喪失

（出所） 畠中伸敏編［2008］47頁。

個人情報の漏洩・情報の持ち出し，不正などのリスクが現実化する。リスクが現実化すると，そのことによって組織に損害を与える可能性も現実化する。

ネットワーク社会（高度情報社会）の脆弱性に関して，上述した以外にも，多くの研究者が様々な観点から脆弱性の内容を指摘している。例えば，税所哲郎［2012］は，脆弱性の例として，1)情報社会の匿名性（誹謗・中傷，デマ情報の発生など），2)コピーの容易性と真正性（デジタルコンテンツにおける違法コピーの助長，成りすましの助長など），3)被害の不透明性（情報漏洩の助長，ネット犯罪の助長など），4)脅威伝播の高速性と浸透度合の深化（脅威の伝播・浸透の助長など），5)情報セキュリティの依存性（依存の助長など），6)法律の不備（インターネット関連の法整備など），を指摘している[3]。

❷ 今後の課題

上で，リスク＝価値×脅威×脆弱性の方程式を示した。今後の課題として，リスク，脅威，脆弱性のそれぞれについて，早急に分析技法，診断技法を確立する必要がある。現段階では一部，リスク分析，脆弱性分析などの面で，分析技法，診断技法を確立する意欲的な動きがあるものの，大半が理念レベルの考察や評論をしているに過ぎない。具体的な分析技法，診断技法を確立しない限り，リスク，脅威，脆弱性の予防は不可能である。今のままでは，ネットワーク社会（高度情報社会）の脆弱性を克服することはできず，ネットワーク社会（高度情報社会）の安全・安心，さらにネットワーク社会（高度情報社会）の健全な発展を確保することはできない。

上で，リスク分析，脆弱性分析などの面で，分析技法，診断技法を確立する意欲的な動きが一部みられると述べたが，それらの概要および現段階における水準をみておこう。

脆弱性分析は，図表10-2に示されるように[4]，リスク分析の一環として，リスク因子およびリスクの特定のために行われる。脆弱性の明確化とリスクとの関連を明らかにすることが目的である。手法としては，1)アンケート法，2)チェックリスト法，3)ドキュメント・レビュー法，4)インタビュー法，5)現地調査法，6)脆弱性診断ツールによる調査，などがあげられる。この中で，6)脆弱

第10章 経営情報論の今日的課題

図表10-2 リスク分析のアプローチと調査技法

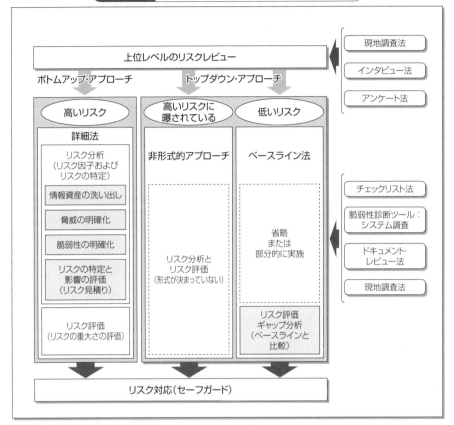

（出所）　畠中伸敏編［2008］114頁。

性診断ツールによる調査は，脆弱性を攻撃者が見つける前に検知し，実戦的対策を立案することによって，セキュリティレベルを高めることができる。外部との接続形態，ネットワークの適用形態によって調査の範囲・レベルが異なる。短所としては，システムに実際に攻撃を加えて調査する場合には，対象システムを停止させる危険性が高い。また，社内で脆弱性診断を行う場合，専用ソフトとそれを使いこなす人材がいないと実施できない。リスク，脅威，脆弱性に関する分析技法，診断技法の開発は，まだ緒に就いたばかりの段階にあるといえよう。

2 知的財産権

❶ 現状

　知的財産権とは,「人間の知的・精神的活動による創作物(著作物,発明,実用新案,意匠,植物新品種,営業秘密等),および営業上の標識(商標,サービスマーク,商号,原産地表示など)に関する保護法制の総称[5]」である。すなわち,知識から得られる創作物を財産と認定し,その所有者を保護する権利である。

　ロビンソン(Robinson, R.D.)[1984]は,図表10-3に示されるように[6],知的

図表10-3　多国籍企業における知的財産権の種類

	特許	実用新案	意匠	著作権	商標	営業秘密
保護対象	発明	考案(特許ほど高度でない発明)	意匠(商品のデザインなど)	著作物(プログラムなど)	商品の商標	ノウハウなど
主たる保護要件	・新規性 ・進歩性 ・登録	・新規性 ・進歩性 ・登録	・新規性 ・創作非容易性 ・登録	・創作	・誤認を生じさせないこと ・登録	・秘密保持のための管理 ・事業活動に有用
保護期間	出願日から5年～20年	出願日から6年	登録日から15年	著作者の死後50年	登録日から10年だが更新可能	(ある程度)限られている
ディスクロージャー	出願・公開制度	出願・公開制度	3年内の秘密意匠制度あり	頒布	出願公告	業務なし
保護内容	発明の実施の専有	考案の実施の専有	意匠の実施の専有	複製権の専有など	商標の使用の専有	秘密の維持
他企業の権利	ライセンスがなければ同じ技術を使えない	同左	同左	アイデアの利用は可 公式使用(米国)		リバース・エンジニアリングは可

(注)　特許保護期間は,国によって異なる。米国では17年間有効であり,他国(約120カ国)では5年から20年である。
(出所)　Robinson, R.D.[1984]訳書311-324頁に基づいて,筆者が一部加筆・修正。

財産権の種類とその内容について体系的にまとめている。

　知識社会に変質しつつある現在，競争優位の獲得において，知的財産は極めて重要な課題になりつつある。しかし，米国など諸外国の企業と比較すると，わが国の企業は，知的財産の保護や蓄積という点で大きく出遅れている。

　米国では，1970年代後半から1980年代にかけて，知的財産に関して国家的な戦略として取り組み，産業競争力における再生に成功した。具体的には，米国では，知的財産権の保護や強化を図ることを目的として，「プロパテント政策（特許重視政策）」を実施し，大きな成果をあげたのである。

　わが国政府は，2002年2月25日，知的財産立国を目指して，知的財産戦略会議を設置した。この会議の設立の趣旨は，「わが国産業の国際競争力の強化，経済の活性化の観点から，知的財産の重要性が高まっている。このため，わが国として知的財産戦略を早急に樹立し，その推進を図ることを目的とする」というものである。

　経済産業省が設置した「産業競争力と知的財産を考える研究会」は，2002年6月5日に，次の4点を重要課題として提言した[7]。
① 　知的創造時代を担う人的基盤の構築。
② 　大学・研究機関における知的財産の一層の創出，蓄積。
③ 　企業経営における知的財産の積極的活用。
④ 　海外における知的財産の保護強化。

　知的財産権に関わる技術紛争を裁く知的財産権に特化した高等裁判所も設置された。このように，知的財産の保護や蓄積という面での遅れを取り戻すために，各方面における動きがはじまったばかりではあるものの，知的財産権の重要性に関する認識は大きく進展しているといえよう。

❷ 今後の課題

　近年，ナレッジ・マネジメント（knowledge management）の重要性が，様々な局面で指摘されている。寺本義也［1999］によれば，ナレッジ・マネジメントとは，複雑化する業務，製品開発，組織構造の中で，企業がナレッジ（知識）を活用し，知識による新しいビジネスや新しい価値の創造を生み出すように導

く組織能力のことであり，そのために必要なのが個人と個人が出会い，専門的な知識や高度な知識が相互作用する"場"をデザインすることである[8]。

ナレッジ・マネジメントが台頭してきた背景について，野中郁次郎=紺野登［1999］は，次の2つの大きな力が働いていると述べた[9]。

① 企業の内部資源への注目：企業が従来の「環境適応型」の経営戦略に限界を感じ，外向きの戦略策定に注力する前に，立ち止まり，自社の内側に目を向けた。そのことが，知識を重視する下地を作った。

② 知識・デジタル経済への注目：アジルな競争とは，本質的に知識を刻々と変化する市場機会と俊敏に結びつけて価値を生み出すことである。企業の知識資産と知識経済の結合が，成長力の源泉として認識されるようになった。

今後，ナレッジ・マネジメントを推進する場合，知識の種類を明確にしておく必要がある。野中郁次郎=紺野登［1999］は，図表10-4に示されるように[10]，知的資産を機能的分類と構造的分類のマトリックスによって分類している。

図表10-4　知的財産の分類

構造＼機能	経験的知識資産	概念的知識資産	定型的知識資産	常設的知識資産
市場知識資産（市場・顧客知）	・顧客が製品やサービス，企業について使用経験から学習された知識 ・流通ネットワークが製品やサービス，企業について持つ学習された知識	・ブランド・エクイティ ・企業の評価	・顧客や流通との契約関係（権利，ソフトウェアの利用許諾など） ・メンバー登録された顧客についての情報内容（利用歴やカルテ）	・顧客とネットワーク（消費者モニターなど）交流により獲得される知識 ・流通ネットワークを通じて獲得される市場・顧客に関する知識
組織的知識資産（組織・事業知）	・従業員の持つ総合的知識・能力 ・特定の専門職の持つコアとなる知識・能力	・製品開発・企画・デザインに関する知識・能力 ・品質に関する知識	・ドキュメント資産（共有再利用可能文書），マニュアル（定型化ノウハウ） ・知識ベースシステムの情報内容	・組織の学習に関する制度（教育プログラムや訓練ノウハウ） ・コミュニケーション・システムなどを通じて組織内に流通している知識（電子メールの内容など）
製品ベース知識資産（製品・科学知）	・製品やサービスに関する共有可能なノウハウ ・製品の製法などの伝承されている熟練的知識（組織知との境界は曖昧）	・製品コンセプト（市場化製品および開発中製品のコンセプトの質と量） ・製品デザイン（モデル，プロトタイプなどを含む）	・特許知財となる技術・ノウハウ・著作物 ・技術・ノウハウに関するライセンス	・製品の使用法などの製品特定の補助的知識製品を取り巻く社会的・法的な知識活用のシステム（環境問題，PLなどのプログラム）
	暗黙知≫形式知	暗黙知≧形式知	形式知≫暗黙知	形式知≧暗黙知

（出所）　野中郁次郎=紺野登［1999］135頁。

ナレッジ・マネジメントの実務面での中核的な課題としては，①特許戦略，②ブランド戦略，の２つがあげられる。

特許戦略は，企業の競争優位の源泉として，技術的独占を確保することを目的としており，技術開発戦略，研究開発戦略と表裏一体の関係にある。

できる限り迅速にかつ多数の特許権を取得することは，当然重要なことであるが，実際の特許権申請に際しては，①競合企業による研究開発の追随や新製品情報の察知を回避するために，最小限の技術情報しか公開しない，②具体的な生産に関わるノウハウなどを隠蔽するために，核心的な技術は直接申請せず，それへの道を閉ざすような形で周辺の特許を申請する，③将来の技術開発の独占可能性に広く網をかぶせる，など多くの戦略的な対応が試みられている。すなわち，特許の公式取得と技術の秘密化・非公開化の両方の組合せの最適化を図ることが重要である。

ブランド戦略とは，ブランドの設定によって自社の製品やサービスに対する顧客の認知度を高めて，さらに選好度も向上させ，購買を促進して他社の製品よりも競争優位を獲得する戦略である。ちなみに，コトラー＝アームストロング（Kotler, P.＝Armstrong, G.）[2001]によれば，「ブランドとは，売り手の製品やサービスを識別し，競争企業との差別化を意図する名称，言葉，記号，シンボル，デザイン，またはそれらの組合せのことである[11]」。

上述した特許戦略，ブランド戦略など，知的財産権にかかわる課題は，今後のマネジメント（経営管理）の分野において，ますます重要度を増すであろう。

3 情報リテラシー

❶ 現状

情報社会，ネットワーク社会（高度情報社会）の進展に伴って，情報リテラシー（information literacy）が関心と注目を集めつつある。情報リテラシーが不足・欠落すると，デジタルデバイド（格差）によって，不利益を被る人が増え，

情報社会全体の健全な発展が望めない。

　リテラシーとは,「識字力」のことである。すなわち,読み書きの能力のことである。情報社会,ネットワーク社会（高度情報社会）における読み書きに匹敵する能力を情報リテラシーという。わが国の『情報化白書』では,一貫して「情報リテラシーとは,情報を利活用する能力のことである」と表現している。

　米国では,ACRL（Association of College and Research Libraries）[2000] によれば,「情報リテラシーとは,情報が必要なときに,それを認識し,必要な情報を効果的に見つけ出し,評価し,利用することができるように,個々人が身につけるべき一連の能力である」と定義している。

　そして,情報リテラシーを身につけた個人は,①必要な情報の範囲を確定する,②必要な情報に効果的かつ効率的にアクセスする,③情報と情報源を批判的に評価する,④選び出した情報を個人の知識基盤の中に組み入れる,⑤特定

図表10-5　企業社会で必要な情報リテラシー

情報リテラシーを構成する能力	左記の能力に含まれる内容
コンピュータリテラシー	キーボード操作 OSの基本操作 ワープロ基本操作 表計算基本操作 電子メール,Web閲覧ソフト操作 データベースとネットワークに関する基礎知識
情報活用リテラシー	仮説をもとにデータの検証を行う能力 問題解決方法の知識 システム的な思考方法を行うための能力
コミュニケーションリテラシー	テキストベースコミュニケーションの能力 文章作成能力 プレゼンテーション能力 議論・討論を行うための能力
情報倫理	電子コミュニケーション上のマナー ウイルス・セキュリティに関する知識と意識 有害サイトとその対策に関する知識 デジタル社会に関係する法律の知識

（出所）　大阪市立大学商学部編［2003］80頁。

の目的を達成するために情報を効果的に利用する，⑥情報利用をめぐる経済的，法的，社会的問題を理解し，倫理的，合法的に情報にアクセスし，利用する，という6つの能力基準を設定した。この6つの能力基準はさらにブレイクダウンされ，それぞれにパフォーマンス指標，主な成果が詳細に示されている。

　大阪市立大学商学部編［2003］は，図表10-5に示されるように[12]，企業社会で必要な情報リテラシーを，①コンピュータリテラシー（コンピュータ操作に関する基礎能力），②情報活用リテラシー（情報活用に関する基礎能力），③コミュニケーションリテラシー（コミュニケーションに関する基礎能力），④情報倫理（情報社会における倫理判断能力），の4つに大別し，それぞれの内容を具体的に示している。

❷ 今後の課題

　情報社会，ネットワーク社会（高度情報社会）の健全な発展のためには，すべての社会構成員が情報リテラシーを保有しなければならない。デジタルデバイド（格差）があると，誰に責任があるかはともかくとして，不公平感がつきまとう暗い社会になる。

　情報リテラシーを高める方策として，①OJT（On the Job Training：業務を通じた訓練），②教育（学校教育，企業内教育），に大別することができる。従来は，OJTによって情報リテラシーを獲得することが多かったが，社会構成員の多様性を考慮すると，教育の中でも学校教育に期待される側面が大きいので，ここでは学校教育に絞って考察する。

　日本で，「情報活用能力」が公的に述べられたのは，1986年の文部科学省臨時教育審議会における「教育改革に関する第二次答申」が最初であるといわれている。その後，文部科学省で1990年に「情報教育に関する手引き」が出され，1992年には全国学校図書館協議会で「資料・情報を活用する学び方の指導」の体系表が出され，さらに1998年には「小中学校学習指導要領」の改訂において情報活用能力が重視されるなど，様々な取組みがなされてきた。近年では，経済産業省，商工会議所，文部科学省などでは，「情報活用能力」ではなく「情報活用力」という用語を用いるようになってきた。

初等・中等教育での情報リテラシー教育（小学校の総合学習，中学校の「技術」における情報関連授業など）が始まり，高等学校でも2003年から「情報A」「情報B」「情報C」の3科目を設置し，正規の科目として普通科でも学習が義務づけられるようになるなど，初等・中等・高等学校における情報リテラシー教育は次第に定着しつつある。

　大学においても，1990年代以降，文系・理系を問わず，ほとんどの大学で「情報処理」「情報リテラシー」など，情報リテラシーに関する科目が急増している。ただ，教養課程で行われている情報リテラシー教育は，ワープロ・表計算・インターネットなどコンピュータリテラシー中心の技術教育であり，企業社会が必要としている情報リテラシーの内容をすべて網羅したものではない。

　情報リテラシー教育で特筆すべきことの1つとして，通信教育を中心とした遠隔教育とeラーニングがあげられる。遠隔教育では，放送大学が文部科学省（当時は文部省）の認可によって開学した。1999年からは通信制の修士課程も認められ，2001年度には放送大学を含む8つの大学院修士課程における学習および学位取得が可能になった。また，通信課程による博士課程の設置も行われるなど，遠隔教育は質量ともに充実しつつある。さらに，文部科学省がインターネットを使った授業も大学の卒業単位として認めるために大学設置基準（省令）の改正を行ったので，遠隔教育は今後ますます充実するものと思われる。

　ちなみに，インターネットを用いた遠隔教育のことをeラーニングという。ICT先進国である米国や韓国では，1990年代からeラーニングによる正式な通信教育課程がいくつも存在している。例えば，米国の名門大学の1つであるスタンフォード大学では，1990年代からeラーニングによる大学および大学院を開講している。韓国においても，サイバー大学などeラーニングによる正規の大学教育が行われている。

　eラーニングによる情報リテラシー教育は，図表10-6に示されるように[13]，学習・教育の空間を一地点（集合）・多地点（分散）に区分し，学習・教育の時間を同期・非同期に区分し，学習者間関係を個別学習・協調学習に区分すると，三次元の立体的な分類が可能になる。例えば，多地点（分散）・同期・個別学習の組合せならば，衛星やインターネットによる遠隔学習ができるし，多

第10章 経営情報論の今日的課題

図表10-6 学習・教育が行われる時間・空間とeラーニングの関わり

空間	一地点（集合）		多地点（分散）	
時間	同期	非同期	同期	非同期
学習者間関係／個別学習	教室での対面指導 家庭教師（的指導） CD，ビデオ，VOD[1]，ドリル式CAI[2]などパッケージ型教材利用 WBI, WBT	個別対応学習（CD，ビデオ，VOD，ドリル式CAIなどパッケージ型教材利用家庭教師的私塾） WBI, WBT	衛星やインターネットによる遠隔学習（ネットラーニング） 放送授業（ライブ） WBI, WBT	従来型通信教育 放送授業 インターネットによる遠隔教育（ディスタンスラーニング） パッケージ型教材利用通信教育 WBI, WBT
学習者間関係／協調学習	演習やゼミでのグループ学習 グループディスカッション WBI, WBT	問題解決型協同学習 グループウェアを用いた学習 WBI, WBT	ビデオ会議 チャット機能などを用いたグループディスカッション（ネットラーニング） WBI, WBT	「仮想教室」 グループウェアを用いた学習 ML・BBS[3]などでの意見交換 WBI, WBT

（注） 1) VOD（Video On Demand）：視聴者が必要なときに各々が映像をダウンロードして視聴できるサービス
2) CAI（Computer Assisted Instruction）：コンピュータ支援による教育
3) ML（Mailing List）：リストに登録したメンバーが指定したメールアドレスに送信するとメンバー全員に自動的に届くようなメール送受信システム
BBS（Bulletin Board System）：電子掲示板システム
（出所） 大阪市立大学商学部編［2003］86頁。

地点（分散）・非同期・協調学習の組合せならば，グループウェアを用いた「仮想教室」が可能になる。

　紙幅の制約上，情報リテラシー教育に関する今後の課題を，学校教育のそれも遠隔教育とeラーニングに絞って考察したが，OJT（業務を通じた訓練）や企業内教育による情報リテラシーの獲得も併せて重要なことはいうまでもない。企業の組織構成員のみならず，社会構成員のすべてが，①コンピュータリテラシー（コンピュータ操作に関する基礎能力），②情報活用リテラシー（情報活用に関する基礎能力），③コミュニケーションリテラシー（コミュニケーションに関する基礎能力），④情報倫理（情報社会における倫理判断能力），の4つの情報リテラシーのレベルが向上すれば，情報社会，ネットワーク社会（高度情報社会）の進展に大きく寄与するであろう。なお，情報倫理（情報社会における倫理判断能力）については，次の節で詳しく考察する。

4 情報倫理

❶ 現状

　情報倫理（information ethics）とは，情報社会における行動規範のことである。個人が情報やICT（情報通信技術）を扱う上で必要とされる道徳が，社会という共同体の中で結合されて倫理が形成される。情報社会では，道徳に基づいて結合された情報倫理が行動規範の中核とされ，情報社会全体の健全な発展のための基盤の1つとされている。

　情報倫理の基礎は「思想」のレベルにあるが，情報倫理を統制するためには，法律を用いることが一般的である。法律は，道徳に反する行動が発生した場合，倫理の質を高め，情報社会の秩序を維持するための手段として，人々の行動を規制する。例えば，不正アクセス禁止法，個人情報保護法，著作権法などの法律は，情報社会における行動規範の質を高め，情報社会の秩序を維持するために制定されている。

　インターネット・ユビキタスネットが普及する以前には，一般の人々にとって，情報倫理や情報セキュリティは，ほぼ無縁の存在であった。1990年代以降，ネットワーク社会の進展に伴って，情報倫理が重視されるようになった背景には，インターネットがもつ特性，すなわち，1)広くて高い情報発信力，2)マスコミを凌駕するコミュニケーション力，3)規制のない言論の自由，などがあげられる。また，インターネットは，一時期「無法地帯」といわれ，不正コピー，詐欺，麻薬や毒物の販売，各種のポルノ画像の公開，殺人や強姦の依頼などの犯罪行為が横行した。情報倫理は，インターネット・ユビキタスネットがもつこれらの功罪に対する対応策でもある。

　情報倫理は，学問的には応用倫理学の1分野であり，図表10-7に示されるように[14]，①プライバシー（Privacy：個人情報の収集，保管および頒布），②データの正確性（Accuracy：収集され処理された情報の認証，忠実度および正確

第10章 経営情報論の今日的課題

図表10-7 倫理的問題におけるフレームワーク

プライバシー	正確性
・個人は自己についてどんな情報を他人に開示する必要があるか ・雇用主は被雇用者に対してどんな監視方法を用いることができるのか ・人々は自己のどんなことを秘密にして，他人に開示されることを強制されるべきでないのか ・個人についてのどのような情報データベースに保存するべきか，それはいかに確実にできるのか	・収集された情報の信ぴょう性，忠実度，正確性に誰が責任をもつのか ・情報が適切に処理され，そしてユーザーに正確に呈示されることを，いかに確実にできるのか ・データベース，データ伝送上およびデータ処理における間違いが偶発的であって故意によるものではないことを，いかに保証するのか ・情報における間違いに誰が説明責任を負うのか，また損害を蒙った相手はいかに補償されるのか
財産権	アクセス性
・誰が情報を所有するのか ・情報の交換に対する正しく，公平な対価とは何か ・誰が情報のチャネルを所有するのか ・ソフトウェア侵害（著作権のあるソフトウェアのコピー）をいかに処理すべきか ・どのような状況の下でなら，人は所有権のあるデータベースを使うことができるのか ・企業のコンピュータを個人的用途に使用できるのか ・知識ベースを創造するために，貢献した専門家にどのように報いるか ・情報チャネルへのアクセスはいかに割り当てられるべきなのか	・誰が情報にアクセスすることを許されるのか ・情報へのアクセスを許可する際いくら料金を徴集すべきか ・身体障害のある被雇用者がコンピュータを簡単に操作できるようにするにはどうしたらいいのか ・情報にアクセスするために必要な機器は誰に支給されるのか ・個人あるいは組織は，どんな情報を取得する権利あるいは優先権をもつのか。どんな状況と安全対策の下でか

（資料） Mason, R.O. [1986] から許可を得て転載。
（出所） Turban, E.=Lee, J.=King, D.=Chung, H.M. [2000] 訳書450頁。

性），③知的財産権（Property：情報および知的資産の所有権と価値），④アクセス（Access：情報を取得する権利および取得に対する料金の支払い），のいわゆるPAPAが主要な領域とされている。

❷ 今後の課題

　情報倫理に関連する諸課題の内，知的財産権，情報セキュリティなど，すでに本章で考察した課題もある。図表10-8に示されるように[15]，情報倫理問題は多種多様なものがあるが，ここでは紙幅の制約上，プライバシーの尊重に関す

図表10-8 情報倫理問題

		ITに関わる行為および現象					
		情報の獲得/情報へのアクセス	情報の蓄積・利用・共有	情報の創造および発信	IT/ISの開発・利用	企業情報化	情報社会
尊重すべき価値	プライバシー	個人情報への不正アクセス;子どもからのデータ入手	プロファイリング	他者の個人情報の発信	RFID	ハイテク・モニタリング;個人情報共有にもとづくビジネス手法	
	知的財産権	リバース・エンジニアリング;P2Pデータ通信		コンテンツ・パイラシー	ソフトウェア・パイラシー;知識ベース・システム;オープン・ソーシング		
	機会均等	デジタル・デバイド	パノプティック・ソート;遺伝子差別		ジェンダー	パーソナル・マーケティング	IT教育;デジタル・デバイド;南北格差;サイバー・コロニー
	表現/言論の自由	プログラム・コードによる規制;個人情報保護		知的財産権保護;ブロッキング技術	ブロッキング技術		
	人間の尊厳		遺伝子情報;医療記録	成りすまし		ハイテク・モニタリング	
	公正な競争	デジタル・デバイド	パワーソースとしての情報;サイバー・スクワッティング		標準技術;パワーソースとしてのIT/IS		
	生活の質(QOL)		データ管理責任	ジャンク/スパム・メール	ISの信頼性	ITワーカーへの学習圧力;BPR;ハイテク・モニタリング;テレワーク	
	技術の進歩・発展			情報開示	標準技術	技術ハイプ	技術ハイプ
	安全で快適な社会	データの盗用,破壊,改ざん;成りすまし;アイデンティティ・セフト	データ管理責任	ウィルス;DoS;サイバー・ストーカー;サイバー・テロリズム	プログラム・コードによる規制;ISの信頼性;兵器の情報化	IT専門職倫理網領;情報倫理教育;セキュリティ;システム管理者責任	IT依存社会の脆弱性;情報倫理教育;セキュリティ;システム管理者責任
	社会・経済の進歩・発展			情報開示	民主主義の変容;資本主義の変容;標準技術		文化の変化;価値の変化

(出所) 遠山暁=村田潔=岸眞理子 [2003] 250頁。

る課題に絞って考察する。

　プライバシーの権利 (right of privacy) は，もともと19世紀末の米国において発展してきた概念であり，主として「一人にしておいてもらう権利 (right to be let alone)」として提唱された[16]。これには，不当な公開から自由である権利も当然含まれる。具体的には，1) 人の名前・写真などの無断使用，2) 私生活への侵入，3) 私的事項の暴露，4) ある人に対する誤ったイメージの流布，などがあげられる。その後，避妊具の使用，堕胎などにおける自己決定権も，この権利に含まれるとされている。近年，情報社会の進展に伴って，「自己についての情報をコントロールする権利」と解する見解が有力になりつつある。

第10章 経営情報論の今日的課題

　日本でプライバシーの権利が初めて訴訟問題になったのは，三島由紀夫の『宴のあと』をめぐる事件である。1964年の東京地方裁判所判決では，原告（有田八郎）の私生活を描写したとして，作者三島由紀夫と，『宴のあと』の出版社である新潮社が訴えられた。同判決では，プライバシー権を，「私生活をみだりに公開されないという法的保証ないし権利」と定義して，「不法な侵害に対しては法的救済が与えられるまでに高められた人格的な利益」であり，人格権に属する権利の1つであると解している。この判決は，プライバシーの権利を，日本国憲法13条の幸福追求権と直結させているわけではないが，個人の尊重思想に基づいていることで注目された。プライバシー権が日本の判例で初めて承認された事例である。

　プライバシーの侵害に対して，日本では2003年にいわゆる「個人情報保護関連5法案」が可決・成立した。その中の基本法であるいわゆる「個人情報保護法」は，2005年から全面的に施行されている。

　日本の「個人情報保護法」は，OECD 8 原則（プライバシーの保護と個人データの国際流通についてのガイドライン）に基づいている[17]。OECD 8 原則とは，①目的明確化の原則，②利用制限の原則，③収集制限の原則，④データ内容の原則，⑤安全保護の原則，⑥公開の原則，⑦個人参加の原則，⑧責任の原則，のことである。

　1988年に制定された「行政機関の保有する電子計算機処理に係る個人情報の保護に関する法律」も，OECD 8 原則に準拠していたものの，1)保護の対象が電算機処理情報だけであること，2)思想・信条に係わる情報について情報収集制限規定がないこと，3)個人情報ファイルの作成・閲覧などに広範な例外が認められること，4)誤った情報に対する法的訂正請求権が認められていないこと，などプライバシー保護の観点から不十分な点が多いといわれてきた。

　近年，プライバシーの尊重，個人情報の保護に関する法律の整備は，着実に進展しつつあるといえよう。総務省，内閣府，消費者庁，地方公共団体，独立行政法人など，個人情報保護に直接関連する省庁・団体も，民間事業者と歩調をあわせて個人情報保護に取り組み始めた。

　情報倫理に関する課題は，プライバシーの尊重・個人情報の保護以外にも数

多く存在する。上述したデータの正確性（収集され処理された情報の認証，忠実度および正確性），知的財産権（情報および知的資産の所有権と価値），アクセス（情報を取得する権利および取得に対する料金の支払い），などに関する情報倫理が十分に機能しないと，情報社会，ネットワーク社会（高度情報社会）の健全な発展はありえない。観点は異なるが，日本で導入された「マイナンバー」の利活用と情報倫理との関連性も早晩重要になるであろう。ICT先進国の米国や韓国では，呼び名はそれぞれ異なるものの，いわゆる「個人番号」中心の情報社会がすでに進展しつつある。

5 知識社会

❶ 現状

本書では，第1章の冒頭において，1960年代以降，工業社会から情報社会への進展について，梅棹忠夫［1963］の「情報産業論」，増田米二［1968］の『情報社会入門』，林雄二郎［1969］の『情報化社会』，ベル（Bell,D.）［1973］の『脱工業社会の到来』，トフラー（Toffler, A.）［1980］の『第三の波』，堺屋太一［1985］の『知価革命』，ドラッカー（Drucker, P.F.）［1993］の『ポスト資本主義社会』など，多くの先達が情報社会（information society）を「偉大なる大転換」（Boulding, K.E.の用語）として捉えていると述べた。また，本書では，狩猟採集社会⇒農業社会⇒工業社会⇒情報社会⇒ネットワーク社会という発展段階の文脈の中で，情報社会，ネットワーク社会を捉えているとも述べた。

多くの先達の中で，ドラッカー［1993］の『ポスト資本主義社会』では，社会主義との経済競争に打ち勝った資本主義の次に来る社会として「知識社会」を構想した。知識社会とは，従来のヒト・モノ・カネ以上に，高度に専門化された知識が重要になる社会のことである。知識社会の成立要件として，情報技術の進展，インターネットの急速な普及などをあげている。

データ，情報，知識については，先行研究を参照しつつ，本書における定義

を次のように付与した。
① データ：客観的事実
② 情報：関連性と合目的性を付与されたメッセージ
③ 知識：ある特定の状況における普遍的な事実

　本節のテーマである知識とは，上述したように「ある特定の状況における普遍的な事実」と定義したが，ある特定の状況をどのように認知するか，知識を利用するための知識をどのように獲得するか，これらは知識創造の分野における大きな研究課題といえよう。特に，知識を利活用するための知識（知恵という概念に近い）は，一朝一夕には獲得できない。

　本書では，知識創造やイノベーションを重視し，折に触れて考察した。その前提として，第2章において，"知識創造による新価値の創出"をイノベーションの本質であると認識し，「イノベーションとは，知識創造によって達成される技術革新や経営革新によって新価値を創出する機能（活動）[18]」と定義した。ちなみに，野中郁次郎［1986］は，イノベーションにおいて，組織的な情報創造プロセスにおける「情報創造」と「自己組織化」の2つを鍵概念としている[19]。

　知識を企業経営に活かしたナレッジ・マネジメントを行うと，どのような効果が得られるのであろうか。知識活用による効果としては次のことが考えられる[20]。

① 知識を用いて占有可能性を高める：占有可能性は，新技術がもたらす社会的な余剰のうち，新技術を開発した企業が利益として確保できる程度のことである。すなわち，知識を用いて占有可能性を高め，競争力を身につけることができる。
② 知識自身を商品にする：現在，サービスなど無形財市場が飛躍的に発展している。そのような市場では，知識そのものが商品として成立する。

　このように，知識活用の効果としては，知識資産を用いることによって競争優位を獲得し，知識そのものが競争の武器となる効果を発揮することが考えられる。知識を活かす経営を，野中郁次郎=紺野登［1999］は知識経営と呼び，図表10-9に示されるように[21]，知識経営のフレームワークを提示している。知

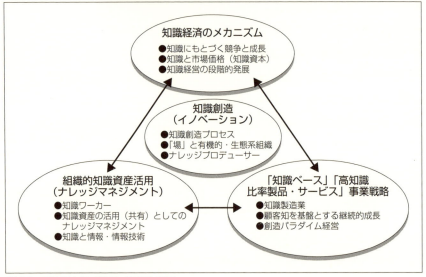

図表10-9 知識経営のフレームワーク

（出所） 野中郁次郎=紺野登 ［1999］ 11頁。

識経営のフレームワークの中心には，もちろん知識創造がある。①知識経済のメカニズム，②「知識ベース」「高知識比率製品・サービス」事業戦略，③組織的知識資産活用，の3つの構成要素は，いずれも知識集約型の要素ばかりである。

❷ 今後の課題

知識社会において，知識創造によって達成される技術革新や経営革新によって新価値を創出する機能（活動）は，企業経営の中核となるべきものである。特に，グローバル化（グローバリゼーション）の潮流の中で，多国籍企業における知識創造の水準は，企業の存続・発展にそのまま直結するといえよう。

バートレット=ゴシャール（Bartlett, C.A.=Ghoshal, S.）［1989］は，多国籍企業を主として戦略能力の視点に基づいて，①マルチナショナル企業，②グローバル企業，③インターナショナル企業，④トランスナショナル企業，の4つに分類し，この4つの組織構造について，様々な考察を加えている[22]。

① マルチナショナル企業：強力な現地子会社に戦略的姿勢や組織能力を発達させて，各国の市場特性の違いに敏感に対応する企業のことである。欧州の多国籍企業の大半がこれに該当する。海外市場の特性を踏まえた戦略アプローチに適した組織体制といえる。マルチナショナル型組織モデルは，権力分散型の連合体である。強力で自立的な現地子会社によって，各国の市場特性の違いに敏感に対応することができる。学習とイノベーション（知識創造）は現地子会社内で推進される。

② グローバル企業：経営戦略や経営管理上の決定を本国の本社に集中させ，グローバルな規模の経営によって，コスト優位性を追求する企業のことである。日本の多国籍企業の大半がこれに該当する。世界共通の市場に通用する製品を生み出し，世界的規模の生産を目指す極めて効率性の高い組織体制といえる。グローバル型組織モデルは，中央集権型統合体である。意思決定，能力，権限を本社に集中し，世界共通の市場に通用する製品を生み出し，世界的規模の生産を目指す極めて効率性の高い組織モデルである。学習とイノベーション（知識創造）は本社主導で行われる。

③ インターナショナル企業：知識や専門技術の世界的な利用をベースに考え，親会社が持つ知識や専門技術を，海外市場向けに移転したり適応させたりする企業のことである。米国の多国籍企業の大半がこれに該当する。海外の生産拠点・販売拠点の役割は，本国の本社を助けることに主眼がおかれる。インターナショナル型組織モデルは，調整型連合体である。知識や専門技術の世界的な利用をベースに考える。意思決定や能力は分散しているが，本社の管理を受ける。学習とイノベーション（知識創造）は本社主導で行われ，その成果は現地子会社に移転される。

④ トランスナショナル企業：従来，上述したグローバル企業（グローバルな効率性の追求），マルチナショナル企業（各国の市場特性への適応），インターナショナル企業（世界的なイノベーションの促進）は，それぞれトレード・オフの関係にあるとみなされてきた。ところが，近年では，世界的な効率性を追求し，各国市場の特性にあわせ，世界的なイノベーションを促進することを，同時に求められるようになってきた。トランスナショナル企業は，こ

図表10-10　多国籍企業の組織モデル

(A) マルチナショナル型組織モデル

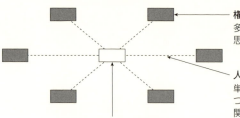

- 権力分散型連合体
  多くの重要な資源，責任，意思決定が分散している
- 人的管理
  単純な財務統制の上に成り立つ，非公式な本社と子会社の関係

マルチナショナル経営精神
経営者側は海外での事業を独立した事業体の集合とみなしている

(B) グローバル型組織モデル

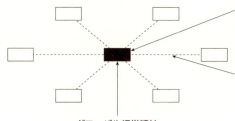

- 集中中枢
  能力，権限，意思決定権の大部分が中央に集中している
- 業務コントロール
  意思決定，情報に関する中央の厳しい統制

グローバル経営精神
経営者側は海外での事業をグローバル市場への配送パイプラインと見なしている

(C) インターナショナル型組織モデル

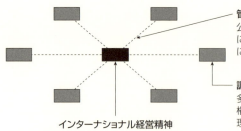

- 管理的統制
  公式的な経営計画と管理体制によって本社と子会社は密接に結びついている
- 調整型連合体
  多くの能力や権限，意思決定権は分散しているが本社の管理を受ける

インターナショナル経営精神
経営者側は海外での事業を本社の付属であるとみなしている

(出所)　図(A) Bartlett, C.A.=Ghoshal, S. [1989] 訳書68頁。
　　　　図(B) Bartlett, C.A.=Ghoshal, S. [1989] 訳書70頁。
　　　　図(C) Bartlett, C.A.=Ghoshal, S. [1989] 訳書69頁。

第10章 経営情報論の今日的課題

れらの要求を同時に満たすことを目的として，分散型組織の特徴を持ち，本社を含めた各国の海外子会社間のネットワークにおいて，経営資源や能力の蓄積・配分を相互依存的かつ最適に行う。また，知識の開発と普及においても，他の組織とは異なり，世界的規模でイノベーション（知識創造）が行われる。トランスナショナル型組織モデルは，先述したように，まだ理念型モデルの域を脱していないものの，1)各部門に分散され，専門化された資源と能力，2)相互に関連づけられた部門間で，部品・製品・資源・人材・情報の広範な交換，3)意思決定を共有し合う環境で，調整と協力が進む複雑なプロセス，という特性を持つ「統合ネットワーク」として位置づけられる。

知識社会においては，グローバル経営のみならず国内経営においても，知識を企業経営に活かしたナレッジ・マネジメントの水準が，企業の存続・発展を直接的に規定するようになるであろう。さらに，知識そのものの水準はもちろん重要であるが，知識を利活用する知識（知恵の概念に近い）の水準が極めて重要になることは間違いあるまい。研究対象を情報システムや情報技術（IT）に限定し，情報システムや情報技術（IT）を自己完結的に考察する伝統的な経営情報論・経営情報システム論の限界を克服するためにも，ナレッジ・マネジメントの研究は，今後の大きな課題といえよう。

---

1) 畠中伸敏編［2008］45頁。
2) 同上書47頁。
3) 税所哲郎［2012］19頁を筆者が一部修正。
4) 畠中伸敏編［2008］114頁。
5) 小泉直樹［1999］634頁（神戸大学大学院経営学研究室編［1999］，所収）。
6) Robinson, R.D.［1984］訳書311-324頁に基づいて筆者が一部加筆修正。
7) 経済産業省［2002］4頁。
8) 寺本義也［1999］1頁（日本経営協会編『OMUNI-MANAGEMENT平成11年7月号』，所収）。
9) 野中郁次郎=紺野登［1999］13-19頁。
10) 同上書135頁。
11) Kotler, P.=Armstrong, G.［2001］訳書358頁を筆者が一部修正。
12) 大阪市立大学商学部編［2003］80頁。
13) 同上書86頁。
14) Turban, E.=Lee, J.=King, D.=Chung, H.M.［2000］訳書450頁。(Mason, R.O.［1986］から許可を得て転載)。

15）遠山暁=村田潔=岸眞理子［2003］250頁。
16）プライバシーの権利については，堀部政男［1988］23頁を参照した。堀部政男［1988］によれば，プライバシー権は，1890年の『ハーバード・ロー・レビュー』誌に掲載された論文によって提唱されたという。
17）菅原貴与志［2014］6-7頁。
18）岸川善光編［2016］85頁。
19）野中郁次郎［1986］171頁（今井賢一編［1986］，所収）。
20）岸川善光編［2004a］91頁。
21）野中郁次郎=紺野登［1999］11頁。
22）Bartlett, C.A.=Ghoshal, S.［1989］訳書68-70頁。

参考文献

Aaker, D.A. [1984], *Strategic Market Management*, John-Wiley & Sons.（野中郁次郎=北洞忠宏=嶋口充輝=石井淳蔵訳［1986］『戦略市場経営』ダイヤモンド社）

Aaker, D.A. [1991], *Managing Brand Equity*, The Free Press.（陶山計介=中田善啓=尾崎久仁博=小林哲訳［1994］『ブランド・エクイティ戦略』ダイヤモンド社）

Aaker, D.A. [1996], *Building Strong Brands*, The Free Press.（陶山計介=小林哲=梅本春夫=石垣智徳訳［1997］『ブランド優位の戦略』ダイヤモンド社）

Aaker, D.A. [2001], *Developing Business Strategies*, 6th ed., John-Wiley & Sons.（今枝昌宏訳［2002］『戦略立案ハンドブック』東洋経済新報社）

Abegglen, J.C. [1958], *The Japanese Factory: Aspect of Its Social Organization*, Free Press.（占部都美監訳［1958］『日本の経営』ダイヤモンド社）

Abell, D.F.=Hammond, J.S. [1979], *Strategic Market Planning*, Prentice-Hall.（片岡一郎=古川公成=滝沢茂=嶋口充揮=和田充夫訳［1982］『戦略市場計画』ダイヤモンド社）

Abell, D.F. [1980], *Defining the Business:The Starting Point of Strategic Planning*, Prentice-Hall.（石井淳蔵訳［1984］『事業の定義』千倉書房）

Abell, D.F. [1993], *Managing with Dual Strategies*, The Free Press.（小林一=二瓶喜博訳［1995］『デュアル・ストラテジー』白桃書房）

ACME (Association of Consulting Management Engineers) [1976], *Common Body of Knowledge for Management Consultants*, ACME.（日本能率協会コンサルティング事業本部訳［1979］『マネジメントの基礎知識』日本能率協会）

Adler, N.J. [1991], *International Dimensions of Oeganizational Behavior*, 2nd ed., PWS-KENT.（江夏健一=桑名義晴監訳［1992］『異文化組織のマネジメント』マグロウヒル）

Adriaans, P.=Zantinge, D. [1996], *Data Mining*, Addison-Wesley.（山本英子=梅本恭司訳［1998］『データマイニング』共立出版）

Anderson, J.W.Jr. [1989], *Corporate Social Responsibility*, Greenwood Publishing Group.（百瀬恵夫監訳［1994］『企業の社会的責任』白桃書房）

Ansoff, H.I. [1965], *Corporate Strategy: An Analytic Approach to Business Policy for Growth and Expansion*, McGraw-Hill.（広田寿亮［1969］『企業戦略論』産能大学出版部）

Ansoff, H.I. [1979], *Strategic Management*, The Macmillan Press.（中村元一訳［1980］『戦略経営論』産能大学出版部）

Ansoff, H.I. [1988], *The New Corporate Strategy*, John Wiley & Sons.（中村元一=黒田哲彦訳［1990］『最新・経営戦略』産能大学出版部）

Anthony, R.N. [1965], *Planning and Control Systems: A Framwork for Analysis*, Harvard University Press.（高橋吉之助訳［1968］『経営管理システムの基礎』ダイヤモンド社）

Aoki, M.=Dore, R.P. (ed.) [1994], *The Japanese Firm: Source of Competitive Strength*, Oxford University Press.（NTTデータ通信システム科学研究所訳 [1995]『国際・学際研究システムとしての日本企業』NTT出版）

Ashby, W.R. [1956], *An Introduction to Cybernetics*, Champman & Hall.（篠塚武=山崎英三=銀林浩訳 [1967]『サイバネティクス入門』宇野書店）

Barnard, C.I. [1938], *The Functions of the Executive*, Harvard University Press.（山本安二郎=田杉競=飯野春樹訳 [1968]『新訳 経営者の役割』ダイヤモンド社）

Barney, J.B. [2002], *Gaining and Sustaining Competitive Advantage*, 2nd ed., Pearson Edcation.（岡田正太訳 [2003]『企業戦略論 上・中・下』ダイヤモンド社）

Bartlett, C.A.=Ghoshal, S. [1989], *Managing Across Borders: The Transnational Solution*, Harvard Business School Press.（吉原英樹監訳 [1990]『地球市場時代の企業戦略』日本経済新聞社）

Bartlett, C.A.=Ghoshal, S. [1992, 1995], *Transnational Management*, 2nd ed., Times Mirror Higher Education Group.（梅津祐良訳 [1998]『MBAのグローバル経営』日本能率協会マネジメントセンター）

Bartlett, C.A.=Ghoshal, S. [1998], *Managing Across Borders*, 2nd ed., Harvard Business School Press.

Bell, D. [1973], *The Coming of Post-Industrial Society*, Bacic Books.（内田忠夫他訳 [1975]『脱工業社会の到来（上）・（下）』ダイヤモンド社）

Berle, A.A.=Means, G.C. [1932], *The Modern Corporation and Private Property*, Macmillan.（北島忠男訳 [1958]『近代株式会社と私的財産』文雅堂書店）

Bernstein, P.L. [1996], *Against The Gods*, John Wiley & Sons.（青山護訳 [1998]『リスク―神々への反逆―』日本経済新聞社）

Botkin, J. [1999], *Smart Business*, The Free Press.（米倉誠一郎監訳 [2001]『ナレッジ・イノベーション』ダイヤモンド社）

Bowersox, D.J. [1990], *Logistics Management*, 3rd ed., Macmillan.

Bowersox, D.J. [1996], *Logistics Management: The Integrated Supply Chain Process*, McGraw-Hill.

Bratton, J.=Gold, J. [2003], *Human Resource Management: Theory and Practice*, 3rd ed., Palgrave Macmillan.（上林憲雄=原口恭彦=三崎秀央=森田雅也訳 [2009]『人的資源管理 理論と実践』文眞堂）

Bressand, A. [1990], *Networld*, Promethee.（会津泉訳 [1991]『ネットワールド』東洋経済新報社）

Burnham, J. [1941], *The Managerial Revolution*, The John Day Company.（武山泰雄訳 [1965]『経営者革命論』東洋経済新報社）

Burns, T.=Stalker, G.M. [1968], *The Management of Innovation*, 2nd ed., Tavistock.

Chandler, A.D.Jr. [1962], *Strategy and Structure*, The MIT Press.（有賀裕子訳 [2004]『組織は戦略に従う』ダイヤモンド社）

Chandler, A.D.Jr. [1964], *Giant Enterprise,* Brace & World Inc.（内田忠夫＝風間禎三郎訳［1970］『競争の戦略』ダイヤモンド社）

Chandler, A.D.Jr. [1977], *The Visible Hand: The Managerial Revolution,* The Belknap Press of Harvard University Press.（鳥羽欣一郎＝小林袈裟治訳［1979］『経営者の時代』東洋経済新報社）

Checkland, P. [1981], *Systems Thinking, Systems Practice,* John Wiley & Sons.（高橋康彦＝中野文平監訳［1985］『新しいシステムアプローチ』オーム社）

Christensen, C.M. [1997], *The Innovator's Dilemma,* Harvard Business School Press.（伊豆原弓訳［2000］『イノベーションのジレンマ 増補改訂版』翔泳社）

Coase, R.H. [1988], *The Firm, The Market, The Law,* The University of Chicago Press.（宮澤健一＝後藤晃＝藤垣芳彦訳［1992］『企業・市場・法』東洋経済新報社）

Collins, J.=Porras, J. [1994], *Built to Last,* Curtis Brown Ltd.（山岡洋一訳［1995］『ビジョナリーカンパニー』日経BP出版センター）

Collis, D.J.=Montgomery, C.A. [1998], *Corporate Strategy: A Resource-Based Approach,* McGraw-Hill.（根来龍之＝蛭田啓＝久保恭一訳［2004］『資源ベースの経営戦略論』東洋経済新報社）

Crainer, S. [2000], *The Management Century,* Booz-Allen & Hamilton Inc.（嶋口充輝監訳［2000］『マネジメントの世紀1991～2000』東洋経済新報社）

Cyert, R.M.=March, J.G. [1963], *A Behavioral Theory of the Firm,* Prentice-Hall.（松田武彦監訳［1967］『企業の行動理論』ダイヤモンド社）

Daft, R.L. [2001], *Essentials of Organization Theory and Design,* 2nd ed., South Western College Publishing.（高木晴夫訳［2002］『組織の経営学』ダイヤモンド社）

Davenport, T.H. [1993], *Process Innovation: Reengineering Work through Information Technology,* Harvard Business School Press.（卜部正夫＝杉野周＝松島桂樹訳［1994］『プロセス・イノベーション』日経BP出版センター）

Davenport, T.H. [2000], *Mission Critical,* Harvard Business School Press.（アクセンチュア訳［2000］『ミッション・クリティカル―ERPからエンタープライズ・システムへ―』ダイヤモンド社）

Davenport, T.H.=Prusak, L. [1998], *Working Knowledge,* Harvard Business School Press.

Davidow, W.H.=Malone, M.S. [1992], *The Virtual Corporation,* Harper Collins Publishers.（牧野昇監訳［1993］『バーチャル・コーポレーション』徳間書房）

Davis, G.B. [1974], *Management Information Systems: Conceptual Foundations, Structure, and Development,* McGraw-Hill.

Davis, G.B.=Olson, M.H. [1985], *Management Information Systems: Conceptual Foundations, Structure, and Development,* McGraw-Hill.

Davis, G.B.=Hamilton, S. [1993], *Managing Information: How Information System Impact Organization Strategy,* Richard D. Irwin.（島田達巳＝佐藤修＝花岡菖訳［1995］『マ

ネージング・インフォメーション―経営戦略への影響―』日科技連出版社）

Day, G.S.=Reibstein, D.J. [1997], *Wharton on Dynamic Competitive Strategy*, John Wiley & Sons.（小林陽一郎監訳［1999］『ウォートン・スクールのダイナミック競争戦略』東洋経済新報社）。

DeGeorge, R.T. [1989], *Business Ethics*, 3rd. ed., Macmillan Publishing.（永安幸正=山田經三監訳［1995］『ビジネス・エシックス―グローバル経済と論理的要請―』明石書店．

Donovan, J.=Tully, R.=Wortman, R. [1998], *The Value Enterprise*, McGraw-Hill.（デロイト・トーマツ・コンサルティング戦略事業本部訳［1999］『価値創造企業』日本経済新聞社）

Dos, Y.L.=Hamel, G. [1998], *Alliance Advantage*, Harvard Business School Press.（志太勤一=柳孝一監訳，和田正春訳［2001］『競争優位のアライアンス戦略』ダイヤモンド社）

Drucker, P.F. [1954], *The Practice of Management*, Harper & Brothers.（野田一夫監修［1965］『現代の経営　上・下』ダイヤモンド社）

Drucker, P.F. [1967], *The Effective Executive*, Harper & Row.（上田惇生訳［2006］『経営者の条件』ダイヤモンド社）

Drucker, P.F. [1974], *Management*, Harper & Row.（野田一夫=村上恒夫監訳［1974］『マネジメント 上・下』ダイヤモンド社）

Drucker, P.F. [1993], *Post-Capitalist Society*, Harper Business.（上田惇夫=佐々木実智男=田代正美訳［1993］『ポスト資本主義社会：21世紀の組織と人間はどう変わるか』ダイヤモンド社）

Emery, J.C. [1987], *Management Information System: The Critical Strategic Resource*, Oxford University Press.（宮川公男監訳［1989］『エグゼクティブのための経営情報システム―戦略的情報管理―』TBSブリタニカ）

Epstain, M.E. [1989], "Business Ethics, Corporate Good Citizenship and the Corporate Social Policy Process", *Journal of Business Ethics*, August.（中村瑞穂=風間信隆=角野信夫=出見世信之=梅津光弘訳［1996］『企業倫理と経営社会政策過程』文眞堂）

Evans, P.=Wurster, T.S. [1999], *BLOWN to BITS*, Harvard Business School Press.（ボストン・コンサルティング・グループ訳［1999］『ネット資本主義の企業戦略』ダイヤモンド社）

Fayol, H. [1916], *Administration Industrielle et Générale*, Paris.（山本安二郎訳［1985］『企業ならびに一般の管理』ダイヤモンド社）

Ferraro, G.P. [1990], *The Cultural Demension of International Business*, Prentice Hall.（江夏健一=太田正孝監訳［1992］『異文化マネジメント』同文舘出版）

Ford, D. et al. [1998], *Managing Business Relationships*, John Willey & Sons.（小宮路雅博訳［2001］『リレーションシップ・マネジメント―ビジネス・マーケットにおける関係性管理と戦略―』白桃書房）

Foster, R.N.=Kaplan, S.［2001］, *Creative Destruction*, McKinsey & Company, Inc.（柏木亮二訳［2002］『創造的破壊』翔泳社）

Galbraith, J.R.［1973］, *Designing Complex Organizations*, Addison-Wesley.（梅津裕良訳［1980］『横断組織の設計』ダイヤモンド社）

Galgraith, J.R.［1977］, *The Age of Uncertainty*, British Broadcasting Corporation.（津留重人監訳［1978］『不確実性の時代』TBSブリタニカ）

Galgraith, J.R.［1995］, *Designing Organizations: An Executive Briefing on Strategy, Structure, and Process*, Jossey-Bass.（梅津裕良訳［2002］『組織設計のマネジメント―競争優位の組織づくり―』生産性出版）

Galgraith, J.R.［2000］, *Designing the Global Corporation*, Jossey-Bass.（斉藤彰吾=平野和子訳［2002］『グローバル企業の組織設計』春秋社）

Galbraith, J.R.=Nathanson, D.A.［1978］, *Strategy Implementation: The Role of Structure and Process*, West Publishing.（岸田民樹訳［1989］『経営戦略と組織デザイン』白桃書房）

Galbraith, J.R.=Lawler, E.E.Ⅲ.［1993］, *Organizing for the Future: The New Logic for Managing Comlex Organizations*, Jossey-Bass.（柴田高=竹田昌弘=柴田道子=中條尚子訳［1996］『21世紀企業の組織デザイン―マルチメディア時代に対応する』産業能率大学出版部）

Gallagher, J.D.［1961］, *Management Information Systems and the Computer*, The American Managemet Association.（岸本英八郎訳［1967］『MIS』日本経営出版協会）

Ghoshal, S.=Westney, E. ed.［1993］, *Organization Theory and The Multinational Corporation*, Macmillan.（江夏健一監訳［1998］『組織理論と多国籍企業』文眞堂）

Gorry, G.A.=Scott Morton, M.S.［1971］, "A Framework for Management Information Systems", *Sloan Management Review*, Vol.13, No.1. pp.55-70.

Hamel, P.=Prahalad, C.K.［1994］, *Competing for the Future*, Harvard Business School Press.（一條和生訳［1995］『コア・コンピタンス経営』日本経済新聞社）

Hammer, M.=Champy, J.［1993］, *Reengineering the Corporation: A Manifest for Business Revolution*, Harper Business.（野中郁次郎監訳［1993］『リエンジニアリング革命』日本経済新聞社）

Herzberg, F.［1966］, *Work and the Nature of Man*, The World Publishing Co.（北野利信訳［1968］『仕事と人間性』東洋経済新報社）

Herzberg, F.［1976］, *The Managerial Choice, To Be Efficient and To Be Human*, Dow Jones-Irwin.（北野利信訳［1978］『能率と人間性―絶望の時代における経営』東洋経済新報社）

Hofer, C.W.=Shendel, D.E.［1978］, *Strategy Formulation: Analytical Concept*, West Publishing.（奥村昭博=榊原清則=野中郁次郎訳［1981］『戦略策定』千倉書房）

Hofsted, G.H.［1980］, *Culture's Consequences; International Differences in Work-Related Values*.SAGE Publishing.（萬成博=安藤文四郎監訳［1984］『経営文化の国際比

較』産業能率大学出版部）

Hofsted, G.H. [1991], *Cultures and Organizations:Software of the Mind*, McGraw-Hill. （岩井紀子=岩井八郎訳 [1995]『多文化世界:違いを学び共存への道を探る』有斐閣）

Holsapple, C.W.=Whinston, A.B. [1987], *Business Expert Systems*, Irwin,

Hymer, S.H. [1960, 1976], *The International Operations of National Firms and Other Essays*, The MIT Press. （宮崎義一編訳 [1979]『多国籍企業論』岩波書店）

IMF [2010], *World Economic Outlook Database*, April.（経済産業省『日本の産業をめぐる現状と課題』経済産業省）

Jones, G. [1995], *The Evolution of International Business:An Introduction*, International Thompson Publishing. （桑原哲也=安室憲一=川辺信雄=榎本悟=梅野巨利訳 [1998]『国際ビジネスの進化』有斐閣）

Jones, G. [2005], *Multinationals and Global Capitalism*, Oxford University Press. （安室憲一=梅野巨利訳 [2007]『国際経営講義:多国籍企業とグローバル資本主義』有斐閣）

Kaplan, R.=Norton, D. [1996], *The Balanced Scorecard*, Harvard Business School Press. （吉川武男訳 [1997]『バランス・スコアカード』生産性出版）

Kaplan, R.=Norton, D. [2001], *The Strategy-Focused Organization*, Harvard Business School Press. （櫻井道晴監訳 [2001]『キャプランとノートンの戦略バランスト・スコアカード』東洋経済新報社）

Katz, R.L. [1955], "Skills of an Effective Administration", *Harvard Business Review*, Jan-Feb. pp.33-42.

Keller, K.L. [1998], *Strategic Brand Management*, Prentice-Hall.

Kim, W.C.=Mauborgne, R. [1997], *How to Create Uncontested Market Space and Make the Competition Irrelevant*, Harvard Business School Press. （有賀裕子訳 [2005]『ブルー・オーシャン戦略』ランダムハウス講談社）

Kotler, P. [1989a], *Social Marketing*, Free Press. （井関利明 [1995]『ソーシャル・マーケティング』ダイヤモンド社）

Kotler, P. [1989b], *Principles of Marketing*, 4th ed., Prentice-Hall. （和田充夫=青井倫一訳 [1995]『新版マーケティング原理』ダイヤモンド社）

Kotler, P.=Armstrong, G. [2001], *Principles of Marketing*, 9th ed., Prentice-Hall. （和田充夫監訳 [2003]『マーケティング原理　第9版』ダイヤモンド社）

Kotler, P.=Hayes, T.=Bloom, P.N. [2002], *Marketing Professional Services*, 2nd ed., Pearson Education. （平林祥訳 [2002]『コトラーのプロフェッショナル・サービス・マーケティング』ピアソン・エデュケーション）

Kotler, P.=Keller, K.L. [2006], *Marketing Management*, 12th ed., Prentice-Hall. （恩蔵直人監修 [2008]『コトラー&ケラーのマーケティング・マネジメント（第12版）』ピアソン・エデュケーション）

Kotler, P.=Keller, K.L. [2007], Marketing Management, 3rd., Prentice-Hall. （恩蔵直人監修, 月谷真紀訳 [2008]『コトラー&ケラーのマーケティング・マネジメント（基

本編)』ピアソン・エデュケーション)

Kuhn, T.S. [1962], *The Structure of Scientific Revolution*, The University of Chicago Press.(中山茂訳[1971]『科学革命の構造』みすず書房)

Lauterborn, R. [1990], "New Marketing Litany: 4P's Passe; C-Words Take Over", *Advertising Age*, October 1.

Lawrence, P.R.=Lorsch, J.W. [1967], *Organization and Environment: Managing Differentiation and Integration*, Harvard University Press.(吉田博訳[1977]『組織の条件適応理論』産能大学出版部)

Levitt, T. [1960], "Marketing Myopia", *Harvard Business Review*, July-Aug.

Levitt, T. [1983], "The Globalization of Market", *Harvard Business Review*.(土岐坤訳[1983]「地球市場は同質化に向かう」『ダイヤモンド・ハーバード・ビジネス・レビュー』, 所収)

Looy, B.V.=Gemmel, P.=Dierdonck, R.V. [1998], *Service Management: An Integrated Approach*, 2nd ed., Finantial Times Management.(平林祥訳[2004]『サービス・マネジメント―統合的アプローチ 上・中・下』ピアソン・エデュケーション)

Lovelock, C.H.=Weinberg, C.B. [1989], *Public & Nonprofit Marketing*, 2nd ed., Scientific Press.(渡辺好章=梅沢昌太郎監訳[1991]『公共・非営利組織のマーケティング』白桃書房)

Lovelock, C.H.=Wright, L.K. [1999], *Principles of Service and Management*, Prentice-Hall.(小宮路雅博監訳[2002]『サービス・マーケティング原理』白桃書房)

Lovelock, C.H.=Wirtz, J. [2007], *Service Marketing: People, Technology, Strategy*, 6th ed., Prentice Hall.(武田玲子訳[2008]『ラブロック&ウィルツのサービス・マーケティング』ピアソン・エデュケーション)

MaCarthy, E.J. [1996], *Basic Marketing: A Managerial Approach*, 12th ed., Irwin.

Mandel, M.J. [2000], *The Coming Internet Depression*, Bacic Books.(石崎明彦訳[2001]『インターネット不況』東洋経済新報社)

March, J.G.=Simon, H.A. [1958], *Organizations*, John Wiley & Sons.(土屋守章訳[1977]『オーガニゼーションズ』ダイヤモンド社)

March, J.G.=Olsen, J.P. [1976, 1979], *Ambiguity and Choice in Organization*, Universitesforla-get.(遠田雄志=アリソン・ユング訳[1986]『組織におけるあいまいさと決定』有斐閣)

Maslow, A.H. [1954], *Motivation and Personality*, Harper & Row.(小口忠彦監訳[1971]『人間性の心理学』産能大学出版部)

Maslow, A.H. [1970], *Motivation and Personality*, 2nd ed., Harper & Row.(小口忠彦監訳[1981]『人間性の心理学』産業能率大学出版部)

Mason, R.O. [1986], "Four Ethical Issues of the Information Age", *MIS Quarterly*, Vol.10, No.1, pp.5-12.

Merton, R.K. [1949], *Social Theory and Social Structure: Toward the Codification of*

Theory and Research, Free Press.（森東吾＝森好夫＝金沢実＝中島竜太郎訳［1961］『社会理論と社会構造』みすず書房）

Miles, R.E.=Snow, C.C.［1978］, *Organizational Strategy, Structure, and Process*, McGraw-Hill.（土屋守章＝内野宗＝中野工訳［1983］『戦略型経営』ダイヤモンド社）

Milgram, P.=Roberts, J.［1992］, *Economics, Organization & Management*, Prentice-Hall.（奥野正寛＝伊籐秀史＝今井晴雄＝西村理＝八木甫訳［1997］『組織の経済学』NTT出版）

Minoli, D.［1995］, *Analyzing Outsourcing*, McGraw-Hill.

Mintzberg, H.［1973］, *The Nature of Managerial Work*, Prentice Hall.（奥村哲史＝須貝栄訳［1993］『マネジャーの仕事』白桃書房）

Mintzberg, H.［1989］, *Mintzberg on Management*, The Free Press.（北野利信訳［1991］『人間感覚のマネジメント―行き過ぎた合理性への抗議―』ダイヤモンド社）

Mintzberg, H.=Ahlstrand, B.=Lampel, J.［1998］, *Strategy Safari: A Guided Tour Through the Wilds of Strategic Management*, The Free Press.（斎藤嘉則監訳［1999］『戦略サファリ―戦略マネジメント・ガイドブック―』東洋経済新報社）

Nadler, D.A.=Shaw, R.B.=Walton, A.E.［1995］, *Discontinuous Change*, Jossey-Bass.（斎藤彰吾監訳［1997］『不連続の組織変革―ゼロベースから競争優位を創造するノウハウ』ダイヤモンド社）

Nolan, R.N.［1979］, "Managing the Crises in Data Processing", *Harvard Business Review*, Mar.-Apr., Vol.57, No.2. pp.115-126.

Nonaka, I.=Takeuchi, H.［1995］, *The Knoeledge-Creating Company: How Japanese Companies Create the Dynamics of Innovation*, Oxford University Press.（梅本勝博訳［1996］『知識創造企業』東洋経済新報社）

OECD［1972］, *Manpower Policy in Japan*.（労働省訳・編［1972］『OECD対日労働報告書』日本労働協会）

Outsourcing Working Group［1995］, *Outsorcing*, KPMG.

Peppers, D.=Rogers, M.［1993］, *The One to One Future*, Doubleyday.（井関利明監訳［1995］『One to One マーケティング―顧客リレーションシップ戦略―』ダイヤモンド社）

Peppers, D.=Rogers, M.［1997］, *Enterprise One to One*, Doubleyday.（井関利明監訳［1997］『One to One 企業戦略』ダイヤモンド社）

Peters, T.J.= Waterman, R.H.［1982］, *In Search of Excellence*, Harper & Row.（大前研一訳［1983］『エクセレント・カンパニー』講談社）

Pfeffer, J.=Salancik, G.R.［1978］, *The External Control of Organizations*, Harper & Row.

Polanyi, M.［1966］, *The Tacit Dimension*, Routledge & Kogan Paul.（佐藤敬三訳［1980］『暗黙知の次元』紀伊国屋書店）

Porter, M.E.［1980］, *Competitive Strategy*, The Free Press.（土岐坤＝中辻萬治＝服部照

夫訳［1982］『競争の戦略』ダイヤモンド社）
Porter, M.E.［1985］, *Competitive Advantage*, The Free Press.（土岐坤＝中辻萬治＝小野寺武夫訳［1985］『競争優位の戦略』ダイヤモンド社）
Porter, M.E. ed.［1986］, *Competition in Global Industries*, Harvard Business School Press.（土岐坤＝中辻萬治＝小野寺武夫訳［1989］『グローバル企業の競争戦略』ダイヤモンド社）
Porter, M.E.［1990］, *The Competitive Advantage of Nations*, The Free Press.（土岐坤＝中辻萬治＝小野寺武夫＝戸成富美子訳［1992］『国の競争優位』ダイヤモンド社）
Porter, M.E.［1998a］, *On Competition*, Harvard Business School Press.（竹内弘高訳［1999］『競争戦略論　Ⅰ』ダイヤモンド社）
Porter, M.E.［1998b］, *On Competition*, Harvard Business School Press.（竹内弘高訳［1999］『競争戦略論　Ⅱ』ダイヤモンド社）
Prahalad, C.K.［2004］, *The Fortune at the Bottom of the Pyramid: Eradicating Poverty Through Profit*, Warton School Publishing.（スカイライトコンサルティング訳［2005］『ネクスト・マーケット──「貧困層」を「顧客」に変える次世代ビジネス戦略』英治出版）
Robbins, S.P.［2005］, *Essentials of Organizational Behavior*, Pearson Education.（高木晴夫訳［2009］『新版　組織行動のマネジメント』ダイヤモンド社）
Robinson, R.D.［1984］, *Internationalization of Business: An Introduction*, Holt, Renehart and Winston.（入江猪太郎監訳［1985］『基本国際経営論』文眞堂）
Rogers, E.M.［1982］, *Diffusion of Innovations*, 3rd ed., The Free Press.（青池慎一＝宇野善康監訳［1990］『イノベーション普及学』産能大出版部）
Rumelt, R.P.［1974］, *Strategy, Structure, and Economic Performance*, Harvard University Press.（鳥羽欣一郎＝山田正喜子＝川辺信雄＝熊沢孝訳［1977］『多角化戦略と経済成果』東洋経済新報社）
Saloner, G.=Shepard, A.=Podolny, J.［2001］, *Strategic Management*, John Wiley & Sons.（石倉洋子訳［2002］『戦略経営論』東洋経済新報社）
Schein, E.H.［1985］, *Organizational Culture and Leadership*, Jossey-Bass.（清水紀彦＝浜田幸男訳［1989］『組織文化とリーダーシップ──リーダーは文化をどう変革するか──』ダイヤモンド社）
Schein, E.H.［1999a］, *The Corporate Culture Survival Guide*, Jossey-Bass.（金井壽宏監訳［2004］『企業文化──生き残りの指針』白桃書房）
Schein, E.H.［1999b］, *Process Consultation Revisited:Building the Helping Relationship*, Addison-Wesley Publishing Company, Inc.（稲葉元吉＝尾川丈一訳［2002］『プロセス・コンサルテーション──援助関係を築くこと──』白桃書房）
Schein, E.H.［2010］, *Organizational Culture and Leadership*, 4th. ed., John Willey & Sons.（梅津裕良＝横浜哲夫［2012］『組織文化とリーダーシップ』白桃書房）
Schumpeter, J.A.［1926］, *Theories Der Wirtschaftlichen Entwicklung*,（塩野谷祐一＝

中山伊知郎=東畑精一郎訳［1977］『経済成長の理論　上・下』岩波書店）

Shannon, C.E.=Weaver, W. [1967], *A Mathmatical Theory of Communication*, University of Illinois Press.（長谷川淳=井上光洋訳［1969］『コミュニケーションの数学的理論』明治図書出版）

Shapio, C.=Varian, H.R. [1998], *Information Rules*, Harvard Business School Press.（千本倖生監訳［1999］『ネットワーク経済の法則』IDGコミュニケーションズ）

Simon, H.A. [1976], *Administrative Behavior: A Study of Decision-Making Processes in Administrative Organization*, 3rd ed., Macmillan.（松田武彦=高柳暁=二村敏子訳［1989］『経営行動』ダイヤモンド社）

Simon, H.A. [1977], *The New Science of Management Decision*, Revised ed., Prentice-Hall.（稲葉元吉=倉井武夫訳［1979］『意思決定の科学』産能大出版部）

Simon, H.A. [1981], *The Science of the Artificial*, 2nd ed., MIT Press.（稲葉元吉=吉原英樹訳［1887］『システムの科学』パーソナルメディア）

Simon, H.A. [1997], *Administrative Behavior: A Study of Decision-Making Processes in Admi- nistrative Organizations*, 4th ed., Macmillan.（二村敏子=桑田耕太郎=高尾義明=西脇暢子=高柳美香訳［2009］『経営行動』ダイヤモンド社）

Smith, A. [1776, 1950], *An Inquiry into the Nature and Causes of the Wealth of Nations*, (ed.) Edwin Cannan.（大内兵衛=松川七郎訳［1969］『諸国民の富Ⅰ・Ⅱ』岩波書店）

Sprague, R.H.Jr.=Carlson, E.D. [1982], *Building Effective Decision Support Systems*, Prentice-Hall.（倉谷好郎=土岐大介訳［1986］『意思決定支援システムDSS：実効的な構築と運営』東洋経済新報社）

Stalk, G.Jr.=Hout, T.M. [1990], *Competing against Time:How Time-Based Competition is Reshaping Global Markets*, Free Press.（中辻萬治=川口恵一訳［1993］『タイムベース戦略:競争優位の新たな源泉　時間』ダイヤモンド社）

Stiglitz, J.E. [1993], *Economics,* W.W.Norton & Company.（藪下史郎=秋山太郎=金子能弘=木立力=清野一治［1995］『スティグリッツマクロ経済学』,『スティグリッツミクロ経済学』東洋経済新報社。

Strange, S. [1994], *States and Markets: An Introduction to Political Economy*, 2nd ed., Pinter Publishers.（西川潤=佐藤元彦訳［1994］『国際政治経済学入門　国家と市場』東洋経済新報社）

Strassman, P.A. [1990], *The Business Value of Computers*, The Information Economics Press.（末松千尋訳［1994］『コンピュータの経営価値』日経BP出版センター）

Sullivan, P.H. [2000], *Value-Driven Intellectual Capital*, John Wiley & Sons.（森田松太郎監修［2002］『知的経営の真髄』東洋経済新報社）

Szuprowicz, B. [1998], *Extranet and Internet: E-commerce Strategies for the Future*, Computer Technology Research Corp.

Tanenbaum, A.S. [2002], *Computer Neteorks*, 4th ed., Prentice Hall.（水野忠則他訳

[2003]『コンピュータネットワーク 第4版』日経BP社）

Teece, D.J. (ed.) [1987], *The Competitive Challenge: Strategies for Industrial Innovation and Renewal*, Ballinger Publishing Company.（石井淳蔵他訳［1988］『競争への挑戦』白桃書房）

Terry, G.R.=Franclin, S.G. [1982], *Principles of Management*, 8th ed., Richard Irwin.

Thompson, J.D. [1967], *Organization in Action*, McGraw-Hill.（大月博司=廣田俊郎訳［2012］『行為する組織』同文舘出版）

Toffler, A. [1980], *The Third Wave*, William Morrow.（徳山二郎監修［1980］『第三の波』日本放送出版協会）

Trompenaars, F.=Hampden-Turner, C. [1993, 1997], *Riding The Waves of Cultere* (2nd ed.), Nicholas Brealey.（須貝栄訳［2001］『異文化の波』白桃書房）

Trompenaars, F.=Woolliams, P. [2003], *Business Across Cultures*, Capstone Publishing.（古屋紀人監訳［2005］『異文化のビジネス戦略──多様性のビジネス・マネジメント──』白桃書房）

Turban, E.=Mclean, E.=Wetherbe, J. [1999], *Information Technology for Management*, 2nd ed., John Willey & Sons.

Turban, E.=Lee, J.=King, D.=Chung, H.M. [2000], *Electronic Commerce: A Managerial Perspective*, Prentice-Hall.（阿保栄司=木下敏=浪平博人=麻田孝治=牧田行雄=島津誠=秋川卓也訳［2000］『e-コマース──電子商取引のすべて』ピアソン・エデュケーション）

U.N. [1974], *The Impact of Multinational Corporations on Development and International Relations*, U.N.

U.N. [1978], *Transnational Corporations in World Development: A Re-Examination*, U.N.

Utterback, J.M. [1994], *Mastering the Dynamics of Innovation*, Harvard Business School Press.（大津正和=小川進監訳［1998］『イノベーション・ダイナミクス』有斐閣）

Vernon, R. [1971], *Sovereignty at Bay*, Basic Books.（霍見芳浩訳［1973］『多国籍企業の新展開』ダイヤモンド社）

Vincent, D.R. [1990], *The Information-Based Corporation*, Richard D. Irwin.（真鍋龍太郎訳［1993］『インフォメーション・ベスト・コーポレーション』ダイヤモンド社）

Vogel, E.F. [1979], *Japan as Number One*, Harvard University Press.（広中和歌子=木本彰子訳［1979］『ジャパン アズ ナンバーワン』TBSブリタニカ）

Vogel, E.F. [1984], *Comegack*, Simon & Shuster.（上田惇夫訳［1984］『ジャパン・アズ・ナンバーワン再考 日本の成功とアメリカのカムバック』TBSブリタニカ）

von Bertalanffy, L. [1968], *General System Theory*, George Braziller.（長野敬=太田邦昌訳［1971］『一般システム理論』みすず書房）

Walton, R.E. [1989], *Up and Running:Integrating Information Technology and the*

Organization, Harvard Business School Press. (高木晴夫訳［1993］『システム構築と組織整合』ダイヤモンド社）

Wayland, R.E.=Cole, P.M.［1997］, *Customer Connections: New Strategies for Growth*, Harvard Business School Press. (入江仁之監訳［1999］『ディマンドチェーン・マネジメント』ダイヤモンド社）

Weizer, N. et al.［1991］, *The Arthur D. Little Forecast on Information Technology & Productivity—Making the Integrated Enterprise Work*, John Woley & Sons. (梅田望夫訳［1992］『［予測］情報技術の進化とその生産性』ダイヤモンド社）

Williamson, O.E.［1975］, *Market and Hierarchies*, The Free Press. (浅沼萬里=岩崎晃訳［1980］『市場と企業組織』日本評論社）

Wiener, N.［1949］, *The Human Use of Human Beings, Cybernetics and Society*, Houghton Mifflin. (池原止才夫訳［1954］『人間機械論 サイバネティクスと社会』みすず書房）

Wiseman, C.［1988］, *Strategic Information Systems*, Richard D. Irwin. Inc. (土屋守章=辻新六訳［1989］『戦略的情報システム』ダイヤモンド社）

World Bank［1993］, *The East Asian Miracle: Economic Growth and Public Policy*, Oxford University Press. (白鳥正喜監訳［1994］『東アジアの奇跡 経済成長と政府の役割』東洋経済新報社）

Yoshino, M.Y.=Rangan, U.S.［1995］, *Strategic Alliance: A Entrepreneurial Approach to Globalization*, Harvard Business School Press.

〈和文文献〉

IBMコンサルティング・グループ［2000］『最適融合のITマネジメント』ダイヤモンド社。

青木淳［1999］『価格と顧客価値のマーケティング戦略—プライス・マネジメントの本質—』ダイヤモンド社。

青木武典［1996］『会計情報システム』日科技連出版社。

青木昌彦［1989］『日本企業の組織と情報』東洋経済新報社。

青木昌彦［1995］『経済システムの進化と多元性』東洋経済新報社。

青木昌彦［1996］『経済システムの比較制度分析』東京大学出版会。

青木昌彦=ロナルド・ドーア編［1995］『国際・学際研究システムとしての日本企業』NTT出版。

青木昌彦=安藤晴彦編［2002］『モジュール化』東洋経済新報社。

青山監査法人システム監査部編［1984］『高度情報化時代のシステム監査の方法』中央経済社。

アクセンチュア調達戦略グループ［2007］『強い調達』東洋経済新報社。

浅川和宏［2003］『グローバル経営入門』日本経済新聞社。

浅川浩=鳩原啓二編［2006］『図解よくわかるISO27001』日本実業出版社。

浅田孝幸編［1994］『情報ネットワークによる経営革新』中央経済社。

アーサー・アンダーセン［2000］『図解eビジネス』東洋経済新報社。
アンダーセン=朝日監査法人［2001］『図解リスクマネジメント』東洋経済新報社。
飯島淳一［1993］『意思決定支援システムとエキスパートシステム』日科技連出版社。
飯野春樹編［1979］『バーナード：経営者の役割』有斐閣。
石井淳蔵=奥村昭博=加護野忠男=野中郁次郎［1996］『経営戦略論』有斐閣。
石井真一［2003］『企業間提携の戦略と組織』中央経済社。
石倉洋子=藤田昌久=前田昇=金井一頼=山崎朗［2003］『日本の産業クラスター戦略—地域における競争優位の確立—』有斐閣。
石黒憲彦=奥田耕士［1995］『CALS—米国ネットワークの脅威』日刊工業新聞社。
石田晴久［1991］『コンピュータ・ネットワーク』岩波書店。
石田晴久［1998］『インターネット自由自在』岩波書店。
石名坂邦昭［1994］『リスク・マネジメントの理論』白桃書房。
石渡徳彌［1993］『販売情報システム』日科技連出版社。
伊丹敬之［1984］『新・経営戦略の論理』日本経済新聞社。
伊丹敬之［1999］『場のマネジメント』NTT出版。
伊丹敬之［2003］『経営戦略の論理　第3版』日本経済新聞社。
伊丹敬之［2004］『経営と国境』白桃書房。
伊丹敬之=加護野忠男［1989］『ゼミナール経営学入門』日本経済新聞社。
伊丹敬之=加護野忠男=伊藤元重編［1993a］『日本の企業システム2　組織と戦略』有斐閣。
伊丹敬之=加護野忠男=伊藤元重編［1993b］『日本の企業システム4　企業と市場』有斐閣。
伊丹敬之=西口敏弘=野中郁次郎編［2000］『場のダイナミズムと企業』東洋経済新報社。
伊丹敬之=加護野忠男［2003］『ゼミナール経営学入門　第3版』日本経済新聞社。
伊丹敬之=西野和美［2004］『ケースブック　経営戦略の論理』日本経済新聞社。
伊籐孝夫［2002］『ネットワーク組織と情報〔増補版〕』白桃書房。
伊籐元重［1989］『ゼミナール国際経営入門』日本経済新聞社。
伊藤元重［2005］『ゼミナール国際経済入門』日本経済新聞社。
稲葉元吉=貫隆夫=奥村康治編［2004］『情報技術革新と経営学』中央経済社。
稲葉元吉=山倉健嗣編［2007］『現代経営行動論』白桃書房。
今井賢一［1992］『資本主義のシステム間競争』筑摩書房。
今井賢一［2008］『創造的破壊とは何か—日本産業の再挑戦』東洋経済新報社。
今井賢一編［1986］『イノベーションと組織』東洋経済新報社。
今井賢一編［1989］『プロセスとネットワーク—知識・技術・経済制度』NTT出版。
今井賢一=伊丹敬之=小池和夫［1983］『内部組織の経済学』東洋経済新報社。
今井賢一=金子郁容［1988］『ネットワーク組織論』岩波書店。
今井賢一=國領二郎［1994］『プラットフォーム・ビジネス—オープン・アーキテクチャ時代のストラテジック・ビジョン』情報通信総合研究所。

今口忠政=李新建=申美花［2003］『事業再構築のための撤退戦略とマネジメント調達』三田商学研究。
植草益［2000］『産業融合―産業組織の新たな方向』岩波書店。
植之原道行［2004］『戦略的技術経営のすすめ』日刊工業新聞社。
上田和勇［2007］『企業価値創造型リスクマネジメントその概念と事例』白桃書房。
魚田勝臣=小碇暉雄［1993］『データベース』日科技連出版社。
梅澤正［1990］『企業文化の革新と創造』有斐閣。
梅澤正［2003］『組織文化　経営文化　企業文化』同文舘。
梅棹忠夫［1963］「情報産業論」『放送朝日1月号』4-17頁。
梅津裕良［2003］『MBA　人材・組織マネジメント』生産性出版。
浦田秀次郎=財務省財務総合政策研究所編［2009］『グローバル化と日本経済』勁草書房。
映像情報メディア学会編［2002］『ネットワーク技術―基本からブロードバンドまで―』オーム社。
SCM研究会［1999］『〔図解〕サプライチェーン・マネジメント』日本実業出版社。
江夏健一=桑名義晴編［2006］『新版　理論とケースで学ぶ国際ビジネス』同文舘出版。
海老澤栄一［1992］『組織進化論』白桃書房。
海老澤栄一=一瀬益夫=堀内正博=佐藤修=上田泰［1988］『例解情報管理』同友館。
王効平=尹大栄=米山茂美［2005］『日中韓企業の経営比較』税務経理協会。
大阪市立大学商学部編［2001］『国際ビジネス』有斐閣。
大阪市立大学商学部編［2003］『経営情報』有斐閣。
太田雅晴［1994］『生産情報システム』日科技連出版社。
大滝精一=金井一頼=山田英夫=岩田智［1997］『経営戦略―創造性と社会性の追求』有斐閣。
大滝精一=金井一頼=山田英夫=岩田智［2006］『経営戦略―創造性と社会性の追求（新版）』有斐閣。
大月博司［1999］『組織変革とパラドックス』同文舘出版。
大月博司=高橋正泰編［2003］『経営組織』学文社。
加護野忠男［1980］『経営組織の環境適応』白桃書房。
加護野忠男［1988a］『組織認識論』千倉書房。
加護野忠男［1988b］『企業のパラダイム革命』講談社。
加護野忠男［1999］『〈競争優位〉のシステム』PHP研究所。
加護野忠男=野中郁次郎=榊原清則=奥村昭博［1983］『日米企業の経営比較―戦略的環境適応の理論―』日本経済新聞社。
加護野忠男=井上達彦［2004］『事業システム戦略』有斐閣。
金子郁容［1986］『ネットワーキングへの招待』中央公論社。
亀井利明=亀井克之［2009］『リスク・マネジメント総論』同文舘出版。
企業倫理研究グループ［2007］『日本の企業倫理―企業倫理の研究と実践―』白桃書房。
岸川善光［1990］『ロジスティクス戦略と情報システム』産能大学。

岸川善光［1999］『経営管理入門』同文舘出版。
岸川善光［2000］「ビジネス・ロジスティクスの現状およびその企業業績に及ぼす効果に関する研究―SCM（Supply Chain Management）の進展を踏まえて―」東京大学。
岸川善光［2002］『図説経営学演習』同文舘出版。
岸川善光他［2003］『環境問題と経営診断』同友館。
岸川善光編［2004a］『イノベーション要論』同文舘出版。
岸川善光［2004b］「バリュー・チェーンの再構築」『ビジネス研究のニューフロンティア』五絃舎。
岸川善光［2006］『経営戦略要論』同文舘出版。
岸川善光編［2007a］『ケースブック経営診断要論』同文舘出版。
岸川善光［2007b］『経営診断要論』同文舘出版。
岸川善光編［2008］『ベンチャー・ビジネス要論・改訂版』同文舘出版。
岸川善光編［2009a］『ケースブック経営管理要論』同文舘出版。
岸川善光［2009b］『図説経営学演習・改訂版』同文舘出版。
岸川善光編［2010a］『エコビジネス特論』学文社。
岸川善光編［2010b］『アグリビジネス特論』学文社。
岸川善光編［2010c］『コンテンツビジネス特論』学文社。
岸川善光編［2011］『サービス・ビジネス特論』学文社。
岸川善光編［2012a］『スポーツビジネス特論』学文社。
岸川善光編［2012b］『経営環境要論』同文舘出版。
岸川善光編［2015a］『経営管理要論』同文舘出版。
岸川善光編［2015b］『経営組織要論』同文舘出版。
岸川善光編［2016］『グローバル経営要論』同文舘出版。
岸田民樹編［2005］『現代経営組織論』有斐閣。
岸田民樹［2006］『経営組織と環境適応』白桃書房。
岸田民樹=田中正光［2009］『経営学説史』有斐閣。
岸田雅雄［2006］『ゼミナール会社法入門 第6版』日本経済新聞社。
北野利信編［1977］『経営学説史入門』有斐閣。
國友義久［1994］『情報システムの分析・設計』日科技連出版社。
久保田正道他［2009］『情報通信技術と経営』日科技連出版社。
公文俊平［1994］『情報文明論』NTT出版。
黒川利明［1992］『ソフトウェアの話』岩波書店。
黒須誠治［1997］『次世代生産システム』白桃書房。
株式会社グロービス［1995］『MBAマネジメント・ブック』ダイヤモンド社。
株式会社グロービス［1996］『MBAアカウンティング』ダイヤモンド社。
株式会社グロービス［1997］『MBAマーケティング』ダイヤモンド社。
株式会社グロービス［1998］『MBAビジネスプラン』ダイヤモンド社。
グロービス・マネジメント・インスティテュート編［1999b］『MBAファイナンス』ダ

イヤモンド社。
グロービス・マネジメント・インスティテュート編［1999c］『MBAゲーム理論』ダイヤモンド社。
グロービス・マネジメント・インスティテュート編［2002］『MBA人材マネジメント』ダイヤモンド社。
グロービス経営大学院編［2010］『グロービスMBA事業開発マネジメント』ダイヤモンド社。
桑田耕太郎=田尾雅夫［1998］『組織論』有斐閣。
桑田耕太郎=田尾雅夫［2010］『組織論 補訂版』有斐閣。
桑田秀夫［1998］『生産管理概論（第2版）』日刊工業新聞社。
慶應義塾大学ビジネススクール編［2004］［人的資源マネジメント戦略］有斐閣。
慶應義塾大学ビジネススクール編［2005］［組織マネジメント戦略］有斐閣。
経済産業省（当時は通商産業省）［1999］『企業のITガバナンス向上に向けて：情報化レベル自己診断スコアカードの活用』日本情報処理開発協会。
経済産業省［2002］『産業競争力と知的財産を考える研究会　報告書』経済産業省。
経済産業省監修［2004］『新版システム監査基準／システム管理解説書（平成16年基準策定版）』日本情報処理開発協会。
経済産業省編［2005］『先進企業から学ぶ事業リスクマネジメント実践テキスト』経済産業省。
経済産業省企業行動課編［2007］『コーポレート・ガバナンスと内部統制―信頼される経営のために』経済産業調査会。
経済産業省［2009］『情報セキュリティガバナンス導入ガイガンス』経済産業省。
経済産業省［2010］『「国境を越える電子商取引の法的問題に関する検討会」報告書』経済産業省。
経済産業省貿易協力局通商金融・経済協力課［2010］『グローバル金融メカニズム分科会最終報告書』経済産業調査会。
経済産業省=厚生労働省=文部科学省編［2009］『ものづくり白書　2009年版』佐伯印刷。
経済同友会［1985］『1990年代の企業経営のあり方に関する提言』㈳経済同友会。
KPMGビジネスアシュアランス［2004］『情報セキュリティ監査制度―管理態勢の構築と監査の実施』中央経済社。
小池和男［1994］『日本の雇用システム』東洋経済新報社。
小池澄男［1995］『新・情報社会論』学文社。
小池澄男［1998］『新・情報社会論（改定版）』学文社。
神戸大学大学院経営学研究室編［1999］『経営学大辞典　第2版』中央経済社。
國領二郎［1995］『オープン・ネットワーク経営』日本経済新聞社。
國領二郎［1999］『オープン・アーキテクチャ戦略―ネットワーク時代の協働モデル―』ダイヤモンド社。
國領二郎=野中郁次郎=片岡雅憲［2003］『ネットワーク社会の知識経営』NTT出版。

児玉文雄［2007］『技術経営戦略』オーム社．
後藤晃［1993］『日本の技術革新と産業組織』東京大学出版会．
小林慎和=高田広太郎=山下達郎=伊部和晃［2011］『超巨大市場をどう攻略するか』野村総合研究所/日本経済新聞出版社．
税所哲郎［2012］『現代組織の情報セキュリティ・マネジメント―その戦略と導入・策定・運用―』白桃書房．
堺屋太一［1985］『知価革命』PHP研究所．
榊原清則［1992］『企業ドメインの戦略論』中央公論社．
榊原清則=大滝精一=沼上幹［1989］『事業創造のダイナミクス』白桃書房．
坂下昭宣［1985］『組織行動研究』白桃書房．
坂下昭宣［2002］『組織シンボリズム論―論点と方法―』白桃書房．
坂村健［2002］『ユビキタス・コンピュータ革命―次世代社会の世界標準―』角川書店．
佐久間信夫［2003］『企業支配と企業統治』白桃書房．
佐々木紀行［2001］『eMPから見る最新EC動向』アスキー．
佐藤修編［1997］『経営管理支援型情報システム』日科技連出版社．
産業能率大学総合研究所バリューイノベーション研究プロジェクト編［2008］『バリューイノベーション-顧客価値・事業価値創造の考え方と方法』産業能率大学出版部．
塩次喜代明［1998］『地域企業のグローバル経営戦略』九州大学出版会．
塩次喜代明=高橋信夫=小林敏男［1999］『経営管理』有斐閣．
嶋口充輝他編［1998］『マーケティング革新の時代 (1) 顧客創造』有斐閣．
嶋口充輝他編［1999a］『マーケティング革新の時代 (2) 製品開発革新』有斐閣．
嶋口充輝他編［1999b］『マーケティング革新の時代 (3) ブランド構築』有斐閣．
島田達巳［1991］『情報技術と経営組織』日科技連出版社．
島田達巳=海老澤栄一編［1989］『戦略的情報システム』日科技連出版社．
島田達巳=高原康彦［1993］『経営情報システム』日科技連出版社．
島田達巳=高原康彦［2007］『経営情報システム（改定第3版）』日科技連出版社．
島田達巳=遠山暁編［2003］『情報技術と企業経営』学文社．
下崎千代子［1993］『人事情報システム』日科技連出版社．
情報処理推進機構ソフトウェア・エンジニアリング・センター編［2009］『SEC Books 共通フレーム2007（第2版）』オーム社．
情報処理推進機構ソフトウェア・エンジニアリング・センター編［2013］『SEC Books 共通フレーム2013』情報処理推進機構．
白石弘幸［2003］『組織ナレッジと情報―メタナレッジによるダイナミクス―』千倉書房．
新宅純二郎［1994］『日本企業の競争戦略』有斐閣．
新宅純二郎=浅羽茂編［2001］『競争戦略のダイナミズム』日本経済新聞社．
末松千尋［1995］『CALSの世界』ダイヤモンド社．
菅原貴与志［2014］『詳解個人情報保護法と企業法務〔第5版〕』民事法研究会．
鈴木秀一［2001］『入門経営組織』新世社．

鈴木辰治=角野信夫編［2000］『企業倫理の経営学』ミネルヴァ書房。
清家彰敏［1995］『日本型組織間関係のマネジメント』白桃書房。
全日法規研究室編［2003］『最新現代経営戦略事例全集第5巻』エム・シーコーポレーション。
総務省［2004］『平成16年版情報通信白書』ぎょうせい。
総務省［2015］『平成27年版情報通信白書』日経印刷。
ダイヤモンド・ハーバード・ビジネス編集部編［1997］『複雑系の経済学』ダイヤモンド社。
ダイヤモンド・ハーバード・ビジネス編集部編［1998a］『顧客サービスの競争優位戦略—個客価値創造のマーケティング—』ダイヤモンド社。
ダイヤモンド・ハーバード・ビジネス編集部編［1998b］『バリューチェーン解体と再構築』ダイヤモンド社。
ダイヤモンド・ハーバード・ビジネス編集部編［1998c］『サプライチェーン　理論と戦略—部分最適から「全体最適」の追求へ—』ダイヤモンド社。
ダイヤモンド・ハーバード・ビジネス編集部編［2000］『ナレッジ・マネジメント』ダイヤモンド社。
ダイヤモンド・ハーバード・ビジネス編集部編［2006］『サプライチェーンの経営学』ダイヤモンド社。
高巌=Donaldson, T.［2003］『新版・ビジネス・エシックス』文眞堂。
高田馨［1989］『経営の倫理と責任』千倉書房。
高木晴夫他［1995］『マルチメディア時代の人間と社会—ポリエージェントソサエティ—』日科技連出版社。
高橋輝男=ネオ・ロジスティクス共同研究会［1997］『ロジスティクス　理論と実践』白糖書房。
高橋俊夫編［1995］『コーポレート・ガバナンス—日本とドイツの企業システム—』中央経済社。
高橋俊夫監修［2002］『比較経営論—アジア・ヨーロッパ・アメリカの企業と経営—』税務経理協会。
高橋敏朗=久保田洋志編［2007］『情報インターフェースの構図』中央経済社。
高橋伸夫［1997］『組織文化の経営学』中央経済社。
高橋伸夫編［2000］『超企業・組織論—企業を超える組織のダイナミズム』有斐閣。
高橋伸夫［2006］『経営の再生—戦略の時代・組織の時代—』有斐閣。
高橋秀雄［1998］『サービス業の戦略的マーケティング』中央経済社。
高橋正泰=山口善昭=磯山優=文智彦［1998］『経営組織論の基礎』中央経済社。
高橋三雄［1993］『パソコン・ソフト入門』岩波書店。
高原康彦=高津信三編［1991］『経営情報システム』日刊工業新聞社。
武井勲［1987］『リスク・マネジメント総論』中央経済社。
武井勲［1998］『リスク・マネジメントと危機管理』中央経済社。

立川丈夫［2003］『現代経営情報システム開発論』創成社。
立川丈夫［2005］『経営情報システム論（改定版）』創成社。
中国国務院発展研究センター編［1993］『中国経済』中国社会科学院（小島麗逸＝高橋満＝叢小榕訳［1996］『中国経済』総合法令）。
土田義憲［2006］『会社法の内部統制システム』中央経済社。
土屋守章＝岡本久吉［2003］『コーポレート・ガバナンス論―基礎理論と実際』有斐閣。
出川通［2004］『技術経営の考え方：MOTと開発ベンチャーの現場から』光文社。
出川通［2009］『最新 MOT（技術経営）の基本と実践がよ〜く分かる本：技術者と企業のための即戦力マニュアル』秀和システム。
出口弘［1994］『ネットワーク』日科技連出版社。
寺本義也［1990］『ネットワークパワー』NTT出版。
寺本義也［1993］『学習する組織―近未来型組織戦略―』同文舘出版。
寺本義也編［1997］『日本企業のコーポレート・ガバナンス』生産性出版。
寺本義也＝原田保編［1999］『図解インターネットビジネス』東洋経済新報社。
寺本義也＝原田保編［2000］『環境経営』同友館。
寺本義也＝岩崎尚人［2000］『ビジネスモデル革命 競争優位のドメイン転換』生産性出版。
寺本義也＝山本尚利［2004］『MOTアドバンスト新事業戦略』日本能率協会マネジメントセンター。
寺本義也＝岩崎尚人＝近藤正弘［2007］『ビジネスモデル革命（第2版）』生産性出版。
東山尚［2008］『IT投資とコストマネジメント』NTT出版。
遠山暁［1998］『現代経営情報システムの研究』日科技連出版社。
遠山暁＝小川正博編［1996］『ネットワークビジネス型情報システム』日科技連出版社。
遠山暁＝村田潔＝岸眞理子［2003］『経営情報論』有斐閣。
トーマツ編［1994］『ビジネス・プロセス・リエンジニアリング』中央経済社。
中田信哉［2001］『ロジスティクス・ネットワークシステム』白桃書房。
永田晃也［2004］『知的財産マネジメント―戦略と組織構造』中央経済社。
中村瑞穂編［2003］『企業倫理と企業統治―国際比較―』文眞堂。
中山眞［2006］『ロボットが日本を救う』東洋経済新報社。
中山信弘［1996］『マルチメディアと著作権』岩波書店。
夏目武編［2009］『ライフサイクルコスティング』日科技連出版社。
西垣通［1994］『マルチメディア』岩波書店。
日通総合研究所［1991］『最新物流ハンドブック』白桃書房。
日本経営協会編［1999］『OMUNI-MANAGEMENT 平成11年7月号』日本経営協会。
日本経営診断学会編［1994］『現代経営診断事典』同友館。
日本システム監査人協会編［2016］『システム監査を知るための小冊子（改定1版）』日本システム監査人協会
日本情報処理開発協会編［1991］『わが国の情報化』日本情報処理開発協会。

日本情報処理開発協会電子取引推進センター［2003］『企業間電子商取引の拡大とオープン化に関する調査研究』日本情報処理開発協会。
日本情報処理開発協会ISMS制度推進室［2005］『ISO/IEC27001への移行計画』日本情報処理開発協会。
日本生産管理学会編［1999］『生産管理ハンドブック』日刊工業新聞社。
日本総合研究所編［1993］『生命論パラダイムの時代』ダイヤモンド社。
日本総合研究所SCM研究グループ［1999］『図解サプライチェーン・マネジメント早わかり』中経出版。
丹羽清＝山田肇編［1999］『技術経営戦略』生産性出版。
野中郁次郎［2002］『企業進化論』日本経済新聞社。
野中郁次郎＝寺本義也編［1987］『経営管理』中央経済社。
野中郁次郎＝永田晃［1995］『日本型イノベーション・システム―成長の軌跡と変革への朝鮮』白桃書房。
野中郁次郎＝竹内弘高［1996］『知識創造企業』東洋経済新報社。
野中郁次郎＝紺野登［1999］『知識経営のすすめ』筑摩書房。
野中郁次郎＝紺野登［2003］『知識創造の方法論』東洋経済新報社。
野村清［1983］『サービス産業の発想と戦略』電通。
野村総合研究所システムコンサルティング事業本部［2000］『図解CIOハンドブック』野村総合研究所。
根来龍之＝経営情報学会編［2010］『CIOのための情報・経営戦略―ITと経営の融合』中央経済社。
長谷川俊明［2005］『新会社法が求める内部統制とその開示』中央経済社。
畠中伸敏編［2005］『個人情報保護とリスク分析』日本規格協会。
畠中伸敏編［2008］『情報セキュリティのためのリスク分析・評価（第2版）』日科技連出版社。
花岡菖［1998］『情報化戦略―IS資源の戦略的配分の枠組み―』日科技連出版社。
花岡菖［2003］『組織の境界と情報倫理』白桃書房。
濱口恵俊編［1993］『日本型モデルと何か』新曜社。
濱口恵俊＝公文俊平編［1982］『日本的集団主義』有斐閣。
林紘一郎［1989］『ネットワーキングの経済学』NTT出版。
林正樹＝井上照幸＝小阪隆秀編［2001］『情報ネットワーク経営』ミネルヴァ書房。
林正樹＝遠山曉編［2003］『グローバルな時代の経営革新』中央大学出版部。
林雄二郎［1969］『情報化社会』講談社。
林吉郎［1985］『異文化インターフェース管理』有斐閣。
林吉郎［1994］『異文化インターフェース経営』日本経済新聞社。
BMP研究会編［2000］『図解でわかるビジネスモデル特許』日本能率協会マネジメントセンター。
日沖健［2002］『戦略的事業撤退』NTT出版。

参考文献

日立ソフトウェアエンジニアリング=グローバルセキュリティエキスパート［2008］『情報セキュリティガバナンス』社会経済生産性本部。
一橋大学イノベーション研究センター編［2001a］『知識とイノベーション』東洋経済新報社。
一橋大学イノベーション研究センター編［2001b］『イノベーショ・マネジメント入門』日本経済新聞社。
福島義明［1998］『サプライチェーン経営革命』日本経済新聞社。
福永邦雄=泉正夫=荻原昭夫［2002］『コンピュータ通信とネットワーク（第5版）』共立出版。
藤本隆宏［1997］『生産システムの進化論』有斐閣。
藤本隆宏=武石彰=青島矢一編［2001］『ビジネス・アーキテクチャ』有斐閣。
藤本隆宏=新宅純二郎編［2005］『中国製造業のアーキテクチャ分析』東洋経済新報社。
藤芳誠一編［1989］『経営管理事典』泉文社。
二神恭一編［2006］『新版 ビジネス・経営学辞典』中央経済社。
古川栄一=桜井信行編［1970］『経営用語辞典』東洋経済新報社。
古瀬幸広=広瀬克哉［1996］『インターネットが変える世界』岩波書店。
古田健二［2006］『第5世代のテクノロジーマネジメント』中央経済社。
ボストン・コンサルティング・グループ（BCG）［1990］『タイムベース競争──90年代の必勝戦略』プレジデント社。
程近智=勝屋信昭=日置克史［1998］『eエンタープライズへの挑戦──バリューネットの再構築』ダイヤモンド社。
堀部政男［1988］『プライバシーと高度情報化社会』岩波書店。
牧野二郎=亀松太郎［2006］『内部統制システムのしくみと実務対策』日本実業出版社。
馬越恵美子［2000］『異文化経営論の展開』学文社。
正村俊之［2000］『情報空間論』勁草書房。
増田米二［1968］『情報社会入門：コンピュータは人間社会を変える』ぺりかん社。
松江英夫［2003］『経営統合戦略マネジメント』日本能率協会マネジメントセンター。
松島秀行［1994］『インターネットのことがわかる本』日本実業出版社。
水谷雅一［1995］『経営倫理学の実践と課題』白桃書房。
水谷雅一［2003］『経営倫理』同文舘出版。
宮川公男編［1999］『経営情報システム〈第2版〉』中央経済社。
宮川公男編［2004］『経営情報システム〈第3版〉』中央経済社。
宮澤健一［1986］『高度情報社会の流通機構』東洋経済新報社。
宮澤健一［1987］『産業の経済学』東洋経済新報社。
宮澤健一［1988］『業際化と情報化』有斐閣。
宮澤健一=高丘季昭編［1991］『流通の再構築』有斐閣。
宮島英昭編［2007］『日本のM＆A──企業統治・組織効率・企業価値へのインパクト』東洋経済新報社。

村井純［1985］『インターネット』岩波書店。
村田潔編［1996］『ロジスティクス型情報システム』日科技連出版社。
村田正幸他［2001］『社会基盤としてのインターネット』岩波書店。
百瀬恵夫=梶原豊［2002］『ネットワーク社会の経営学』白桃書房。
森田哲=三留修平=原吉伸［1989］『戦略情報システム』講談社。
森本三男［1994］『企業社会責任の経営学的研究』白桃書房。
森本三男［1995］『経営学入門（三訂版）』同文舘出版。
森本三男［2003］『現代経営組織論』学文社。
森本三男［2006］『現代経営組織論（第三版）』学文社。
諸上茂登=藤澤武史=嶋正編［2007］『グローバル・ビジネス戦略の革新』同文舘。
文部科学省［2010］『平成22年版科学技術白書』ぎょうせい。
文部科学省科学技術・学術政策局調査調整課［2010］『科学技術要覧平成22年版』佐伯印刷。
文部科学省編［2011］『平成23年度科学技術白書』文部科学省国立印刷局。
安田洋史［2006］『競争環境における戦略的提携-その理由と実践-』NTT出版。
安田洋史［2010］『アライアンス戦略論』NTT出版。
安室憲一［1993］『国際経営』日本経済新聞社。
安室憲一編［2007］『新グローバル経営論』白桃書房。
山内昭=松岡俊三=宮澤信一郎［1998］『要説　経営情報管理』白桃書房。
山倉健嗣［1993］『組織間関係―企業間ネットワークの変革に向けて』有斐閣。
山倉健嗣［2007］『新しい戦略マネジメント ―戦略・組織・組織間関係―』同文舘出版。
山倉健嗣=岸田民樹=田中政光［2001］『現代経営キーワード』有斐閣。
山下洋史=諸上茂登=村上潔編［2003］『グローバルSCM　サプライチェーン・マネジメントの新しい潮流』有斐閣。
山田英夫［1993］『競争優位の規格戦略』ダイヤモンド社。
山之内昭夫［1992］『新・技術経営論』日本経済新聞社。
山本孝=井上秀次郎［2007］『生産マネジメント　その機能と発展』世界思想社。
吉田和男［1993］『日本型経営システムの功罪』東洋経済新報社。
吉田民人［1990a］『自己組織性の情報科学』新曜社。
吉田民人［1990b］『情報と自己組織性の理論』東京大学出版会。
吉田民人［1991］『主体性と所有構造の理論』東京大学出版会。
吉原英樹［1989］『現地人社長と内なる国際化』東洋経済新報社。
吉原英樹［1992］『日本企業の国際経営』同文舘。
吉原英樹［1996］『未熟な国際経営』白桃書房。
吉原英樹編［2002］『国際経営論への招待』有斐閣。
吉原英樹［2011］『国際経営　第3版』有斐閣。
吉原英樹=佐久間昭光=伊丹敬之=加護野忠男［1981］『日本企業の多角化戦略』日本経済新聞社。

吉原英樹=欧陽桃花［2006］『中国企業の市場主義管理　ハイアール』白桃書房。
若林直樹［2009］『ネットワーク組織──社会ネットワーク論からの新たな組織像』有斐閣。
若杉隆平=伊藤萬里［2011］『グローバル・イノベーション』慶応義塾大学出版会。
涌田宏昭［1995］『新しい経営情報科学』中央経済社。
早稲田大学ビジネススクール松田修一研究室［2004］『MOTアドバンスト技術ベンチャー』日本能率協会マネジメントセンター。
渡辺和彦=坂田哲也=飯田秀樹=齋藤南哲［2000］『ネットワークシステム　改定版』リックテレコム。
渡辺榮［2000］『情報管理論史』白桃書房。
渡辺利夫編［2004］『東アジア市場統合への道　FTAへの課題と挑戦』勁草書房。

〈雑誌・論文〉

楠田喜宏［2005］「サービスロボット技術発展の系統化調査」(国立科学博物館=産業技術史資料情報センター［2005］『技術の系統化調査報告第5集』国立科学博物館)。
日本ロジスティクス協会［2014］「2013年度物流情報システムの連携，物流情報の可視化による物流の効率化調査報告書」公益社団法人日本ロジスティクス協会。
高橋敏朗［1994］「情報化と情報管理」オフィス・オートメーション，Vol 15, No3, 4
高桑宗右エ門［1991］「経営戦略情報システムにおけるFA/CIMと生産管理のアプローチ-90年代の経営戦略-」経営論集61.日本経営学会編。
林倬史［1996］「IBMの技術開発分類とグローバル研究体制」立教経済学研究　第50巻第2号，23-49頁。

〈URL〉

ACRL (Association of College and Research Libraris)［2000］, "Information Literacy Compe-tency Standards for Higher Education", 〈http://ala/org/acrl/acrlstandards/information-literacycompetency.cfm〉
OECDホームページ〈http://oecd.org/〉
外務省［2002］「OECD情報システム及びネットワークのセキュリティのためのガイドライン─セキュリティ文化の普及に向けて」
〈http://www.mofa.go.jp/mofaj/gaiko/oecd/security_gl_a.html〉
高度情報通信ネットワーク社会推進戦略本部［2010］「新たな情報通信技術戦略」
〈http://www.kantei.go.jp/jp/singi/it2/100511honbun.pdf〉
情報セキュリティ研究会［2007］「10大脅威の見えない化が加速する」独立行政法人情報処理推進機構。〈https://www.ipa.go.jp/files/000016997.pdf〉
総務省［2004］『平成16年版情報通信白書』「ユビキタスネットワーク社会の概念」
〈http://www.soumu.go.ja/johotsusintokei/whitepaper/ja/h16/html/G1401000.html〉
総務省［2007］『平成19年版情報通信白書』「安心・安全社会に向けたIT活用イノベーション」〈http://www.johotsusintokei.soumu.go.jp/whitepaper/ja/h19/index.html〉

総務省［2015］『平成27年版情報通信白書』「主な産業の市場規模（名目国内生産額）（内訳）（平成25年）」〈http://www.soumu.go.jp/johotsusintokei/whitepaper/ja/h27/image/n7101010.png〉

総務省［2015］『平成27年版情報通信白書』「通信業界の再編の経緯」〈http://www.soumu.go.jp/johotsusintokei/whitepaper/ja/h27/image/n1103090.png〉

総務省［2015］『平成27年版情報通信白書』「我が国のIT戦略の歩み」〈http://www.soumu.go.jp/menu_seisaku/ict/u-Japan/new_outline01.html〉

総務省［2015］『平成27年版情報通信白書』「u-Japan政策」〈http://www.soumu.go.jp/menu_seisaku/ict/u-Japan/new_outline03.html〉

総務省［2015］『平成27年版情報通信白書』「通信自由化とICT産業の発展」〈http://www.soumu.go.jp/johotsusintokei/whitepaper/ja/h27/html/nc110000.html〉

総務省［2015］『情報通信白書　for Kids』「情報社会とわたしたち」〈http://www.soumu.go.jp/joho_tsusin/kids/society/life-1.html〉

三菱総合研究所［2012］「諸外国におけるICT分野の標準化戦略の現状」〈http://www.soumu.go.jp/main_content/000154650〉

索 引

━━━━━ あ行 ━━━━━

ARPANET ······································ 95, 140
ISO27001 ··· 272
IC（集積回路）······································ 156
ICT（情報通信技術）··············· 55, 56, 118
ICT産業 ·· 112
ICT先進国 ······································ 26, 117
IT ··· 55
ITアウトソーシング ····························· 193
ITガバナンス ···················· 190, 203, 205
IT基本法 ··· 118
IDP ·· 153
アウトソーシング ·············· 101, 116, 192
アクセス ··· 289
アセンブラ ··· 156
アナログ型情報 ······································ 22
アプリケーションソフトウェア ········· 128
暗黙知 ··· 12
E-R図 ·· 184
eコマース（電子商取引）····················· 215
　──の概念 ······································· 215
　──の課題 ······································· 219
　──の形態 ······································· 215
　──の利点・欠点 ··························· 217
　──の枠組み ··································· 216
イーサネット ······························ 138, 139
e-Japan ··· 117
EDI（電子データ交換）·········· 173, 221, 237
ET化率 ·· 218
EDPS（電子情報処理システム）········· 152
　──の概念 ······································· 152

　──の機能と構造 ··························· 153
　──の問題点と課題 ······················· 155
eビジネス ···································· 207, 208
　──の意義 ······································· 208
　──の概念 ······································· 208
　──の課題 ······································· 213
　──の環境 ······························ 209, 210
　──の対象範囲 ······························· 209
eマーケットプレイス（電子市場）
 ·· 225, 262
eラーニング ····················· 142, 286, 287
意思決定 ·· 12, 30
　──の技法 ··· 32
　──の種類 ·································· 30, 31
　──の前提 ·································· 12, 32
　──のプロセス ····························· 13, 30
偉大なる大転換 ······························ 2, 292
移動体通信 ··· 235
イノベーション ······················ 11, 49, 53
　──の意義 ··· 49
イノベーション論 ·································· 49
イメージ処理 ······································· 131
インターナショナル型組織モデル · 295, 296
インターナショナル企業 ········· 87, 88, 295
インターネット ····· 58, 94, 113, 139, 140, 210
　──の時代 ·· 6
インターネットマーケティング ········· 219
インテグラル型 ···································· 226
イントラネット ··············· 58, 139, 141, 210
イントラビジネス（組織内）eコマース
 ···................ 216
インフラストラクチャ ·························· 85

323

ウォーターフォール型 …………………… 186
運用・サービスプロセス ………… 181, 182
ADP ……………………………………… 153
エキスパート・システム ………………… 164
エクストラネット ………… 58, 139, 141, 210
SIS（戦略的情報システム）……… 164, 165
　　――の概念 ………………………… 164
　　――の機能と構造 ………………… 166
　　――の問題点と課題 ……………… 170
SECIプロセス ……………………… 11, 12
SCM（サプライチェーン・マネジメント）
　　………………………………… 108, 228
　　――の概念 ………………………… 228
　　――の発展過程 …………………… 230
ENIAC …………………………………… 154
MIS（経営情報システム）……… 77, 155, 156
　　――の概念 ………………………… 156
　　――の機能と構造 ………………… 156
　　――の問題点と課題 ……………… 159
MISブーム ……………………………… 156
M&A ………………………… 107, 253, 254
遠隔医療 ………………………………… 143
遠隔教育 ………………………… 142, 286
演算装置 ………………………… 123, 124
応用ソフト ……………………………… 130
OS ……………………………………… 128
　　――の位置関係 …………………… 129
　　――の機能 ………………………… 129
　　――の構成 ………………………… 129
大型コンピュータ（メインフレーム）
　　……………………………………… 126
オープン・アーキテクチャ戦略 ………… 251
オープン・ネットワーク ………………… 170
オープン・ネットワーク経営 …………… 250
オープン型 ……………………………… 226

オープン型経営 ………………………… 250
オフィス・オートメーション …………… 115
オブジェクトデータベース ……………… 135
オペレーショナル・コントロール
　　…………………… 24, 67, 69, 71, 158
オペレーショナル・データベース ……… 158
オペレーショナル・レベル ……………… 155
オペレーション情報 ……………………… 22
オンライントランザクション処理 ……… 220
オンライン分析処理 …………………… 136

━━━━━━━━ か行 ━━━━━━━━

カード型データベース ………………… 135
階層型データベース …………………… 133
開発（システム開発，ソフトウェア実装）
　　……………………………………… 183
開発プロセス ……………………… 181, 182
外部効果の内部化 ……………………… 102
外部情報 ………………………………… 23
カオス …………………………………… 247
学際的アプローチ ……………………… 25
「囲い込み」型経営 ……………… 250, 252
カスタマイズ ……………………… 210, 212
仮想教室 ………………………………… 287
価値 ……………………………………… 169
価値システム ……………… 169, 260, 261
価値連鎖 …………………… 168, 169, 261
合併 …………………………………… 253
カネ ……………………………………… 79
ガバナンス機構 …………………………… 33
可用性 …………………………………… 271
関係性 …………………………………… 109
関係性資産 ……………………………… 109
関係のマネジメント …………………… 102
完全性 …………………………………… 271

索　引

官民間BPR ……………………………… 175
管理的意思決定 …………………………30, 31
木（ツリー）構造 ………………………… 133
企画プロセス ………………… 181, 182, 183
企業間BPR ……………………………… 173
企業間ネットワーク …………………… 141
企業系列 ………………………………… 102
企業と利害関係者との関係 ……………… 35
企業内BPR ……………………………… 173
企業内ネットワーク …………………… 141
企業の社会的責任 ……………………33, 34, 36
技術イノベーション・マネジメント …… 51
技術的脅威 ………………………… 270, 277
機能別管理 ………………………………… 64
機能別情報 ………………………23, 62, 65, 66
規模の経済 ………………………………… 98
機密性 …………………………………… 271
CALS ……………………………………… 237
　──の概念 …………………………… 238
脅威 ………………………… 269, 276, 278
競争戦略 …………………… 44, 45, 167, 260
競争の基本戦略 ………………………… 168
競争優位 …………… 45, 165, 167, 230, 260
共通フレーム2013 ………………… 180, 181
協働システム ………………………… 37, 62
協同戦略パースペクティブ …… 40, 41, 258
業務システム ……………………… 62, 63, 65
業務的意思決定 ………………………… 31
金流 ………………………………… 228, 236
国の競争優位 …………………………… 263
　──の決定要因 ……………………… 264
国の情報通信政策 ……………………… 116
クライアント・サーバー方式 ………… 126
クラウドコンピューティング ………… 222
クラスター（産業集積） ……………… 266

グリッドコンピューティング ………… 222
クローズド型 ……………………… 103, 226
クローズド型経営 ……………………… 250
クローズド・システム ………………… 170
グローバリゼーション …………………… 87
グローバル型組織モデル ………… 295, 296
グローバル企業 ………………… 87, 88, 295
グローバル情報 ………………………… 23
グローバル情報通信ネットワーク …87, 89
グローバル統合 ………………………… 88
経営管理システム ………………… 62, 63, 64
経営管理の階層 ………………………… 67
経営管理プロセス ……………………… 72
　──の内容 …………………………… 73
経営管理論 ………………………… 30, 62
経営計画 ………………………………… 74
経営資源 …………………………… 19, 63, 78
　──の蓄積 …………………………… 44
　──の蓄積・配分 …………………… 259
　──の分類 …………………………… 79
経営システム …………………………… 62
　──の基本構造 ……………………… 63
経営者の職能 …………………………… 30
経営情報 ………………………………… 76
　──の体系 …………………………… 61
　──の特質 …………………………… 19
　──の目的 …………………………… 12
　──の意義 ……………………………… 1
経営情報システム
　──の全体像 ………………………… 24
　──の変遷 …………………… 151, 152
　──のライフサイクル ……………… 178
経営情報システム論 …………………… 24
経営情報論 ………………… 24, 29, 30, 62
　──の生成と発展 …………………… 29

325

経営戦略 ……………………… 42, 74, 259
　──の意義 …………………………… 42
　──の構成要素 ……………………… 42
　──の定義 …………………………… 42
経営戦略論 ……………………………… 42
経営組織の意義 ………………………… 37
経営組織論 ………………………… 37, 62
経営と情報の関係性 ……… 25, 26, 241
経営方針 ………………………………… 74
経営目標 ………………………………… 74
計画設定 …………………………… 73, 77
経済性の概念 …………………………… 97
　──の変遷 …………………………… 97
経済（マクロ）─産業（セミマクロ）─企業（ミクロ）の一体化 …………… 263
形式知 …………………………………… 12
限界収穫逓減 ……………………… 20, 21
限界収穫逓増 ……………………… 20, 21
研究開発 ………………………………… 65
現場管理 ………………………………… 68
コア・コンピタンス ……………… 224, 260
広域ネットワーク …………………… 139
公開鍵暗号 …………………………… 213
効果性 …………………………… 165, 166
工業社会 …………………………… 2, 3, 92
後見 ……………………………………… 37
構造的意思決定 ……………………… 160
構造的意思決定支援 ……………… 77, 156
構内ネットワーク …………………… 139
効率性 …………………………… 165, 166
コーポレート・ガバナンス …………… 32
顧客の創造 ……………………………… 50
顧客満足 ……………………………… 175
国内情報 ………………………………… 23
個人情報保護（法） ……………… 214, 291

コスト・リーダーシップ戦略 ……… 46, 167
COBOL ……………………………… 130
コミュニケーション …………………… 75
コミュニケーションリテラシー … 284, 287
コンセプチュアル・スキル …………… 70
コンティンジェンシー理論 ………… 244
コントロール …………………………… 76
コンパイラ …………………………… 156
コンピュータ・ネットワーク ………… 94
コンピュータ技術 …………………… 125
コンピュータ処理技術 ……………… 146
コンピュータの構成 ………………… 123
コンピュータリテラシー ……… 284, 287

さ行

最高情報責任者 ……………………… 200
最小有効多様性 ………………… 244, 248
サイバースペース ……………………… 83
サイバースペース＝情報空間 ……… 233
サイバネティクス …………………… 244
財務管理 ………………………………… 64
サプライチェーン（供給連鎖）
　………………………… 49, 109, 225, 229
サプライチェーン・マネジメント …… 230
差別化戦略 ……………………… 46, 167
産業革命 …………………………… 2, 3, 94
産業間BPR …………………………… 175
産業組織 ………………………… 84, 86
産業の情報化 ………………………… 115
CIO（最高情報責任者） …………… 200
　──の機能 ………………………… 202
　──の役割 ………………………… 201
C to C ……………………………… 215
C to B ……………………………… 215
G to C ……………………………… 217

索引

G to B	217
CPU	124
C++	131
GUI	161, 164
事業ドメイン	224
資金的資源	79
資源依存パースペクティブ	40, 41, 258
自己組織化	40, 50, 247
システム	178, 188
──の運用・サービス	188
──の企画・要件定義	182
──のライフサイクル管理	178
システムインテグレータ	116, 192
システム開発	183
システム開発方法論	186
システム化計画	183
システム化構想	183
システム監査	190
システム監査基準	190
システム監査人	191
システム管理	188
システム詳細設計	185
システム方式設計	184
システム要件定義	184
次世代ネットワークモデル	145, 146
死の谷	52
社会貢献	36
社会的責任の階層構造	35
写像	84
集中戦略	46, 167
主記憶装置	123, 124
出力装置	123, 124
狩猟採集社会	3
冗長性	248
情報	7, 8, 79
──の産業化	115
──の多様性	21
──のデジタル化	27, 146
──の特質	19
情報圧縮技術	146
情報革命	3, 94
情報活用リテラシー	284, 287
情報化投資	194
──の推移	195
──のマクロ動向	194
──の目的	196
情報管理	64
情報技術（IT）	3, 122
情報空間	83, 233
情報資産	269
情報システム	5
──の発展段階	6
情報社会	2, 3, 92, 96, 137
──の進展	2
──の特質	3
情報処理パラダイム	244
情報スーパーハイウェイ	117
情報セキュリティ	269
──の意義	269
情報セキュリティ・マネジメント	192, 270
情報創造	50
情報創造パラダイム	245
情報端末	27, 84
情報通信技術（ICT）	3, 53, 55, 121
情報通信産業	111
情報通信システム	71
──の意義	55
──のインパクト	56
情報通信システム論	54

327

情報通信政策	119	戦略的意思決定	30, 31
情報的資源	79, 80	戦略的計画	24, 67, 69, 71, 158
情報パラダイムの変革	242	戦略的情報	23
情報パラダイムの変遷	243	戦略的提携	106, 253
情報要求	70, 71	総合経営管理	62, 63, 68
情報リテラシー	283, 284	——と機能別管理の関連性	66
情報流	228, 236	総合情報	23, 62, 64, 66
情報倫理	214, 284, 287, 288	組織	37
商流	228, 236	——の概念	37
人工知能	131	——の組織	258
真正性	271	組織階層とデータベース	158
人的脅威	270, 277	組織間(企業間)関係	
人的資源	79		40, 84, 103, 105, 256
人的資源管理	64	——の進化	256
信頼性	271	組織間(企業間)関係論	41
垂直統合型バリューチェーン	48	組織間(企業間)情報ネットワーク	256
水平統合型バリューチェーン	48	組織間ネットワーク	39
スキル	70	組織均衡	37
スタンドアローン	125, 137, 138	組織セット・パースペクティブ	
スパイラル型(反復型)	187		40, 41, 257
スマートフォン	235	組織的情報創造プロセス	248
スマホ	236	組織的知識創造	11, 247
制御装置	123, 124	組織編成	75
生産	65	ソフトウェア	127
生産系列	103	——の構成	128
生産諸要素の新結合	50	——の重要性	130
脆弱性	269, 276, 277, 278	——の体系	127
制度化パースペクティブ	40, 41, 258	ソフトウェア工学	130
製品・市場戦略	44, 259	ソフトウェアサイエンス	130
政府の役割	265	ソフトウェア実装	183
制約条件	183	——プロセス	185
セールス・オートメーション	115	ソフトウェア詳細設計	185
責任追跡性	271	ソフトウェア方式設計	185
戦略情報システム	166		
戦略スラスト	169		

索　引

た行

ダーウィンの海 ……………………… 52, 53
第一の波 ………………………………… 3
第三の波 ………………………… 3, 92, 292
第二の波 ………………………………… 3
ダイヤモンド・モデル ……………… 264
対話生成管理システム ……………… 163
脱工業社会 …………………………… 92
　──の到来 ……………………… 292
知価革命 ……………………………… 92
知識 …………………………… 7, 8, 14
　──の素材 ……………………… 14
知識経営のフレームワーク ………… 294
知識社会 ………………………… 94, 292
知識創造 …………………… 10, 51, 294
知識創造企業 ………………………… 247
知識創造パラダイム …………… 246, 247
知識発見 ……………………………… 135
知的財産権 ……………………… 280, 289
　──の種類 ……………………… 280
知的財産の分類 ……………………… 282
中央処理装置 ………………………… 124
中間組織 ……………………………… 106
調達 …………………………………… 65
ディープ・パケット・インスペクション
　……………………………………… 214
DSS（意思決定支援システム）…… 77, 160
　──の構成要素 ………………… 162
　──の概念 ……………………… 160
　──の機能 ……………………… 161
　──の機能と構造 ……………… 160
　──の構造 ……………………… 161
　──の問題点と課題 …………… 163
定型的意思決定 ………………… 32, 161

定型的情報 …………………………… 22
DCM（ディマンドチェーン・マネジメント）……………………………… 232
TCP/IP ………………………… 58, 94, 140
ディスプレイ ………………………… 125
定性的情報 …………………………… 22
ディマンドチェーン（需要連鎖）… 49, 232
定量的情報 …………………………… 22
データ ………………………………… 7
　──の正確性 …………………… 288
データ，情報，知識の概念 ………… 7
データ，情報，知識の関係性 ……… 9
データウェアハウス ………………… 136
データベース ……………… 131, 132, 162
　──の構成 ……………………… 132
データベース管理システム …… 132, 162
データベース技術 …………………… 131
　──の活用 ……………………… 135
データマイニング …………………… 135
テクニカル・スキル ………………… 70
デジタル移動通信網 ………… 145, 146, 147
デジタル型情報 ……………………… 22
デジタルデバイド（格差）…… 283, 285
デビットカード ……………………… 220
デファクト・スタンダード ………… 105
電子決済 ……………………………… 213
電子資金移動 ………………………… 220
電子署名 ……………………………… 213
電子政府 ……………………………… 118
動機づけ ………………………… 75, 78
統合CASEツール …………………… 131
統合ネットワーク …………… 267, 268, 297
　──の形成 ……………………… 267
投資対効果 …………………………… 198
　──測定 ………………………… 198

329

統制	76
トークンリングLAN	138
匿名性	278
特許戦略	283
トップ・マネジメント	67
ドメイン	42, 259
トランザクション処理	24, 67
トランスナショナル企業	88, 295
取引コスト・パースペクティブ	40, 41

な行

内部情報	23
内部統制システム	34
中抜き	225
ナレッジ・マネジメント	281, 293
二次記憶	125
日本標準産業分類	111
入力装置	123, 124
ネットワーク	7, 38, 136
――の構成	139
――のネットワーク	140, 258
ネットワーク外部性	105
ネットワーク革命	3
ネットワーク型組織	38
ネットワーク型データベース	133
ネットワーク技術	125, 136, 142
ネットワークシステム	39
ネットワーク社会	3, 55, 92, 96, 137, 144
農業革命	2, 3, 94
農業社会	3
ノンビジネスeコマース	215

は行

パーソナライゼイーション	210, 212
パーソナルコンピュータ	126
バーチャルコーポレーション	102, 142
ハードウェア	122
――の構成	122
ハッカー	214
バッチ処理システム	138
場のビジネス	85
パラダイム	242
――の機能	242
――の定義	242
――の変革	242
範囲の経済	98, 100
半構造的・非構造的意思決定支援	77
半構造的意思決定	160
パンチカード・システム	153
半導体	124
バンドワゴン効果	105
汎用機の時代	6
PC（パソコン）の時代	6
B to C	215
B to B	215, 225
BPR（ビジネスプロセス・リエンジニアリング）	53, 171
――の概念	171
――の機能と構造	173
――の対象領域	174
――の問題点と課題	175
非構造的意思決定	160
ビジネス・アーキテクチャ	226
ビジネス・プラットフォーム	251, 252
ビジネス・リレーションシップ	110
ビジネスシステム	47
――の形態	47
――の優劣	47
ビジネスシステム戦略	44, 46, 261
ビジネスプロセス	54, 171, 172

索引

ビジネスプロセス・リエンジニアリング
　　………………………………………… 53
ビジネスモデル ……………………… 222, 223
　──の概念 ………………………………… 222
ビジネスモデル特許 ……………………… 222
非定型的意思決定 …………………… 32, 161
非定型的情報 ……………………………… 22
ビデオ・オン・デマンド ………………… 143
ビデオ会議 ………………………………… 142
ヒト ………………………………………… 78
秘密鍵暗号 ………………………………… 213
ヒューマン・スキル ……………………… 70
ヒューマンインターフェース技術 ……… 147
費用対効果 ………………………………… 198
品質指標 …………………………………… 189
ファイア・ウォール ……………………… 214
ファクトリー・オートメーション ……… 115
VLSI（大規模集積回路）………………… 97
FORTRAN ………………………………… 130
普及 ………………………………………… 50
物的資源 …………………………………… 79
物理的脅威 …………………………… 269, 277
物流 ………………………………… 228, 230, 236
部門間BPR ………………………………… 173
部門管理 …………………………………… 68
部門内BPR ………………………………… 173
プライバシー ……………………………… 288
　──の権利 ……………………………… 290
プラットフォーム ………………………… 85
プラットフォーム・ビジネス …………… 84
ブランド …………………………………… 81
ブランド・エクイティ ………………… 81, 82
ブランド戦略 …………………………… 81, 283
プランニング・データベース …………… 158
フレームリレーネットワーク …………… 138
ブロードバンド ……………………… 27, 113
ブロードバンド化 ………………………… 144
プログラミング言語 ……………………… 130
プロセス・イノベーション …… 51, 53, 171
プロダクト・イノベーション ………… 51, 53
プロトコル ………………………………… 221
プロトタイピング型 ……………………… 186
プロパテント政策 ………………………… 281
分散データベース ………………………… 136
法務管理 …………………………………… 65
保守 ………………………………………… 188
保守プロセス …………………………… 181, 182
ポスト資本主義社会 …………………… 92, 292

ま行

マーケティング …………………………… 65
マーケティング・ミックス ……………… 210
マネジメント・コントロール
　…………………………… 24, 67, 69, 71, 158
マネジメント・サイクル ………………… 77
マネジメント・データベース …………… 158
魔の川 ……………………………………… 52
マルチナショナル型組織モデル …… 295, 296
マルチナショナル企業 ………… 87, 88, 295
マルチメディア …………………………… 143
マルチメディア技術 ……………………… 143
　──の活用 ……………………………… 147
マルチメディア対応ネットワーク
　………………………………………… 145, 146
マルチメディアの構成 …………………… 144
見えざる資産 …………………………… 79, 80
ミドル・マネジメント …………………… 67
ミドルウェア ……………………………… 128
無線LANの規格 ………………………… 148
無線LANのシステム構成 ……………… 148

モジュール ……………………………… 185
モジュラー型 …………………………… 226
モデム ……………………………… 139, 141
モデルベース …………………………… 162
モデルベース管理システム …………… 162
モノ ………………………………………… 79

や行

誘因 …………………………………… 37, 75
u-Japan ……………………………… 84, 96, 119
ユーティリティコンピューティング …… 221
ユビキタス・コンピューティング ……… 84
ユビキタスネット ………………………… 94
　──の時代 ……………………………… 6
ユビキタスネット社会 ……………… 26, 84, 96
ユビキタスネットワーク社会 ………… 234
ゆらぎ …………………………………… 247
要件定義プロセス ………………… 181, 182, 183
予算 ………………………………………… 74
4C ………………………………………… 211
4P …………………………………… 210, 211

ら行

ライフサイクル ………………………… 178
ライフサイクル管理のポイント ……… 179
LAN ………………………………… 126, 138, 139
リアルスペース＝物理空間 …………… 233

リーダーシップ …………………………… 75
利害関係者 …………………………… 32, 34, 40
利害関係者（ステークホルダー） ……… 257
リスク ……………………… 16, 269, 276, 278
　──の削減 …………………………… 16
リスク・マネジメント ………………… 17
　──の変遷 …………………………… 18
　──の目的 …………………………… 18
リスク分析 ……………………………… 278
流通系列 ………………………………… 103
リレーショナルデータベース ………… 134
リレーションシップ（関係性）・マーケティング ……………………………… 212
ルース・カップリング …………………… 39
ルータ ……………………………… 138, 139
連結の経済 …………………………… 99, 100
連結のマネジメント …………………… 111
ローカル適応 …………………………… 88
ローリング・プラン …………………… 74
ロジスティクス ………………………… 65, 230
ロワー・マネジメント ………………… 67

わ行

ワークステーション …………………… 126
WAN ………………………………… 126, 138, 139
ワントゥワンマーケティング ………… 210

〈編著者略歴〉
岸川善光（KISHIKAWA, Zenko）：第1章～第4章，第8章～第10章
・学歴：東京大学大学院工学系研究科博士課程（先端学際工学専攻）修了。博士（学術）。
・職歴：産業能率大学経営コンサルティングセンター主幹研究員，日本総合研究所経営システム研究部長，同理事，東亜大学大学院教授，久留米大学教授（商学部・大学院ビジネス研究科），横浜市立大学教授（国際総合科学部・大学院国際マネジメント研究科），同副学長を経て，現在，横浜市立大学名誉教授。その間，通商産業省（現経済産業省）監修『情報サービス産業白書』白書部会長を歴任。1981年，経営コンサルタント・オブ・ザ・イヤーとして「通商産業大臣賞」受賞。
・主要著書：『ロジスティクス戦略と情報システム』産業能率大学，『ゼロベース計画と予算編成（共訳）産能大学出版部，『経営管理入門』同文舘出版，『図説経営学演習（改訂版）』同文舘出版，『環境問題と経営診断』（共著）同友館（日本経営診断学会・学会賞受賞），『ベンチャー・ビジネス要論（改訂版）』（編）同文舘出版，『イノベーション要論』（編）同文舘出版，『ビジネス研究のニューフロンティア』（共著）五弦社，『経営戦略要論』同文舘出版，『経営診断要論』同文舘出版（日本経営診断学会・学会賞（優秀賞）受賞），『ケースブック経営診断要論』（編著）同文舘出版，『ケースブック経営管理要論』（編著）同文舘出版，『エコビジネス特論』（編著）学文社，『アグリビジネス特論』（編著）学文社，『コンテンツビジネス特論』（編著）学文社，『サービス・ビジネス特論』（編著）学文社，『スポーツビジネス特論』（編著）学文社，『経営環境要論』（編著）同文舘出版，『経営管理要論』（編著）同文舘出版，『経営組織要論』（編著）同文舘出版，『グローバル経営要論』（編著）同文舘出版，など多数。

〈共著者略歴〉
朴慶心（PARK, Kyeong Sim）：第5章～第7章
・学歴：横浜市立大学大学院国際マネジメント研究科博士後期課程単位取得。博士（経営学）。
・職歴：横浜市立大学共同研究員，日本経済大学大学院経営学研究科講師，中小企業大学校講師，ナレッジバンクディレクターなどを歴任。
・主要著書・論文：『エコビジネス特論』（共編著）学文社，『アグリビジネス特論』（共編著）学文社，『サービス・ビジネス特論』（共編著）学文社，『コンテンツビジネス特論』（分担執筆）学文社，『経営管理要論』（共著）同文舘出版，『経営組織要論』（共著）同文舘出版，『グローバル経営要論』（共著）同文舘出版，「米国・日本・韓国における半導体企業の競争戦略に関する研究―経済システム・産業システム・経営システムの関係性分析を踏まえて―」横浜市立大学大学院国際マネジメント研究科，など多数。

（検印省略）

平成29年3月1日　初版発行　　　　　略称：経営情報要論

経営情報要論

編著者　　岸　川　善　光
発行者　　中　島　治　久

発行所　同 文 舘 出 版 株 式 会 社
東京都千代田区神田神保町1-41　〒101-0051
営業（03）3294-1801　　編集（03）3294-1803
振替 00100-8-42935　　http://www.dobunkan.co.jp

©Z. KISHIKAWA　　　　　　　　　　　製版　一企画
Printed in Japan 2017　　　　　　　　印刷・製本　萩原印刷

ISBN978-4-495-38791-4

JCOPY〈出版者著作権管理機構 委託出版物〉
本書の無断複製は著作権法上での例外を除き禁じられています。複製される場合は，そのつど事前に，出版者著作権管理機構（電話 03-3513-6969, FAX 03-3513-6979, e-mail : info@jcopy.or.jp）の許諾を得てください。

経営学要論シリーズ

●岸川善光 (編)著

1. 経営学要論＊
2. 経営管理要論
   ケースブック　経営管理要論
3. 経営戦略要論
4. 経営組織要論
5. 経営情報要論
6. イノベーション要論
7. グローバル経営要論
8. 経営診断要論
   ケースブック　経営診断要論
9. 経営環境要論
10. ベンチャー・ビジネス要論

＊は未刊